U0592943

Report on the Development of Small and
Medium Banks of Hebei Province (2018-2020)

河北省中小银行发展报告
（2018~2020）

王重润　郭江山　孟维福　吴　琦／编著

经济管理出版社
ECONOMY & MANAGEMENT PUBLISHING HOUSE

图书在版编目（CIP）数据

河北省中小银行发展报告（2018~2020）/王重润等编著.—北京：经济管理出版社，2022.4

ISBN 978-7-5096-8390-3

Ⅰ.①河…　Ⅱ.①王…　Ⅲ.①银行—经济发展—研究报告—河北　Ⅳ.①F832.3

中国版本图书馆 CIP 数据核字（2022）第 061749 号

组稿编辑：杨国强
责任编辑：杨国强
责任印制：黄章平
责任校对：董杉珊

出版发行：经济管理出版社
　　　　　（北京市海淀区北蜂窝 8 号中雅大厦 A 座 11 层　100038）
网　　址：www.E-mp.com.cn
电　　话：（010）51915602
印　　刷：唐山玺诚印务有限公司
经　　销：新华书店
开　　本：720mm×1000mm/16
印　　张：17
字　　数：303 千字
版　　次：2022 年 5 月第 1 版　　2022 年 5 月第 1 次印刷
书　　号：ISBN 978-7-5096-8390-3
定　　价：98.00 元

课题组

项目负责人： 王重润

课题组成员： 郭江山　孟维福　吴　琦　赵冬暖　张译允　张高明
　　　　　　　马娇阳　张雨萌　王雨杭　王慧慧　马　甜　秦　蓉
　　　　　　　郑晓慧　梁　瑞　修维娅　王梓芗　段梦尧　程　超
　　　　　　　高　翠　刘伟娜　朱莹森　李思凝　谢　宇　傅诗涵
　　　　　　　赵笑轩

前　言

目前，我国以城商行、农商行为代表的中小银行已达 4000 多家，总资产规模接近 80 万亿元，占到商业银行总资产的近 1/3。中小银行是区域经济高质量发展的重要推动力量，是普惠金融体系的重要组成部分。中小银行服务于地方经济，也受限于地方经济发展水平。近年来，中小银行不断寻求差异化发展之路、向外拓展之路，但过度扩张也产生了风险。当前在"双循环"新发展格局下，中小银行面临发展转型的压力。在这一背景下，《河北省中小银行发展报告（2018~2020）》旨在客观地反映河北中小银行经营现状与改革创新，以期为河北中小银行发展转型提供参考和借鉴。

本书包括四个部分内容：第一部分是总论，概述河北金融市场环境以及中小金融机构发展现状；第二部分是河北城市商业银行发展报告，分别从经营状况、风险控制、金融创新、社会责任等方面分析评价 11 家城市商业银行发展状况；第三部分是河北农村商业银行发展报告，对河北农村商业银行发展概况进行了介绍，并选择了 4 家股改较为完善的市级农商行，分别从资产负债规模、资产质量、盈利能力、特色创新、社会责任等方面进行分析评价并提出发展建议；第四部分是专题研究，涉及农村信用社治理改革、城商行内部治理与风险控制、雄安新区绿色金融发展、数字金融等热点问题。

本书作者分工如下：张译允、朱莹森负责第一部分即总论；马娇阳、段梦尧、程超负责第二部分即河北城市商业银行发展报告之保定银行、衡水银行、邢台银行；秦蓉、高翠负责第二部分即河北城市商业银行发展报告之沧州银行、邯郸银行；郑晓慧、段梦尧、程超负责第二部分即河北城市商业银行发展报告之唐山银行、承德银行；王慧慧负责第二部分即河北城市商业银行发展报告之廊坊银行、秦皇岛银行；马甜、高翠负责第二部分即河北城市商业银行发展报告之河北银行、张家口银行。张高明、张雨萌、王雨杭、赵笑轩负责第三部分即河北农村商业银行发展报告之河北农村商业银行发展概述；张高明负责第三部分即河北农村商业银行发展报告之张家口农村商业银行；梁瑞、刘伟娜负责第三部分即河北农村商业银行发展报告之邢台农村商业银行；修维娅负责第三部分即河北农村商业银行发展报告之沧州农村商业银行；张雨萌、王梓芗、傅诗涵负责第三部分即河北农村商业银行发展报告之唐山农村商业银行；王雨杭、张雨萌、王梓芗、赵冬暖负责第四部分即专题研究之农村信用社治理改革；郭江山、秦蓉、马甜负责第四部分即专题研究之河北城商行内部治理与风险控制；郭江山、郑晓慧、马娇阳负责第四部分即专题研究之雄安新区绿色金融发展；孟维福负责第四部分即专题研究之数字金融发展；吴琦、李思凝、谢宇负责第四部分即专题研究之数字金融、实体经济与就业。王重润负责拟定写作大纲并统稿。张译允参与了全书格式的调整工作。

本书所依据的数据均来自各家银行的官网、公布的年报、招股说明书以及权威媒体公开报道，大部分指标数据涵盖 2018~2020 年，反映了这段时间中小银行的发展变化，但也有部分指标包括了 2017~2021 年的数据。本书还参考了相关文献资料，在参考文献目录或者脚注中都已提注。

《河北省中小银行发展报告（2018~2020）》是河北省人文社科重点研究基地——河北经贸大学金融与企业创新研究中心重点课题系列的研究成果。

目　录

第一章　总论[①]

第一节　河北金融环境

一、金融机构概况

截至 2020 年末，河北有 280 家银行业金融机构，相比 2018 年增加 5 家，总资产规模达到 97037.07 亿元，比 2019 年增加 9705.07 亿元，2018 年末，银行业金融机构总资产规模接近 8 万亿元，两年时间突破 9 万亿元；总负债达到 92985.05 亿元，相比 2019 年增加 9238.56 亿元。如表 1-1、表 1-2 所示。

表 1-1　2018~2020 年金融机构的变化情况　　　　　单位：家

项目 ＼ 年份	2018	2019	2020
银行类金融机构	275	278	280
保险类金融机构	1	1	1
证券类金融机构	2	2	2

资料来源：2019~2021 年金融运行报告。

2020 年末，本外币存款规模达到 81295.32 亿元，比年初增加了 8079.1 亿元，相比 2019 年增长了 0.5 个百分点；贷款规模达到 60993.22 亿元，相比 2019

---

① 作者：张译允，河北经贸大学金融学院硕士研究生；朱莹淼，河北经贸大学金融学院本科生。

年初增加 7204.7 亿元，存贷款规模呈增长趋势，但 2020 年末的存贷比为 1.333，与前两年相比，存贷比呈上升趋势，总体来说，贷款规模增加的速度大于存款规模增加的速度。如表 1-3 所示。

表 1-2 银行业资产规模和负债规模 单位：亿元

年份 项目	资产规模	负债规模
2019	8733.2	83746.49
2020	97037.07	92985.05

资料来源：河北银保监局。

表 1-3 河北金融机构（含外资）本外币存贷款 单位：亿元

年份 项目	存款余额	贷款余额	存贷比
2018	66245.21	48115.34	0.726
2019	73216.32	53788.52	0.734
2020	81295.32	60993.22	0.75

资料来源：中国人民银行石家庄中心支行。

关于保险类金融机构，2018~2020 年，总部设在河北省辖内的保险公司数量并没有发生变化，仍为 1 家，且为财产险经营主体。分支机构数量持续增加，2018~2020 年，增加省级保险公司 9 家，财险增加 6 家，人身险 3 家，2018~2019 年增加 281 家省级以下保险机构。截至 2020 年末，省级保险公司有 77 家，财险 37 家，寿险 40 家，其中跨京津冀经营中心支公司较上年增加 1 家。保险网点覆盖更加广泛全面。近些年来，人们的保险意识逐渐增强，保险公司的保费收入持续增加，但受疫情影响，2019~2020 年增加较少，且多个保险公司出现业绩下滑现象，值得注意的是，2018~2019 年保险密度有下降趋势。如表 1-4 所示。

表 1-4 保险业指标变化 单位：%，亿元

年份 项目	保险深度	保险密度	财险保费收入	人险保费收入	总计保费收入	赔款给付
2018	5	2375.5	529.8	1260.9	1790.7	541.2
2019	5	2030	572.7	1416.5	1989.2	549.8

续表

项目 年份	保险深度	保险密度	财险保费收入	人险保费收入	总计保费收入	赔款给付
2020	5.80		591.9	1496.7	2088.6	601.7

资料来源：2019~2021年金融运行报告。

证券类金融机构总部设在河北境内的公司没有变化，变化主要体现在证券公司的分支机构，2018~2020年增加了13家证券分公司，减少了1家营业部，截至2020年末，证券分公司39家，证券营业部254家。较为明显的就是河北本土的证券机构较少，唯一法人证券公司——财达证券公司2021年5月上市。全省2018年的证券交易额达到4.1万亿元，相比2017年有所下降，2019年证券交易额将近5万亿元，较2018年上涨20.9%。证券机构2019年收入较上一年增长27.1%，净利润较2018年上涨302.1%。期货业平稳发展，截至2020年末，河北共有期货机构47家，其中，河北恒银期货经纪有限公司是法人机构，近三年来没有变化，其下设分公司10家，相比于2018年增加了7家，营业部36家，比前两年减少了5家。全省2019年期货客户数7.0万户，同比增长10.4%；全年代理交易量745.6万手，同比增长24.9%；代理交易额36355.4亿元，同比增长27.3%。

截至2020年，河北有金融资产管理公司4家，信托公司1家，财务公司6家，开发性金融机构2家，政策性银行一级分行2家，金融租赁公司2家，消费金融公司1家。其中，金融租赁公司和消费金融公司的从业人员数为505人，相比于2018年增加148人，资产总额为747.6亿元，比2018年增加14.03%，相比于2019年增加4.16%。

二、资本市场

截至2020年末，河北有61家上市公司，关于上市公司的数量及其行业分布如表1-5所示。河北上市公司的数量相比于先进省份，发展较慢，数量较少，且规模不够大，2020年的数据显示，山东有289家，河南有89家，山西有39家。除此之外，河北上市公司在省内分布严重不均衡，石家庄、唐山、保定比较集中，其他市较少，其中，2019年，石家庄有15家，保定和唐山分别有10家，邢台、张家口、邯郸、衡水各有2家，秦皇岛和承德各有3家，廊坊有4家，沧州有5家。

表 1-5　2018~2020 年河北上市公司及融资变化

项目	2018 年	2019 年	2020 年
年末国内上市公司数（家）	57	58	61
当年国内股票（A 股）筹资（亿元）	77.6	148.4	75.6
当年发行 H 股筹资（亿元）	0	——	——
当年国内债券筹资（亿元）	560.4	623.5	122
其中：短期融资券筹资额（亿元）	177.1	42.9	−104.5
中期票据筹资额（亿元）	94.1	255.5	46.5

资料来源：Wind 数据库。

2020 年末，河北上市公司市值达到了 10755.93 亿元，2019 年为 6805.44 亿元，2018 年为 5978.48 亿元，2020 年市值上升尤为明显。2018~2020 年，主板市场挂牌企业减少 1 家，中小板和创业板各增加 1 家。2020 年河北新三板市场挂牌企业 203 家，2019 年 216 家，2018 年 243 家，三年来新三板挂牌企业呈下降趋势，如表 1-6 所示。

表 1-6　上市公司数量及行业分布　　　　　　　　　单位：家

行业分布	2018 年	2019 年	2020 年
采矿业	2	2	2
电力热力燃气及水生产和供应业	2	2	3
房地产业	2	2	2
交通运输仓储和邮政业	2	2	2
农林牧渔业	1	1	1
批发零售业	1	1	1
水利环境和公共设施管理业	1	1	1
信息传输、软件和信息技术服务业	1	1	1
制造业	43	46	48
综合	1	1	1
总计	56	58	61

资料来源：Wind 数据库。

石家庄股权交易所成立以来挂牌企业逐年增加，融资能力不断增强，行业分布日渐广泛，市场服务逐渐完善。2018 年，该所设立了县域特色板块，开展专项培训、创新融资业务等，挂牌企业实现区域全覆盖，但相对来讲呈现集聚特征，并且信息披露不够透明，有待完善，还未出台区域股权交易市场相关的省级立法。2019 年，石家庄股权交易所股权融资 101.5 亿元，较上年增长 826.8%；债券融资 5.0 亿元，较上年增长 244.5%。石家庄股权交易所挂牌企业 2018 年有 1918 家，2019 年增长到 2037 家。2021 年 10 月河北股权交易所数据显示，四板市场挂牌企业数量有 2154 家，但企业展示中根据板块分类只有 2038 家，其中主板市场 633 家，成长板 37 家，孵化板 368 家。根据行业分类只有 1992 家，如表 1-7 所示。

表 1-7　石家庄股权交易所四板市场挂牌企业行业分类　　　　单位：家

行业分类	数量	行业分类	数量
农、林、牧、渔	105	住宿餐次	199
采矿业	2	信息技术	88
制造业	474	金融业	12
电气供应	13	房地产业	503
建筑业	31	租赁商务	27
批发零售	15	科学技术	65
运输仓储	26	环境管理	222
居民服务	2	教育	205
社会工作	1	文化娱乐	2
管理组织	0	国际组织	0
总计		1992	

资料来源：河北股权交易所。

河北近三年的信用债发行金额持续上升，2018 年河北发行的信用债在全国各省份中排名 16，2019 年排名第 19，2020 年排名第 13，振荡比较明显，并且河北排名相对来讲比较靠后。2020 年末，河北社会融资规模为 10168.7 亿元，其中企业债占比 1.3%，同比下降 6.1 个百分点，如表 1-8 所示。

表 1-8　2018~2020 年河北信用债发行规模

年份	发行只数（只）	发行只数占比（%）	发行金额（亿元）	发行金额占比（%）
2018	170	1.66	1835.66	1.61
2019	227	1.63	2047.30	1.38

续表

年份	发行只数（只）	发行只数占比（%）	发行金额（亿元）	发行金额占比（%）
2020	221	1.19	2230.84	1.17

资料来源：Wind 数据库。

三、2018~2020 年河北金融政策环境

2018 年以来，河北金融监管部门围绕服务大局、支持实体经济发展、防范化解系统金融风险出台了一系列金融政策，如表 1-9 所示。

表 1-9 2018~2020 年河北金融政策

时间	政策	主要内容
2018 年 1 月 3 日	《关于提升村镇银行服务实体经济质效的指导意见》	村镇银行坚持"立足县域、立足支农支小、立足基础金融服务、立足普惠金融"的基本原则，要进一步强化村镇银行的定位监管，督促机构回归服务实体经济本源，专注支农支小业务主业
2018 年 6 月 26 日	《河北省银行业扶贫小额信贷尽职免责管理办法》	扶贫小额信贷的责任认定、追究与处理，以"尽职免责"为核心原则，在无主观恶意和道德风险的前提下，无确切证据表明扶贫小额信贷工作人员未依法依规尽职的，可免除部分或全部责任
2018 年 11 月 5 日	《河北省支持中小企业融资若干措施》	加大信贷资金投放力度，鼓励创新融资产品和金融服务方式，建立正向的激励机制，鼓励中小企业挂牌上市融资，推进落实"政银保"融资工作，发挥保险融资增信工作，完善科技型中小企业贷款风险补偿机制
2019 年 5 月 31 日	《2019 年普惠金融工作要点》	对小微、扶贫、"三农"等普惠金融领域实行差异化监管；将监管措施与大数据相结合，充分利用现代化科技手段；强化"包干责任银行"制，确保贫困户扶贫小额信贷金融服务全覆盖
2019 年 7 月 1 日	《2018 年河北省银行业进一步提升服务实体经济质效的指导意见》	银行业金融机构要破除无效贷款供给，大力支持河北传统产业改造升级，重点支持大数据等先进领域，大力发展绿色信贷业务，加大低碳环保产业的支持力度。推动企业优化融资结构，抑制居民杠杆率。提升金融服务质量和层次，切实降低企业资金成本。大力发展金融精准扶贫，坚持"乡村振兴战略"，助力农业现代化

续表

时间	政策	主要内容
2019 年 9 月 3 日	《河北省财政金融合力支持企业发展专项资金管理办法》	积极发挥财政政策和金融政策的协同作用，对于河北省内的企业挂牌上市融资、股权基金投资、资产证券化、银行保险机构创新产品给予专项资金进行奖励
2019 年 12 月 3 日	《河北省工业和信息化厅关于加强融资性担保机构监管的意见》	严格新设融资性担保机构准入标准，比如严格审核可行性报告、业务范围。通过非现场监管和现场检查相结合的方式，强化对融资性担保机构的执法监管。坚决依法处理违法违规行为淘汰不能正常开展业务的融资性担保机构
2020 年 3 月 27 日	《河北省保险专业中介机构分类监管办法（试行）》	通过基础管理指标、合规指标和风险指标计分制度对保险中介机构分类，不同类别的监管措施有所出入。此评价方法为年度评价
2020 年 4 月 3 日	《河北省企业挂牌上市融资奖励资金管理办法》	每年省级财政安排不超过 1 亿元资金对河北省挂牌上市企业给予一次性奖励，对首次直接实现融资的企业按融资额一定比例给予奖励，支持河北企业到境内外多层次资本市场挂牌上市融资
2020 年 5 月 25 日	《进一步规范信贷融资收费降低企业融资综合成本的通知》	在遵守此通知的基础上，河北省辖内多家银行主动承担小微企业信贷融资的强制执行公证费、抵押物财产险费用。充分利用贷款内部资金转移价格补贴、风险资本减免或减记补贴、阶段性利率管理等优惠政策部分股份制银行限制使用外部增信手段，为省内企业节省了不少费用
2020 年 6 月 1 日	《河北银保监局办公室关于加强财产保险公司产品监管相关事项的通知》	各财险公司分公司以及燕赵保险公司要保证备案报送程序规范有序，形式实质都要严格审查。建立产品退出机制，定期对备案类产品进行自查评估。加大监管力度，强化责任追究力度
2020 年 8 月 26 日	《河北省融资租赁公司监督管理实施细则（暂行）》	河北就融资租赁公司的经营规则和风险控制作出了一系列规定，并对相关部门的监管职能和监督管理做出了明确规定
2020 年 11 月	《关于加强中国（河北）自由贸易试验区金融服务工作的指导意见》	对自贸区简政放权，提供富有弹性和包容性的创新监管机制；丰富市场主体，支持银保机构扩大自贸区的网点布局；根据自贸区实际情况提供创新类金融产品和个性化保险产品；加强监管，定期对自贸区金融风险评估，构建多元化金融纠纷解决机制

第二节　河北城市商业银行概况

一、河北城市商业银行数量变化

河北共有 11 家法人城市商业银行（以下简称城商行），包括河北银行、廊坊银行、秦皇岛银行、邯郸银行、衡水银行、邢台银行、保定银行、沧州银行、唐山银行、承德银行、张家口银行。

表 1-10　2018~2020 年河北城市商业银行规模变化

年份	2018	2019	2020
机构数（个）	1199.00	1221.00	1233.00
从业人数（人）	24066.00	24719.00	25232.00
资产总额（亿元）	17200.70	18620.90	20537.80

资料来源：Wind 数据库。

从表 1-10 可以看出，2018~2020 年，城市商业银行机构数数量增长了 34 个，从业人数增长了 1166 人，资产总额增长了 3337.1 亿元。每个机构平均增加了 34 人，资产总额增长了 98 亿元。其中，2020 年，城市商业银行中，承德银行、张家口银行分别设立雄安分行，均为一级分行。2019 年，河北省城商行新设分行 4 家。2018 年，河北法人城商行新设 4 家分行、43 家市区支行、27 家县域支行。[①]

二、城市商业银行各项经营指标变化

（一）经营规模

1. 资产规模的变化

河北共 11 家城市商业银行，经营规模上存在明显差距。河北银行、廊坊银行、张家口银行和唐山银行在资产规模上相比其他城市商业银行占据领先位置。

---

①　资料来源：河北省金融运行报告。

2020 年，4 家银行的资产规模均超过 2000 亿元，其中，河北银行资产规模最大，总资产将近 4000 亿元，2018~2020 年，总资产规模都在 3000 亿元以上，保持稳定增长态势。而排在后面的保定银行等 4 家城商行，资产规模均在 1000 亿元左右，且 2018 年这些银行资产规模均在 1000 亿元以下，如表 1-11 所示。

表 1-11　2018~2020 年河北城商行总资产趋势变化　　　单位：亿元

银行名称	2018 年	2019 年	2020 年
河北银行	3422.53	3674.46	3957.02
张家口银行	1876.72	2199.77	2773.98
廊坊银行	2047.71	2096.53	2279.42
唐山银行	2009.04	1907.41	2012.43
邯郸银行	1614.92	1729.72	1833.12
沧州银行	1477.76	1602.4	1714.69
承德银行	1260.73	1389.26	1605.16
邢台银行	927.44	1031.17	1219.43
保定银行	942.09	1029.89	1132.53
秦皇岛银行	801.9	1029.03	1213.4
衡水银行	608.2	777.52	710.15

注：数据通过各家银行年报采集整理，下同。

从资产规模扩张角度来看，秦皇岛银行、张家口银行、邢台银行的总资产增长率比其他城市商业银行增长得更快一些。2020 年，3 家银行的总资产增长率均超过 30%，其中，秦皇岛银行总资产增长率最大，为 51.32%。而排名最后的唐山银行，2018~2020 年总资产增长率为 0.17%，如表 1-12 所示。

表 1-12　2018~2020 年河北城商行总资产增长率排名　　　单位：%

排名	银行名称	总资产增长率
1	秦皇岛银行	51.32
2	张家口银行	47.81
3	邢台银行	31.48
4	承德银行	27.32
5	保定银行	20.21
6	衡水银行	17.88

续表

排名	银行名称	总资产增长率
7	沧州银行	16.03
8	河北银行	15.62
9	邯郸银行	13.51
10	廊坊银行	11.32
11	唐山银行	0.17

2. 负债规模的变化

从负债规模看，河北银行、廊坊银行、张家口银行负债规模比其他城市商业银行更多。2020年，3家银行的负债规模均超过2000亿元，其中，河北银行负债规模最大，总负债3636.46亿元，2018~2020年，总负债规模都在3000亿元以上，保持不断增长趋势。而排名最后的衡水银行，2018~2020年负债规模均在1000亿元以下，如表1-13所示。

表1-13　2018~2020年河北城商行总负债趋势变化　　单位：亿元

银行名称	2018年	2019年	2020年
河北银行	3158.53	3390.2	3636.46
张家口银行	1793.86	2107.36	2588.27
廊坊银行	1881.73	1903.29	2044.83
唐山银行	1854.64	1741.41	1838.56
邯郸银行	1531.67	1634.26	1734.31
沧州银行	1370.87	1486.13	1591.13
承德银行	1192.45	1310.61	1517.93
邢台银行	860.03	961.91	1149.54
保定银行	865.31	945.61	1045.13
秦皇岛银行	750.32	974.92	1155.08
衡水银行	557.26	725.13	656.88

从负债增长率变化角度看，河北11家城市商业银行在负债增长率方面存在明显差距。秦皇岛银行、张家口银行、邢台银行相比河北其他城市商业银行增长最多。2020年，3家银行的总负债增长率均超过30%，其中，秦皇岛银行总负债增长最多，为53.96%。而排在后面的唐山银行，负债规模增长率为-0.87%，如

表 1-14 所示。

表 1-14　2018~2020 年河北城商行总负债增长率排名　　单位:%

排名	银行名称	总负债增长率
1	秦皇岛银行	53.96
2	张家口银行	44.28
3	邢台银行	33.66
4	承德银行	27.29
5	保定银行	20.78
6	衡水银行	17.88
7	沧州银行	16.07
8	河北银行	15.13
9	邯郸银行	13.23
10	廊坊银行	7.35
11	唐山银行	-0.87

（二）盈利能力

1. 盈利规模变化

盈利能力是商业银行谋求长远发展的重要保证。从绝对数上看，2020 年，河北银行、唐山银行、廊坊银行净利润均超过 13 亿元，2020 年，河北各城商行的净利润相较 2018 年和 2019 年均有所下降，可能是受疫情影响的缘故，如表 1-15 所示。

表 1-15　2018~2020 年河北城商行净利润趋势变化　　单位：亿元

银行名称	2018 年	2019 年	2020 年
河北银行	20.2	20.46	18.71
张家口银行	19.14	21.9	10.92
廊坊银行	15.6	15.28	13.75
唐山银行	15.3	15.5	13.56
沧州银行	11.2	12.39	11.32
承德银行	10.11	12.52	13.04
保定银行	10.01	12.03	10.73
邯郸银行	8.82	9.43	8.44

续表

银行名称	2018 年	2019 年	2020 年
秦皇岛银行	5.4	6.28	5.59
邢台银行	3.93	2.15	2.11
衡水银行	-4.89	1.08	0.18

2. 利润率变化

河北城商行的净利润增长率整体比较低，存在明显的参差不齐现象，其中，衡水银行指标值最低，三年的净利润增长率为-103.68%，效益性相对较差，如表 1-16 所示。

表 1-16   2018~2020 年河北城商行净利润增长率排名   单位:%

排名	银行名称	净利润增长率
1	承德银行	28.98
2	保定银行	7.19
3	秦皇岛银行	3.52
4	沧州银行	1.07
5	邯郸银行	-4.31
6	河北银行	-7.38
7	唐山银行	-11.37
8	廊坊银行	-11.86
9	张家口银行	-42.95
10	邢台银行	-46.31
11	衡水银行	-103.68

3. 资产利润率变化

资产利润率主要用于衡量银行资产创造利润的能力。从河北城商行 2018~2020 年资产利润率的排名看，保定银行的排名稳居第 1 位（见表 1-17），说明该城商行资产利用效率较高，经营管理比较好。而邢台银行近 3 年来一直排名最后一位，说明该银行资产利用效率较低，经营管理中存在问题，应调整经营方针，加强经营管理。

河北各城商行资产与负债规模快速增长的同时，也存在一些问题。

表 1-17 2018～2020 年河北城商行资产利润率趋势变化   单位:%

银行名称	2018 年	2019 年	2020 年
保定银行	1.03	1.22	0.99
承德银行	0.75	0.95	0.84
唐山银行	0.74	0.79	0.69
沧州银行	0.81	0.83	0.68
廊坊银行	0.77	0.74	0.63
秦皇岛银行	0.77	0.69	0.5
河北银行	0.6	0.58	0.49
邢台银行	0.4	0.22	0.19

银行盈利能力下滑。城商行是营利性质的金融机构,分析城商行目前的盈利能力现状尤为重要。资产利润率是衡量银行获取利润的能力,是反映银行利用资产获得利润能力的指标,其计算公式是营业利润与期初、期末营业资产均值之比。

从表 1-17 可以发现,2018 年和 2019 年保定银行资产利润率均高于 1.0%,处于较高水平,说明该行获取利润能力较强,而且保定银行和邢台银行资产利润率差距较大。2020 年,保定银行、承德银行资产利润率将近 1%,除河北银行和邢台银行处于较低水平外,其余银行相差不大。因此,2020 年河北各城商行的盈利能力差距不大。

从时间上看,各城商行的资产利润率呈下降趋势,即其盈利能力不断下滑。相较于 2019 年,11 家城商行均出现下滑趋势,且非常明显。

由此可见,河北各城商行之间的盈利能力相差较大,而且可能是受疫情影响,城商行利用资产获得利润的能力减弱,整体上盈利能力下降趋势明显。

(三) 安全性

1. 资本充足率

在日趋严格的监管背景下,各家银行均严格执行标准,积极补充资本金,以满足河北自身经营发展需要和金融监管要求。从表 1-18 可以看出,2018～2020 年 11 家城市商业银行在资本充足率上优于监管标准,资本充足度较高,资本实力较强。

资本金是城市商业银行业务发展的支撑,也是商业银行吸收损失的最后一道防线,因此,资本充足率是衡量银行抗风险能力的一种指标,也是其建立信誉的基础。

表 1-18　2018~2020 年河北城商行资本充足率趋势变化　　　　单位:%

银行名称	2018 年	2019 年	2020 年
廊坊银行	11.45	13.9	16.04
保定银行	16.37	16.58	14.93
承德银行	13.62	13.01	14.03
邢台银行	13.38	12.52	13.78
沧州银行	14.3	13.94	13.73
唐山银行	14.46	14.7	13.5
河北银行	14.34	13.98	13.32
秦皇岛银行	12.82	12.19	12.31
张家口银行	11.94	12.6	12.22
邯郸银行	11.93	12.12	11.22
衡水银行	—	11.55	10.92

从横向看，河北城商行资本充足率虽然稳定在（14±3）的区间内，但各城商行间资本充足率的差距比较明显。从 2020 年的数据来看，资本充足率最高的廊坊银行比最低的邯郸银行高出近 5%。而除廊坊银行和邯郸银行外的其他 8 家银行均在 12%~15%，它们的资本充足率水平相差不大。

从纵向看，相较于 2018 年，2020 年除承德银行、邢台银行及廊坊银行出现小幅度上升外，其余几家城商行银行资本充足率基本上都下降了。因此，河北城商银行应更多关注自身资本充足率剧烈波动的原因，做好风险应对措施，保持一个合理的资本充足率水平。总的来说，河北城商行的资本充足率有下降趋势。

2. 资产质量

不良贷款率、拨备覆盖率是反映银行资产质量状况的关键指标。2018~2020 年，除 2018 年的衡水银行外，河北其他城商行的不良贷款率均优于监管指标。拨备覆盖率指标方面，2018 年，河北银行指标低于监管标准，2020 年，承德银行和邯郸银行的拨备覆盖率排在最后（见表 1-19），资产质量值得持续关注。

表 1-19　2018~2020 年河北城商行不良贷款率趋势变化　　　　单位:%

银行名称	2018 年	2019 年	2020 年
衡水银行	4.19	2.94	2.87
邢台银行	2.09	2.81	2.79
沧州银行	2.37	2.27	2.15

续表

银行名称	2018 年	2019 年	2020 年
张家口银行	1.98	1.84	2.06
廊坊银行	2.16	1.98	2.03
河北银行	2.53	1.84	1.98
保定银行	2.04	2.12	1.96
秦皇岛银行	1.98	1.93	1.96
邯郸银行	2.69	2.18	1.9
承德银行	1.89	1.84	1.86
唐山银行	1.08	1.3	1.47

贷款质量降低，风险暴露上升。不良贷款主要由次级、可疑、损失三类贷款构成，其占贷款总额的比称为不良贷款率。金融机构的不良贷款率指标不仅反映了其信贷资产的安全状况，还反映了银行的风险管理能力。低不良贷款率通常表示银行的资产质量高，承受的损失风险小，但实际上，过低的不良贷款率会折射出银行的一些隐藏问题，同样不利于银行的经营和发展。

从整体上看，河北城商行不良贷款率低。首先，河北城商行不良贷款率始终严格控制在国家监管标准以内，不良贷款与贷款总额之比不高于 5%。其次，2018~2020 年，各城商行的不良贷款率均在 1%~3%，较低的不良贷款虽然反映出银行的资产质量较好，但过低的不良贷款率也反映出一定的问题，应该关注造成该指标较低的原因。所以，河北城商行应关注不良贷款率较低的原因，密切关注资产质量的变化，做好风险防范。

3. 拨备覆盖率

拨备覆盖率是指贷款损失准备对不良贷款的比率（即实际上银行贷款可能发生的呆、坏账准备金的使用比率），主要反映商业银行对贷款损失的弥补能力和对贷款风险的防范能力。此项比率应不低于 100%，否则为计提不足，存在准备金缺口。比率越高说明抵御风险的能力越强。实际上是从另一个角度评价贷款损失准备是否充分，以判断谁的业绩水分最大。2018~2020 年河北商业银行拨备覆盖率都在 100% 以上，如表 1-20 所示。

表 1-20   2018~2020 年河北城商行拨备覆盖率趋势变化   单位:%

银行名称	2018 年	2019 年	2020 年
唐山银行	—	—	340.02

续表

银行名称	2018 年	2019 年	2020 年
承德银行	170.12	174.52	206.7
邢台银行	148.55	153.49	179.17
衡水银行	—	169.48	177.44
邯郸银行	242.29	160.49	175.63
沧州银行	157.73	167.01	174.79
秦皇岛银行	200.7	186.4	160.57
廊坊银行	185.77	162.3	157.97
保定银行	150.47	155.35	156.23
张家口银行	182.09	154.16	139.65
河北银行	111.85	169.66	133.41

（四）流动性

2018~2020 年，河北 11 家城市商业银行在存贷比和流动性比率方面绝大部分好于监管标准，流动能力较强，变现能力较好。河北银行 2018~2020 年存贷比分别是 80.27%、84.15% 和 83.39%，高于 75% 的标准值，所有城商行流动性比率均高于 25% 标准值，如表 1-21 所示。

表 1-21　2018~2020 年河北城商行贷存比趋势变化　　　　单位：%

银行名称	2018 年	2019 年	2020 年
张家口银行	62.87	59.24	63.57
邢台银行	64.4	67.09	66.7
唐山银行	49.33	56.98	58.8
秦皇岛银行	38.27	42.24	48.25
廊坊银行	58.98	63.77	72.68
衡水银行	48.47	1.91	1.93
河北银行	80.27	84.15	83.39
邯郸银行	50.92	54.68	52.67
承德银行	57.69	61.48	58.56
沧州银行	63.65	59.29	65.95
保定银行	53.46	57.3	59.11

流动性比率反映公司流动资产"包含"流动负债的倍数，用以反映每1元流动负债有多少流动资产作为偿还保障。过高的流动性比率可能是拥有过多的货币资金而未加以有效运用，进而影响企业的盈利能力，因此，过高的流动性比率并不意味着公司的财务状况良好。适当的流动性比率须视经营行业及管理政策而确定，同时应考虑流动资产的构成，流动负债的性质以及其他非现金资产转为现金的速度等。从表1-22可以看出，秦皇岛银行的流动性比率非常高，而河北银行的流动性比率较低。

表1-22 2018~2020年河北城商行流动性比率趋势变化　　　　　单位:%

银行名称	2018 年	2019 年	2020 年
秦皇岛银行	121.23	166.17	175.14
承德银行	97.61	160.2	125.21
唐山银行	97.55	104.73	121.9
张家口银行	80.66	89.7	109.28
沧州银行	84.61	86.36	105.86
廊坊银行	101.89	77.36	96.72
邢台银行	61.19	66.92	93.57
保定银行	43.31	56.27	75.6
邯郸银行	56.93	57.58	66.11
河北银行	36.16	49.05	62.59
衡水银行	—	34.68	54.68

从2018~2020年河北城市商业银行排名看，规模上河北银行、张家口银行、廊坊银行、唐山银行和邯郸银行排名较为靠前。盈利能力上，唐山银行、河北银行、张家口银行排名比较靠前。从资本充足率看，保定银行、河北银行、唐山银行排名靠前。综合来说，河北银行，唐山银行和张家口银行3家城商行在河北城市商业银行中占据优势地位。

第三节　河北农村中小金融机构概况

一、农村中小金融机构数量变化

根据《河北省金融运行报告》统计口径，小型农村金融机构包括农村商业银行、农村合作银行和农村信用社；新型农村金融机构包括村镇银行、贷款公司、农村资金互助社。2018年，河北新型农村金融机构共有289家，从业人员4487人，资产总额524.9亿元，法人机构106个。2018年末，全省已开业新型农村金融机构106家，全省银行业组织体系更加完善。2019年，河北新型农村金融机构共有312家，从业人员4796人，资产总额606.2亿元，法人机构109个。2020年，河北新型农村金融机构共有324家，从业人员5506人，资产总额777.2亿元，法人机构111个。与村镇银行和小额贷款公司相比，农村资金互助社的发展相对缓慢，新型农村金融机构的出现满足了河北地区广大中小企业和农户对融资的迫切需求，其在农村金融市场引入"鲶鱼效应"，逐渐形成了有活力的竞争性市场环境。但河北农村资金互助社与小额贷款公司、村镇银行的发展存在不平衡状况，因此，河北应注重加快三者之间的平衡发展。2017~2020年，河北两种机构情况如表1-23所示。

表1-23　2017~2020年河北小型农村金融机构与新型农村金融机构的情况

机构类别	年份	营业网点			法人机构（个）
		机构个数（个）	从业人数（人）	资产总额（亿元）	
小型农村金融机构	2017	4901	47501	14931.1	152
	2018	4896	47920	16098.2	147
	2019	4885	48768	18117.7	147
	2020	4856	48337	20360.1	147
新型农村金融机构	2017	265	3934	450.7	97
	2018	289	4487	524.9	106
	2019	312	4796	606.2	109
	2020	324	5006	777.2	111

资料来源：河北省金融运行报告。

二、农村信用社

（一）机构数量基本稳定

2012年，河北第一家农村商业银行——邢台农村商业银行的成功改制，随后农村信用社改制数量攀升。2012年，河北设置3家市级信用联社、8个办事处、154家县级行社，包含11家农村商业银行、1家农村合作银行和142家农村信用社，共辖有4935个营业网点、5万多名员工。2019年末，全省农信社共辖

11 个市级审计中心、4 个市级农商行、145 家县级法人行社和近 5000 家营业网点,员工近 5 万名。截至 2020 年底,全省市级农信机构 15 家(其中,审计中心 11 家、市级农商银行 4 家)、县级行社 141 家(其中,农商银行 67 家、农合银行 1 家),共有营业网点 4826 个,从业人员 52116 人。

(二)存贷款余额及资产总额逐年增长

河北农村信用社一直扮演着农村主力军的角色。存贷款余额以及资产总额均呈现出逐年递增的趋势。存款余额和贷款余额分别从 2018 年的 13544.56 亿元和 8528.97 亿元逐年递增到 2020 年的 17108 亿元和 11560 亿元。2018 年存贷款差额为 5015.59 亿元,2020 年存贷款差额为 5548 亿元,资产总额从 2018 年的 16056.41 亿元逐年变化到 2020 年的 20316 亿元,如表 1-24 所示。

表 1-24　2018~2020 年河北农信机构存贷款余额统计　　单位:亿元

项目 \ 年份	2018	2019	2020
存款余额	13544.56	15207	17108
贷款余额	8528.97	10275	11560
资产总额	16056.41	18074.42	20316

注:农信机构是指农村信用社,农村商业银行和农村合作银行。
资料来源:2019~2020 年《河北金融年鉴》,河北省农村信用社官网。

2020 年河北农信社系统是全省首家资产总量超过 2 万亿元的银行业金融机构,业务规模和资金实力位居全省银行业之首。但是,农信社存贷款余额增速波动幅度较大,如图 1-1 所示。

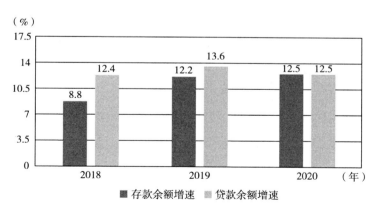

图 1-1　2018~2020 年河北农信机构存贷款余额增速

（三）涉农贷款余额及小微企业贷款余额整体稳定增长

河北农信机构在改制过程中一直努力坚持支农支小，努力推进支农惠农水平稳步提升，大力支持县域企业发展，不断加大对"三农"和现代农业的信贷支持。2018~2020年涉农贷款余额及小微企业贷款余额分析如图1-2所示。

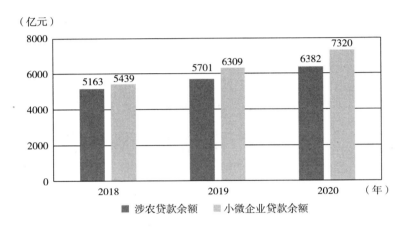

图1-2　2018~2020年涉农贷款余额及小微企业贷款余额比较

2018~2020年，涉农贷款余额及中小企业贷款余额均呈现递增趋势。分别从5163亿元增长到6382亿元、5439亿元增长到7320亿元。

受新冠肺炎疫情冲击的影响，涉农贷款余额增速从2018年的14.9%逐年递减至2020年的13.55%。如表1-25所示。

表1-25　2018~2020年河北农村信用社小微企业及涉农贷款增速变化态势

单位:%

项目＼年份	2018	2020
涉农贷款余额增速	14.9	13.55
小微企业贷款余额增速	11.4	16.03

三、河北新型农村金融机构

（一）村镇银行

河北第一家村镇银行是2008年成立的张北信达，至今村镇银行在河北县域及农村扎根、成长，逐渐成为河北银行业金融机构中不可或缺的一员，成为支持县域经济发展、服务农户和小微企业的金融生力军。截至 2018 年末，全省设立村镇银行 108 家，含已开业 105 家、筹建中 3 家。全省 62 个县中，有 41 个县已设立村镇银行。2018 年末，全省村镇银行各项存款余额合计 432.9 亿元，同比增长 17.2%；各项贷款合计 284.9 亿元，同比增长 14.4%。其中，农户和小微企业贷款余额合计 270.1 亿元，占比 94.8%。单户 500 万元以下贷款占比 99.1%，基本坚持了"小额、分散"的经营原则。2019 年，河北村镇银行增加 3 家，总数达到 111 家。2020 年，全省新增 2 家村镇银行，村镇银行数量上升至 113 家。

（二）资金互助社

2007 年 3 月，中国首家农村资金互助社在吉林梨树县闫家村成立。截至 2020 年末，中国农村资金互助社 41 家。河北有 6 家农村资金互助社。

河北农村资金互助组织形成了以"晋州市周家庄""唐山遵化市""保定市易县"为代表的三种主要发展模式。根据银监会的核准范围、地方工商行政管理局的登记备案，作为一个独立市场法人的周家庄农村资金互助社属于"货币金融服务"行业机构，其经营范围主要包括"办理社员存款、贷款和结算业务""买卖国债和金融债券""办理同业存放""开展代理业务""向其他银行业金融机构融资（符合审慎规定）""经银行业监督管理组织允许的其他业务"六项。根据 2020 年报，截至 2020 年末，该组织总资产合计 58457.76 万元，总负债 56705.37 万元，所有者权益为 1752.39 万元，2020 当年度总营业收入 2147.34 万元，该营业收入全部来自主营业务收入，净利润 136.49 万元，如表 1-26 所示。

表 1-26　周家庄农村资金互助社关键绩效指标法（KPI）数据情况

单位：万元

项目 年份	总资产	总负债	所有者权益	营业收入	净利润
2018	56440.32	54750.17	1690.15	2068.86	130.23
2019	59051.53	57345.63	1705.90	1703.56	105.75
2020	58457.76	56705.37	1752.39	2147.34	136.49

从表 1-26 中可以看出，周家庄农村资金互助社业务活动比较符合监管规范，且在开展主营业务方面，近三年来净利润较为稳定，但存在资产负债率较高的突出问题，2018~2020 年，资产负债率分别为 97.01%、97.11%、97%，每年的资产负债率都超过了 90%，表明其营运风险较大。

（三）小额贷款公司

2006 年 8 月 28 日，河北第一家小额贷款公司——霸州万利通小额贷款有限公司成立，此后小额贷款公司迅猛发展，其数量急剧增长。截至 2020 年底，河北共成立小额贷款公司 396 家，从业人员 3964 人。吸放款能力方面，其实收资本与贷款余额分别为 227.03 亿元和 220.72 亿元，如表 1-27 所示。

表 1-27　河北小额贷款公司统计比较

项目	2018 年	2019 年	2020 年
机构数量（家）	430	420	396
从业人员数（人）	5051	4531	3964
实收资本（亿元）	244.19	239.1	227.03
贷款余额（亿元）	244.35	236.81	220.72

2018～2020 年，各小额贷款公司实收资本与贷款余额一直处于下降态势，表明河北小额贷款公司对于资金的吸收能力以及放款能力处于弱势，从这方面看，小额贷款公司支农支小的能力有待提高。

第二章 河北城市商业银行发展报告

第一节 保定银行[①]

    2011 年 12 月 28 日，中国银监会正式批准保定市商业银行股份有限公司更名为保定银行股份有限公司，以下简称保定银行。保定银行由地方财政、企业和自然人投资入股，注册资本 30 亿元。目前，总行内设 19 个职能部室，下设 59 家分支机构，包括 1 个营业部、3 家域外分行、21 家市区支行、5 家社区支行和 29 家县域支行，员工 1200 余人。

一、经营状况分析

（一）资本状况分析

    商业银行总资本包括核心一级资本、其他一级资本和二级资本。通常，衡量资本状况指标包括核心资本充足率和资本充足率。从 2013 年开始，新的资本管理办法开始实施，提高了资本充足率和核心资本充足率的监管标准，保定银行的资本充足率和核心资本充足率的监管标准如下：①资本充足率的监管标准不得低于 10.5%；②核心一级资本充足率的监管标准不得低于 7.5%；③一级资本充足率的监管标准不得低于 8.5%。而 2012 年资本充足率和核心资本充足率的监管标准分别是不低于 8% 与 4%，2013 年各级资本充足率的监管标准要高于 2012 年的监管标准。说明从 2013 年 1 月 1 日起实施的《商业银行资本管理办法》，在新资本管理办法实施的过程中，对资本充足率的计算方法和标准更加严格。

---

    ① 作者：马娇阳、段梦尧、程超，河北经贸大学金融学院本科生。

从图 2-1 可以看出，2016~2020 年保定银行的资本充足率和核心资本充足率都达到了监管标准要求；其中，2016 年的资本状况相对来说较差，但也达到了监管要求，2016~2017 年，资本充足率大幅度提升，2017 年后资本充足率呈现小幅下降的趋势，但仍然保持一个较好的资本状况。截至 2020 年底，保定银行核心（一级）充足率为 13.16%，较 2019 年下降了了 1.33 个百分点，资本充足率为 14.93%，较 2019 年下降了 1.44 个百分点。

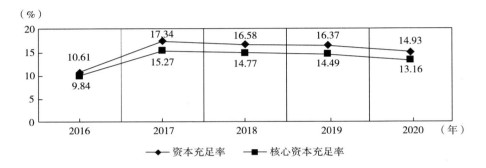

图 2-1　2016~2020 年保定银行资本充足率

资料来源：国泰安数据库以及保定银行年报。

资本充足率指标是衡量商业银行业务经营稳健的一个重要指标，它反映了商业银行的资本既能经受坏账损失的风险，又能正常营运、达到盈利水平的能力。由此可见，保定银行的资本状况良好。

（二）资产质量分析

1. 不良贷款情况

资产质量的衡量指标包含不良贷款率、拨备覆盖率与贷款集中度，不良贷款把贷款按风险基础分为正常、关注、次级、可疑和损失五类，其中，后三类称为不良贷款，不良贷款率是不良贷款占总贷款余额的比重，是衡量银行资产质量的最重要指标；拨备覆盖率是衡量银行对不良贷款进行账务处理时，所持审慎性高低的重要指标；贷款集中度分为单一最大客户贷款比例和最大十家客户贷款比率，前者是衡量银行经营安全性的指标之一，后者是衡量银行资产负债比例管理的指标之一，也是银行安全运营的重要指标之一。

如图 2-2 所示，2016~2020 年，保定银行不良贷款额度整体呈现上升的趋势，由 2016 年的 2.12 亿元上升到 2020 年的 10.07 亿元，增加了将近 5 倍；2017~2018 年，不良贷款率上升幅度较大，较 2019 年，2020 年不良贷款率开始下降。

（亿元）

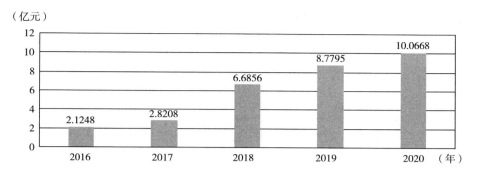

图 2-2　2016~2020 年保定银行不良贷款余额

如图 2-3 所示，2017~2018 年，保定银行不良贷款率上升幅度较大，2019~2020 年，不良贷款率开始有了下降趋势。截至 2020 年，保定银行的不良贷款率较 2019 年下降了 0.16 个百分点。

（%）

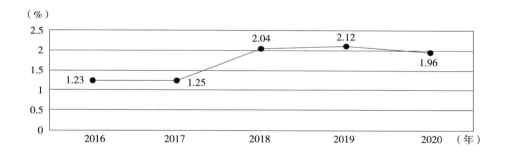

图 2-3　2016~2020 年保定银行不良贷款率

由此可见，保定银行不良贷款率有所上升。2019 年，受宏观经济下行、环保政策及中小企业转型较慢等影响，保定市当地企业经营受到一定影响，还本付息较为困难。从目前的存量不良贷款看，风险主要集中于制造业及批发和零售业。为此，保定银行加强信贷管理，制定了《不良贷款清收方案》《抵债资产管理办法》等制度；加大不良贷款考核及处置力度，通过处置抵债资产、进行现金清收等方式推进不良贷款处置工作。

2. 拨备覆盖率

拨备覆盖率是不良贷款损失准备与不良贷款余额的比率，是衡量贷款损失准备金充足性的指标。2016~2018 年，保定银行的拨备覆盖率不断下降，2018~

2020 年基本保持平稳，截至 2020 年底，保定银行的拨备覆盖率为 156.23%，如图 2-4 所示。

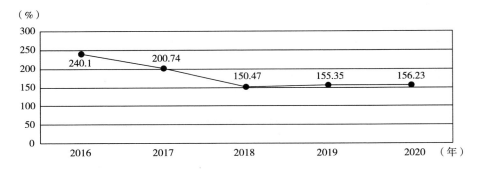

图 2-4　2016~2020 年保定银行拨备覆盖率

3. 贷款集中度

贷款集中度是指贷款余额占银行资本净额的比重。贷款集中度的一个重要限制性指标是银行对单一客户的贷款余额与银行净资本的比率，一般规定不超过 10%。

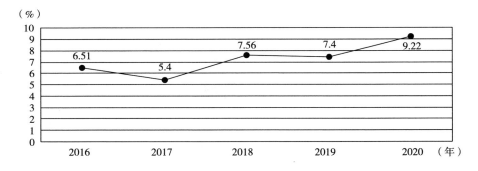

图 2-5　2016~2020 年保定银行贷款集中度

从图 2-5 可以看出，保定银行最大单一客户贷款比率符合监管要求。最大单一客户贷款比率从 2016 年至 2017 年是下降的，2018~2020 年呈上升趋势。截至 2020 年底，单一客户贷款比率为 9.22%，由此可见，保定银行的贷款集中度处于较高水平。

（三）盈利能力分析

从图 2-6 可以看出，保定银行净利润保持高速增长，盈利能力比较强，但增长率呈逐渐下降的趋势，这需要引起管理层重视，分析利润增长下降的原因。

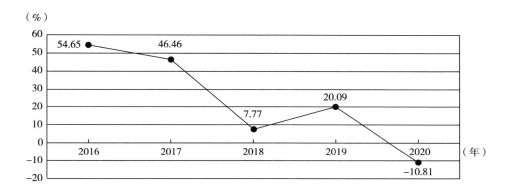

图 2-6　2016～2020 年保定银行净利润增长率

净资产收益率与总资产收益率反映了银行的盈利能力和盈利水平。中国银监会颁布的《商业银行风险监管核心指标》指出，净资产收益率不得低于 11%，总资产收益率不得低于 0.6%。

从图 2-7 可以看出，2016～2020 年，保定银行的净资产收益率呈现下降趋势，尤其是 2016～2018 年下降幅度最大，下降了 4.9 个百分点。

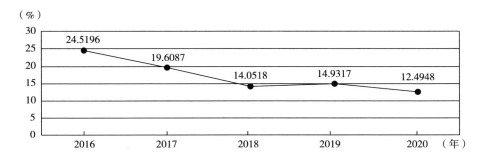

图 2-7　2016～2020 年保定银行净资产收益率

保定银行 2016～2020 年的总资产收益率变化情况如图 2-8 所示，总体保持平稳，在小范围内波动，其中，2019 年大幅度提高，达到 1.2196%，此后出现下滑。2020年总资产收益率为0.992%。

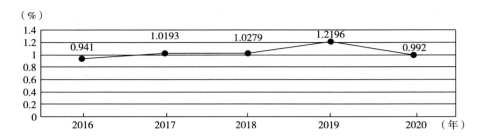

图2-8　2016~2020年保定银行总资产收益率

比较图2-7和图2-8可以发现，总资产收益率与净资产收益率的变化在2016~2019年走势截然相反，可能是由于公司资产负债规模下降所致，2019年资产负债率达到了110.9%，2020年下降为92%。

从支出管理角度分析，银行盈利水平的指标是戒本收入比，是营业费用和营业收入之比，体现了银行的成本控制能力，成本收入比越低，银行单位营业收入的成本和费用支出越低，银行的获利能力越强。

保定银行成本收入比的变化情况如表2-9所示，保定银行的成本收入比整体是先下降后上升，其中，2018~2020年呈上升趋势，截至2020年，相较于2019年，成本收入比上升了2.51个百分点，达到了25.88%。成本收入比的监管指标为35%，说明保定银行的成本控制能力达到监管要求，但近年来的成本费用上升趋势值得关注。

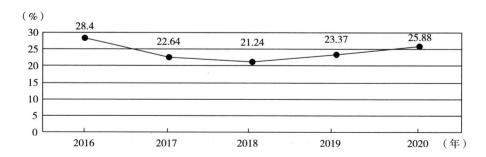

图2-9　2016~2020年保定银行成本收入比

（四）流动性分析

评价商业银行流动性管理的指标一般采用存贷比率和流动比率。

存贷比率是指银行各项贷款余额和存款余额之比，存贷比率不得超过监管部门所要求的75%。

保定银行存贷比率的变化情况如图 2-10 所示，2016～2020 年，保定银行的存贷比率的均值是 47.29%，符合监管要求。2016～2020 年，保定银行存贷比率逐年上升，其中，2017～2018 年有一个较大的涨幅，上升了 17.73 个百分点；截至2020 年，存贷比率达到 59.11%。贷款比率相对较低，一方面说明保定银行应充分利用存款资金，提升盈利能力；另一方面说明在传统业务方面仍有上升空间。

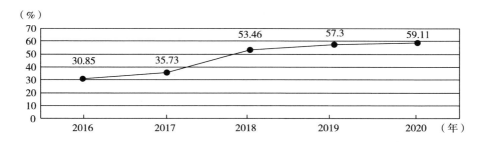

图 2-10　2016～2020 年保定银行存贷比率

流动比率指银行流动性资产余额与流动性负债余额之比，是衡量银行流动性的总体水平，该指标一般不低于 25%。2016～2020 年保定银行流动性比率如图2-11 所示。可以看到，保定银行的流动性比率均在 25% 的监管标准以上，均值为 55.25%，说明保定银行的流动性比率符合监管要求，资产流动性充足，安全性较高。

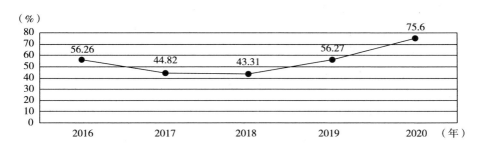

图 2-11　2016～2020 年保定银行流动比率

二、风险控制

（一）信用风险

保定银行信用风险管理采取全流程的风险管理，对信用风险进行主动识别、计量、监测、控制或化解。保定银行明确组织架构、管理职责以及管理流程等重大信用风险管理政策，有效防范和控制信用风险。具体措施包括：

（1）坚持政策导向，有效控制新增授信风险。按照国家产业政策及指导性意见，调整行业投向，明确审慎介入高污染、高耗能及产能过剩行业，鼓励加大对战略性新兴行业、小微企业和民营、涉农企业、国计民生行业、国家精准扶贫项目信贷投放扶持力度。

（2）调整信贷结构，提高授信资产质量。逐步调整信贷客户结构，优化信贷结构，降低高占比行业授信风险，提高授信资产整体抗风险能力。

（3）将表内外授信业务纳入统一授信管理，进一步加强内部制度建设。按照监管要求修订补充内部规章制度，同时根据业务和风险的新变化、新现象、新特征，及时填补、完善、更新内部规章制度。

（4）加强授信客户风险评估，增强风险预警的前瞻性。严格授信前调查，全面、真实、细致掌握授信客户信用风险状况；细化授信审查标准、审查要点，提升审查质量，不断细化信贷行业客户审查标准，提高授信审查水平和审批效率，借助科学、高效的审查审批做实资产质量。

（5）加强授信后管理，做好重点领域的风险防控工作。加强对存量授信业务的监测和管理，利用信贷管理系统对授信客户进行风险预警管理，有效监测、分析重点领域信用风险的生成和迁徙变化情况，引导分支行层层落实授信后管理要求。

（6）严格风险分类。该行根据银监会《贷款风险分类指引》制定了《保定银行贷款风险分类实施细则》，用以进行贷款风险衡量及管理。在风险分类工作上，由分支机构进行信贷质量五级分类初分、初审，总行业务条线及授信审批部复审，风险管理与高级管理层审批。

（7）建立不良贷款考核制度及处置措施。将不良贷款考核纳入机构年度绩效考核，通过综合运用自主清收、诉讼清收、以物抵债、贷款核销等手段，多层次提高不良贷款清收处置力度。

（8）强化信贷人员专业知识培训。引导全行信贷人员加强主动管理意识，全面提高信贷管理水平①。

（二）流动风险状况

保定银行建立了完备的流动性风险管理架构，健全和完善了有效的流动性风险识别、计量、监测及控制体系。不断加强负债稳定性管理，确保负债总量适度、来源稳定、结构多元、期限匹配，持续完善流动性风险应急预案，以应对流动性风险。该行各项流动性指标均符合监管要求。

具体管理措施如下：

（1）建立了完善的流动性风险管理架构。《保定银行流动性风险管理办法》明确了董事会、监事会、高级管理层及相关部门的职责，由董事会承担流动性风险管理的最终责任，由高级管理层负责流动性风险的全面管理，由监事会对董事会和高级管理层的履职情况进行监督评价。

（2）建立了流动性风险管理策略和程序。该行流动性风险管理策略和程序根据流动性风险偏好制定，涵盖表内外各项业务及所有可能对该行流动性风险产生重大影响的业务部门、分支机构和附属机构，并包括正常和压力情景下的流动性风险管理。综合考虑业务发展、技术更新及市场变化等因素，至少每年对流动性风险偏好、流动性风险管理策略和程序进行一次评估，必要时进行修订。

（3）推进流动性风险识别、计量、监测、控制和管理系统建设。该行不断完善流动性风险管理系统，通过指标监测、现金流缺口分析、流动性压力测试等方法，对流动性风险进行识别和计量。

（4）加强内部控制和全面审计。

（三）市场风险状况

保定银行的市场风险主要是利率风险。目前，该行资产负债结构合理（包括产品配置、额度、期限等），且总体规模较小，可以根据利率走势及时调整，有效监测和控制市场风险，使市场风险处于较低水平。

具体措施如下：

（1）建立有效的市场风险管理架构。制定了《保定银行市场风险管理办法》，明确了董事会、监事会、高级管理层及相关部门的权限及分工，由董事会承担市场风险管理实施监控的最终责任，由高级管理层负责落实董事会确定的市场风险管理政策，该行监事会负责监督董事会和高级管理层在市场风险管理方面的履职情况。

（2）加强市场风险计量、监测和控制。

---

① 保定银行 2020 年报。

（3）建立了市场风险管理的政策和程序。明确了市场风险报告、信息披露、应急处置程序和要求，明确了市场风险内部控制内外部审计要求。

（4）严格利率管控。该行科学预测市场利率走势，准确把握市场行情，确保利率定价合理；针对银行账户利率风险，通过将风险因素引入总行资金转移定价机制，指导全行存贷款、金融市场等资产负债业务的合理定价，优化资产负债结构，同时加强对分支行利率执行情况的监督，防范违规情况发生。

（5）加强资本管理。为所承担的市场风险提取充足的资本。

（6）加强内部控制与全面审计。由审计部或外部审计机构定期对市场风险管理体系各个组成部分和环节的准确、可靠、充分和有效性进行独立的审查和评价。

（四）操作风险状况

保定银行建立了操作风险防控体系，不断改进业务流程，切实防范操作风险，2020年，未发生操作风险事件。

具体措施如下：

（1）建立完善的操作风险管理架构。该行严格遵循银监会《商业银行操作风险管理指引要求》，在董事会和高级管理层的领导下，构建了层次化的操作风险防控体系。董事会对该行的操作风险管理实施监督控制，并承担监控操作风险管理有效性的最终责任，高级管理层负责执行董事会批准的操作风险管理战略、总体政策及体系。

（2）建设员工行为管理系统，加强操作风险识别、计量、监测、控制。该系统通过对员工行为的非现场检查、调查问卷、匿名举报等模式，及时掌握员工工作行为动态，对操作风险进行有效的识别、计量和监测，从源头把控操作风险。

（3）持续开展员工教育培训，定期开展员工行为排查。

（4）加强操作风险管理的考核与奖惩。

（5）加强内部控制与全面审计。由审计部或外部审计机构定期对操作风险管理政策、程序和具体的操作规程进行审查和评价[1]。

三、社会责任

1. 强化金融服务质效，做好疫情防控金融服务保障

新冠肺炎疫情发生后，保定银行及时制定出台10项金融服务举措，推出全

---

[1] 保定银行各年报。

天候金融服务"快速通道"、个人存款自动延期、十项普惠减免优惠政策以及信贷审批"绿色通道"等，切实强化金融对疫情防控工作的支持。

截至 2021 年 6 月，银行已为实体经济客户办理展期业务 17.93 亿元，延期付款 197 笔，金额共计 95.78 亿元，延期付息 259 笔，金额共计 198 亿元，利息共计 4.49 亿元。完善疫情期间开辟的金融服务绿色通道，启动快速审批程序，量身打造私人订制、个性化需求的金融产品，积极破解企业融资难题。期间，支持企业复工复产累计新发放贷款 43 笔，金额 48.66 亿元。

2. 立足"六稳六保"，服务实体经济工作

2020 年以来，保定银行聚焦主责主业，积极推进"一体两翼"管理体系和"一体两翼"服务体系建设，切实改进实体经济、民营经济和中小微企业金融服务，积极支持企业复工复产，不断提升金融服务实体经济能力，稳企业、稳就业、保民生、保产业链供应链。

着力支持重大项目落地。该行积极对接京津冀协同发展和雄安新区国家战略重大项目，及时调整信贷政策，建立快速审批通道，持续加大对接京津及雄安新区重点建设项目支持力度。为助力雄安新区规划建设，采取保证、抵押、征迁补偿款质押等担保方式，推出了"雄安·征迁贷"金融产品，最高贷款金额可达 3000 万元，有效破解雄安企业在转型升级、征迁过程中资金困难的难题。

着力支持中小微企业发展。总行成立小微贷款中心，实行差异化信贷政策。强化战略合作，与人行保定中心支行签订再贷款，与国开行河北分行签订支持小微企业转贷款和专项扶贫转贷款，全部发放到位，进一步降低了小微企业融资成本。

完善中小微企业金融服务，创新合作模式，开展"与中小企业共成长培育工程"，坚持将金融服务向上下游延伸，积极打造行业链、企业链、产品链的"三链式"服务模式。创建了"高碑店新发地模式""白沟商会模式""蠡县裘皮新城模式"等合作模式，切实解决中小微企业融资难题。截至 2020 年 6 月末，保定银行全口径小微企业贷款余额 184.77 亿元，占全部贷款的 41.51%。

着力支持地方特色产业发展。保定银行针对各县（市、区）经济发展特点，坚持"一县一策"发展定位，量身定制金融产品，丰富和发展"金臂膀·助您腾飞"和"金支点·伴您成长"两大金融产品线，积极研发新型贷款项目，确保实现每个县域都有一个特色金融产品的目标。

为支持安国中医药产业做大做强，保定银行与安国市政府签订战略合作协议，支持中医药产业转型升级、创新发展。研发出"药商贷仓单质押""药商信

用贷款"等新型产品，提供特色化、差异化、定制化金融服务，全力支持安国数字中药都、现代中药工业园区等引领性、标志性项目，稳定产业链、供应链、物流链。

3. 聚焦"三农"，推进金融扶贫工作

近年来，保定银行不断优化县域金融资源配置，加快机构向基层下沉，业务向涉农经济延伸，做"三农"客户的"贴心人"。为了打通金融服务"最后一公里"，该行在原阜平县顾家台金融工作室的基础上设立顾家台支行，并在蠡县、易县、曲阳等县建立银行卡助农取款点。截至 2020 年 6 月末，该行涉农贷款余额 205.54 亿元，占全部贷款 46.18%。针对雄安新区农民市民化问题，该行与雄安新区三县就业局签订战略合作协议，完善和落实创业担保贷款政策，量身定制"金支点·再创业"特色金融产品，充分利用金融资源支持新区居民市民创业带动就业①。

与此同时，保定银行立足于助力打赢脱贫攻坚战，自 2012 年开始长期在革命老区阜平县开展金融扶贫工作，探索建立了"政府+银行+保险+担保机构+农户（企业）""五位一体"新型金融扶贫模式，并覆盖到了保定的每一个县。

第二节　沧州银行②

一、概述

沧州银行成立于 1998 年 9 月 19 日，20 多年来，沧州银行坚持通过改革创新走特色发展道路，立足小微市场，服务城乡居民、中小企业和地方经济，成为一家经营稳健、服务优良的城市商业银行。

截至 2020 年末，沧州银行在沧州域内设 24 家市区支行和 27 家县域支行，域外设石家庄、邢台、秦皇岛等 8 家分行和 53 家支行，拥有小微企业客户 5716 户，基本实现"扎根沧州、立足河北、辐射京津"的战略目标。2020 年沧州银行注册资本达到 54.66 亿元，实现总资产 1714.69 亿元，总负债 1591.13 亿元，

---

① 保定银行 2020 年报。
② 作者：秦蓉，河北经贸大学金融学院硕士研究生；高翠，河北经贸大学金融学院本科生。

· 34 ·

净利润 11. 3 亿元，资本充足率 13. 73%，主要监管指标全省领先。①

二、经营情况

（一）资产负债情况

从图 2-12 可以看出，沧州银行资产总额和负债总额逐年增加，截至 2020 年底，分别为 1714. 69 亿元和 1591. 13 亿元。从资产总额看，沧州银行资产总额从 2015 年的 835. 50 亿元增长到 2020 年的 1714. 69 亿元，增加了 2 倍，总体来看，每年增长的资产总额绝对值数额比较稳定，说明沧州银行 5 年间一直在不断发展。从负债总额看，沧州银行从 2015 年的 787. 76 亿元增长到 2020 年的 1591. 13 亿元，也增加了 2 倍，与资产总额增长倍数相同，说明沧州银行的资产总额和负债总额增长幅度相似，银行规模在稳定扩张。

图 2-12　沧州银行 2015~2020 年资产总额和负债总额

资产负债率是负债总额占资产总额的比例，用来衡量企业的风险程度，资产负债率与银行的偿债能力反向变动，即资产负债率越高，企业的偿债能力越差，风险越大。由于银行是特殊的金融机构，其负债主要源于存款，所以资产负债率普遍较高。

从图 2-13 可以发现，沧州银行 2015 年资产负债率最高为 94. 29%，2016 年下降至 92. 13%，随后略有上升，2018~2020 年保持在 92. 74% 的水平，说明近年沧州银行负债在资产总额中所占比重较平稳，波动不大。

---

①　沧州银行：http://www.czccb.cn/news/gywm/index.html。

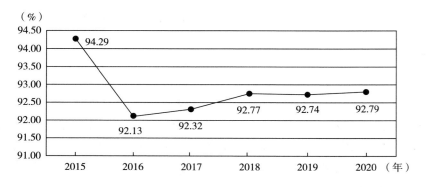

图 2-13　沧州银行 2015~2020 年资产负债率

（二）资产质量

1. 不良贷款率

现阶段，银行的风险主要来自贷款，尤其是不良贷款。由图 2-14 可知，沧州银行的不良贷款率 2015 年为 1.42%，2016 年上升至 1.78%，2018 年增幅较大，上升到 2.37%，随后略有下降。沧州银行近几年的不良贷款率较 2015~2017 年高，但也在不断调整，总体看信用风险较小。

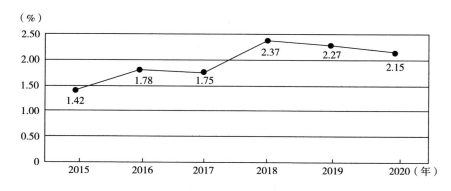

图 2-14　沧州银行 2015~2020 年不良贷款率

2. 拨备覆盖率

拨备覆盖率是衡量资产质量的另一重要指标，用来反映商业银行防范贷款风险、弥补贷款损失的能力，一般来说比率不小于 100%，否则可能存在准备金缺口。如图 2-15 所示，沧州银行 2015 年拨备覆盖率为 194.37%，2016 年降为 168.40%，2017 年上升到 197.04%，2018 年有所下降，随后逐渐上升，截至

2020 年，拨备覆盖率为 174.19%，仍低于 2015 年。总体来看，沧州银行的拨备覆盖率在 150% 以上，表明银行抵御风险的能力强。

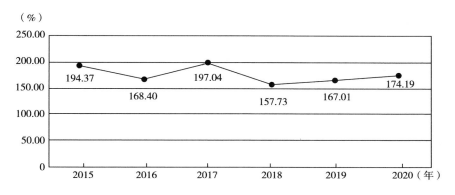

图 2-15 沧州银行 2015~2020 年拨备覆盖率

3. 资本充足率

资本充足率反映商业银行以自有资金承担风险的能力，资本充足率越高，银行抵御风险能力越强。如图 2-16 所示，沧州银行 2015~2016 年资本充足率上升，达到 15.61%，随后逐年下降，截至 2020 年下降为 13.73%，但总体看，高于巴塞尔委员会要求的 8%。沧州银行 2016 年以来以自有资金抵御风险的能力下降，但仍高于规定水平，因此信用风险较小。

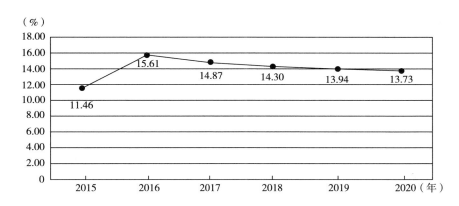

图 2-16 沧州银行 2015~2020 年资本充足率

（三）盈利能力

盈利能力是银行经营的重要方面，它既能体现经理层的能力、提振企业信心，又是银行进行市场竞争的基础。银行盈利能力主要通过成本收入比、总资产收益率、资本利润率和资产利润率体现。

1. 成本收入比

成本控制能力可以通过成本收入比指标反应，成本收入比越低，说明银行获利能力越强，银行单位营业收入的成本和费用支出越低。如图2-17所示，沧州银行2015~2017年成本收入比逐年下降，盈利能力不断增强，2017年下降到最低点36.89%；2018年和2019年成本收入比有所上升，2020年略有下降。根据监管要求，成本收入比不得高于45%，邯郸银行2015年最高为43.37%，近几年保持在40%以下，仍然需要加强对成本的控制能力，降低成本收入比，提升盈利水平。

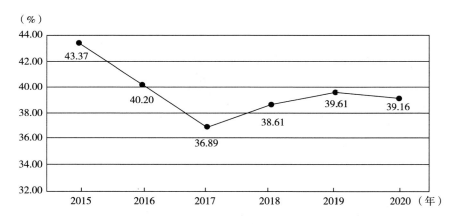

图2-17　沧州银行2015~2020年成本收入比

2. 总资产收益率

总资产收益率是衡量银行盈利能力的重要指标。如图2-18所示，沧州银行2015~2020年的总资产收益率逐年下降，2020年比2015年下降了0.34个百分点。总体看，沧州银行的总资产收益率仍然高于监管指标。

3. 资本利润率和资产利润率

资本利润率（净资产利润率）和资产利润率是衡量银行盈利能力的指标。沧州银行资本利润率在2015~2018年逐年下降，2019年略有上升，随后下降到9.42%，低于11%的监管标准，如图2-19所示。

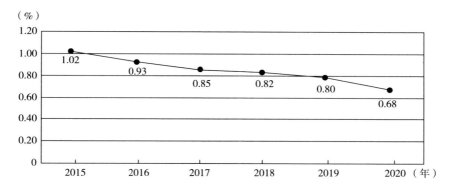

图 2-18 沧州银行 2015~2020 年总资产收益率

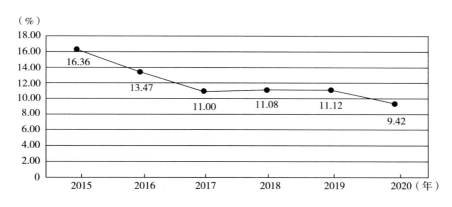

图 2-19 沧州银行 2015~2020 年资本利润率

沧州银行资产利润率 2015~2020 年逐年下降，2020 年最低为 0.68%，但仍然在 0.6% 的监管标准上（见图 2-20）。总体来看，这两个指标变化大体相同，2020 年都有较大幅度的下降，盈利能力不足，与成本收入比和总资产收益率的结论类似，说明沧州银行应采取适当的措施以提升盈利水平。

（四）流动性分析

一般来说，商业银行的流动性能力与流动性风险负相关，即流动性越强，商业银行的流动性风险越小；流动性越差，商业银行的流动性风险越大。评价银行流动性管理的指标通常采用流动性比率和存贷比。

1. 流动性比率

流动性比率是银行流动性资产占流动性负债的比率，它反映了银行的偿债能力，流动性比率越高，偿债能力越强，一般应该大于等于 25%。沧州银行 2015~

2016 年的流动性比率由 78.63%下降为 71%，2016~2018 年逐年上升，2019 年略有下降，2020 年上升到 105.86%，比最低值 71.00%高 34.86%个百分点（见图 2-21），说明从流动性比率的角度来说，沧州银行的流动性风险较小，银行抗风险能力强。

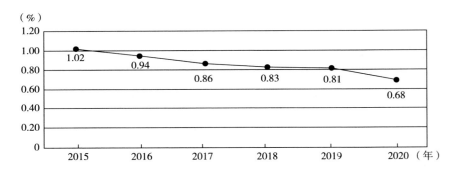

图 2-20 沧州银行 2015~2020 年资产利润率

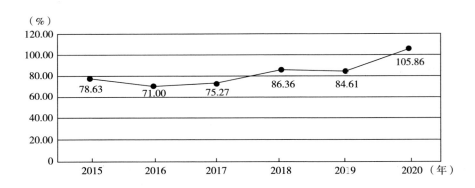

图 2-21 沧州银行 2015~2020 年流动性比率

2. 存贷比

存贷比是衡量商业银行流动性的另一个重要指标，是贷款占存款的比率，相对于传统的监管指标，其仍具有一定的研究价值。从流动性角度来说，存贷比与流动性反向变动，即存贷比越高，银行安全性越差，流动性越差，安全性越低，央行规定商业银行最高的存贷比例为 75%，沧州银行近几年的存贷比未超过该比例。

如图 2-22 所示，沧州银行 2015~2016 年存贷比略有下降，随后逐年上升，

2020 年达到 65.95%，比 2016 年高 12.95%，说明沧州银行的信贷规模不断增加，流动性风险也逐年增加，需要进一步控制流动性风险，以避免超过 75% 的监管指标。

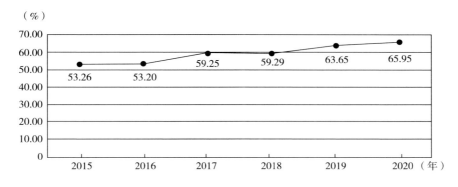

图 2-22　沧州银行 2015~2020 年存贷比

三、风险控制

沧州银行为落实监管要求，构建了"4+3+2"的管理体系，具体来说："4"指"思想教育+制度约束+检查监督+违规惩戒"；"3"是三级检查监督机制、基层网点自我检查+主管部室垂直检查和内审稽核全面检查；"2"是两个委派制，即分支行会计副行长委派制、分行信贷风险总监委派制。此外，沧州银行在全行范围内开展风险排查，发现问题并提出解决措施，保证银行业务的稳定发展。

（一）信用风险

沧州银行在信用风险防控方面采取了以下措施：

（1）严格落实"查、报、审、批、核"的信贷管理体制和相关制度。

（2）优化信贷结构，增强信用风险管理的科学性与规范性。

（3）出台相应贷款指导意见，引导银行贷款流向优质客户和行业。

（二）流动性风险

沧州银行的资金管理权在营运中心，营运中心负责资金运作，定期评估分析和预测全行的资产负债结构和流动性。与此同时，沧州银行为保持存款增长稳定，采取各项合理措施，合理配置同业业务，确保流动性指标达到标准。

（三）操作风险

沧州银行推行风险责任管理，积极制定风险管理措施，实行日常业务运营的事前、事中及事后监督等管理措施，同时消灭制度盲区，加强职业道德教育，强化对重控环节的监督与检查，落实责任追究制度，有效防范操作风险。

（四）利率风险

沧州银行为防范利率风险，积极完善定价机制，提升定价能力，建立内外部利率体系，采取了开展中间业务、拓宽收入渠道、促进零售业务转型等一系列举措。

（五）信息科技风险

沧州银行注重对信息安全的日常管理，启动信息安全管理体系认证项目，规划及实施系统基础设施项目。同时，注意加强科技风险评估与监测，建立了信息科技风险管理制度，创建及运用信息科技风险监测机制，积极开展信息科技风险评估工作，科技系统的日常开发和运维管理工作逐步走向规范。

（六）声誉风险

沧州银行将声誉风险管理纳入全面风险管理体系，建立和制定了声誉风险管理机制、办法、相关制度和要求，积极组织全体干部员工开展危机处理培训，持续提升舆情监测及应对处置能力，不断加强对重点领域和关键环节的控制，主动、有效地防范声誉风险和应对声誉事件。①

四、创新发展

（一）数字化转型

在数字化转型的推动下，沧州银行意识到科技对于企业发展的重要作用，决定提升整体竞争力，实现业务创新。近年来，沧州银行开发了大量系统，如自助存单机、手机银行、银企直连等，基本实现了银行业务的全覆盖。2020年初，沧州银行启动新一代柜面及无纸化系统二期项目，融入无纸化功能的新一代柜面系统，引入人脸识别认证、柜外清双屏互动、凭证电子化存储以及电子印章应用等功能，使前台业务办理更加高效、快捷、规范，有效提升了客户和柜员体验，提高了风险防控水平。

沧州银行利用科技力量，开发大数据平台，集中化管理各个系统数据，助力推进营业网点智慧化转型。此外，沧州银行积极利用大数据进行内部挖潜，开发新财务系统，实现了财务核算精细化、财务监控全面化、财务管理规范化。具体来说，沧州银行使用手机移动端进行费用报销工作；用手机扫描条形码完成固定资产盘点；与税务机关金税系统建立接口，实现对票据信息的自动收集、自动识

别、自动验真。

沧州银行研发FTP系统，该系统使用内部成本法，结合存款融资成本、运营成本及资金市场价格，在节省融资成本的同时考虑了资金市场价格，完善定价方案。FTP系统还创新了存款产品维度报表，助力全行精细化管理。

（二）创新金融服务

存款对于城商行有重要的意义，只有保持存款余额的稳定增长，才能保障银行的贷款和流动性，有利于资金运营。2020年，面对新冠肺炎疫情带来的经济下行压力，沧州银行存款业务增长持续稳定，成本控制效果较为突出，域外支行年末新增存款66.39亿元，占全行增量的56%。

沧州银行坚持业务创新，截至2020年末，已上线了非税缴费、积分系统、自助存单机、移动营销等项目，推出"园丁卡""童趣卡"等产品，丰富了产品功能。沧州银行注重电子银行业务的发展，2020年业务量4984万笔，柜面替代率已达到88.3%。

沧州银行在当前对企业资金管理要求严格的背景下，研发的银企直连系统具有强大的兼容性，支持多种企业管理系统和资金管理系统，还免收系统费用，吸引了大批有需求的企业。此外，沧州银行推出多种创新产品，借助大数据平台，进行线上一对一精准推送、线下点对点全面覆盖，满足不同客户的差异化需求，实现服务智能化。

五、社会责任

（一）热心公益事业，承担社会责任

沧州银行在注重自身发展的同时，不忘承担社会责任，积极参与公益活动。

（1）在新冠肺炎疫情期间，捐款300万元用于新冠肺炎疫情防控工作，全行员工捐款13.01万元，分支行自发向医院、红十字会等捐款16.78万元，捐赠物品价值20余万元，同时开展防疫宣传，协助社区对返乡人群进行排查，为疫情防控做出了贡献。

（2）参与创建文明城市，组织6次小吴庄"文明交通"志愿活动，共计160余小时，沧州银行连续多年获"全国文明单位"称号，2家支行荣获"省级文明单位"称号，8家支行荣获"市级文明单位"称号，为城市文明做出重要贡献。

（3）多次组织志愿者看望老人和残障儿童，积极组织党支部宣传金融知识和文明理念，坚持弘扬志愿精神。

（4）发起公益捐助，向红十字会捐款28520元，组织"一起捐""微爱扶贫"活动，为脱贫攻坚贡献力量。

（二）保护消费者权益，提升服务水平

（1）多种措施并举，如完善消费者权益保护工作组织架构，健全消费者保护工作机制，加大工作人员消费者保护的意识和能力，从而维护金融消费者的权益。

（2）注重服务管理的源头，优化服务流程，落实消费者保护，如优化硬件设施，加强服务监督，抓好星级建设，发挥先进带头作用。

（3）坚持服务至上，树立为客户服务的理念，如开发投诉系统，持续做好金融知识日常宣传，利用多种渠道提升消费者金融素养，同时完善相关制度，修订不符合规定的内容，形成规范性文件。

（三）发展绿色金融，建设美丽河北

（1）打造绿色金融，完善相关信贷体系，坚持绿色发放；优先支持绿色信贷需求，尤其是节能环保、清洁能源等；严格限制"两高一剩"企业，对违反国家政策、环保手续不齐全的企业项目不予支持。2020年末，沧州银行绿色信贷余额2.79亿元，较年初增长1.02亿元。

（2）推进环保技改，坚持支持企业环保技改，实现企业在发展经济的同时兼顾环保效应。

（3）坚持绿色发展，如为客户提供低碳化、信息化业务办理平台，在日常办公中实现无纸化办公，减少资源消耗，优先采购具有环保认证和有利于员工健康的产品。

（四）发展普惠金融，支持小微服务"三农"

沧州银行推出以下措施，为小微企业复工复产提供助力：

（1）减费让利，即减免小微企业的间接融资成本，重新考虑利率定价，减少企业的融资成本。

（2）提高信誉良好、抵押物充足的小微企业的抵押比率，帮助此类暂时困难的小微企业增加现金流。

（3）三是调整投放顺序，设置小微贷款的投放顺序为最高优先级别，为小微企业预留较充足的信贷。截至2020年末，沧州银行的小微企业贷款余额417.02亿元，占总贷款余额的41.54%，而小微客户的贷款利率较年初下降0.39个百分点，为小微企业客户节省利息约1.6亿元。

沧州银行根据实际情况，优先支持乡村振兴，实行错位竞争。首先以县城支行为依托，主动为乡村客户提供上门服务；其次连接当地龙头企业发展和农户农副产品，形成"市场带龙头、龙头带基地、基地联农户"的产业化生产体系。2020 年末，沧州银行涉农贷款余额 389.19 亿元，较年初增加 2.33 亿元。

（五）助力精准脱贫

沧州银行通过提供信贷资金优惠大力扶持贫困县企业，在支持地方企业发展的同时促进了贫困人口的就业，形成良性循环，助力精准脱贫。截至 2020 年末，沧州银行在河北 62 个县投放贷款余额达 94.82 亿元，较年初增加 5.34 亿元，其中在沧州域内 7 个县投放贷款余额 61.95 亿元，占沧州银行全部贷款余额的 65.33%。

第三节　唐山银行①

一、概述

唐山银行成立于 1998 年 6 月，是唐山市政府直属的地方国有银行，截至 2020 年底，唐山银行总资产突破 2000 亿元，现有员工 1400 余名，下设支行 68 家，网点遍及唐山全市及各县区，致力于为客户提供便捷周到、优质高效的现代金融服务，为支持地方经济发展积极贡献力量。

2020 年 7 月 1 日，国际权威财经媒体英国《银行家》发布了 2020 年"全球银行 1000 强"榜单，按一级资本排名，唐山银行位列全球银行第 434，排名较 2019 年跃升 7 位，在全国银行业排名第 85 位。这是自 2015 年上榜后，唐山银行连续 5 年荣登该榜单，并且连续 4 年进入 500 强。

近年来，唐山银行品牌价值和品牌形象显著提升，成为一家充满活力、富有潜力、稳健发展的银行，发展得到公众和业界专家的认可。近年该行接连荣获"2019 中经 Fintech·智能银行""最佳创新企业奖""最具业务特色中小银行"2020 年中国商业银行竞争力榜单"城市商业银行第一名（资产规模 1000 亿~2000 亿元）""2020 年度责任企业""2020 年卓越竞争力金融扶贫银行""精准扶贫先锋机构"等荣誉和奖项②。

---

① 作者：郑晓慧，河北经贸大学金融学院硕士研究生；段梦尧、程超，河北经贸大学金融学院本科生。
② 信息内容来源于唐山银行官网。

二、经营情况

（一）资产负债状况

银行总资产是反映银行拥有或者控制的全部资产，即银行资产负债表的资产总计情况，包括银行所拥有的流动资产、固定资产、长期投资等。

唐山银行 2016~2020 年的总资产及其增速及总负债情况如图 2-23、图 2-24 所示，从而可以全面地了解近几年唐山银行的资产负债情况。

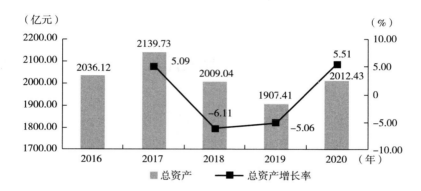

图 2-23　2016~2020 年唐山银行总资产和总资产增长率

资料来源：Wind 数据库。

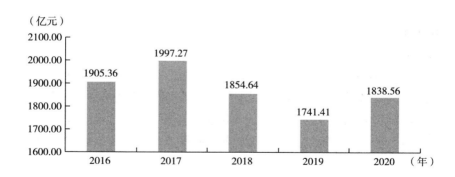

图 2-24　2016~2020 年唐山银行总负债

从图 2-23 可以看到，截至 2020 年底，唐山银行总资产为 2012.43 亿元。从绝对量上看，唐山银行的总资产变化不大，没有大规模的增长，其中，2018 年和 2019 年略有下降，2020 年总资产实现回升。

唐山银行近 5 年的总资产增长率和绝对量表示的情况一致，2018~2019 年总资产的增长率为负，其余年份为正。

2016~2020 年，唐山银行总负债情况与总资产情况一致，总体保持平稳，但期间略有波动，尤其是 2018~2019 年连续两年下降，2020 年虽有所回升，但没有恢复到 2017 年的水平。通过计算，总资产与总负债的比值，即资产负债率一直比较稳定。

唐山银行近几年没有实现大规模的增长，相反在一些年份还有下滑，总体看属于保持平稳发展。这说明唐山银行近几年的发展处于瓶颈状态，与京津冀的其他城商行的快速发展趋势不同，具体原因有待于进一步的分析。唐山银行应注意这一现象，及时寻找原因并做出战略调整，以寻找银行发展的新途径。

接下来，我们根据商业银行经营的"三性"原则——盈利性、流动性及安全性对唐山银行的财务状况进行分析。

（二）盈利状况

净利润直接反映银行的盈利水平，非利息收入占比反映银行的收入构成，净资产收益率综合体现银行的经营绩效，净息差表现银行生息资产的增值能力，净利差衡量商业银行的净收入利差，成本收入比反映银行的成本控制能力，这几个指标从不同角度反映银行的盈利能力。

1. 盈利水平

如表 2-1 所示，从数值上看，唐山银行的净利润率在 2016~2018 年保持了快速增长，在营业收入下降的情况下能够取得这个成绩得益于对成本费用的控制。2019 年以来，唐山银行受到内外部环境变化的影响，虽然营业收入依然保持增长，但由于成本费用增加，净利润以及收入净利润率均出现下滑。

表 2-1　唐山银行 2016~2020 年利润情况指标　　　　单位：亿元,%

项目 年份	净利润	营业收入	收入净利率（净利润/营业总收入）
2016	14.60	38.29	38.13
2017	15.46	35.17	43.96
2018	15.30	29.19	52.41
2019	15.54	29.86	51.92
2020	13.56	35.10	38.63

2. 收入构成

非利息收入指商业银行除利差收入之外的营业收入，主要是中间业务收入和咨询、投资等活动产生的收入。不同商业银行的收入构成有所不同。就中国商业银行目前的收入结构看，利息收入仍占据主体，一般占主营收入80%以上。然而，利息收入由于受利率变动和经济周期影响很大，加上近几年互联网金融的介入，商业银行竞争加剧，商业银行的传统盈利模式受到冲击，商业银行都在积极寻找业务转型之路，拓展盈利渠道，增加非利息收入占比。

表2-2　唐山银行2016~2020年非利息收入情况　　　　单位：亿元,%

年份＼项目	非利息收入	非利息收入占比
2016	4.22	11.03
2017	9.79	27.82
2018	7.79	26.69
2019	4.58	15.34
2020	4.40	12.54

从表2-2可以看出，唐山银行的非利息收入处于先上升后下降的状态，2018年前处于上升的状态，但2019年后非利息收入逐渐下降，且整体来看，唐山银行的非利息收入较低，说明唐山银行还没有找到稳定的中间业务及投资收入来源，收入绝大部分依赖传统的利息收入，导致非利息收入的波动情况。

3. 盈利能力

净资产收益率可以综合反映银行的盈利能力，按照中国银监会《商业银行风险监管核心指标》的要求，资本收益率不应低于11%。从净资产收益率看（见图2-25），近5年来，唐山银行的净资产收益率一直在下降。从2016年的13.76%降至2018年的10.31%，再降至2020年的7.98%，从2018年起就没有达到11%的监管标准，且在2019年、2020年依然保持下降的趋势，距离监管标准越来越远。这需要引起唐山银行重点关注，应该积极采取措施，提高银行的经营业绩，提高资本运作效率，采取更先进的管理办法。

净息差是净利息收入与平均生息资产的比值。生息资产指金融机构以收取利息为条件对外融出或存放资金而形成的资产，主要包括：存放中央银行款项、存放同业款项、各项贷款、拆放同业、债券投资、买入返售资产以及其他能够产生利息收入的资产。净息差体现了生息资产的盈利能力。净利差是指平均生息资产收益率与平均计息负债成本率之差，净利差表示利息收入水平与利息付出成本的差额，表示的是商业银行的利润空间，净利差是衡量商业银行净利息收入水平最常用的标准。计算公式为：

净利差＝生息率－付息率

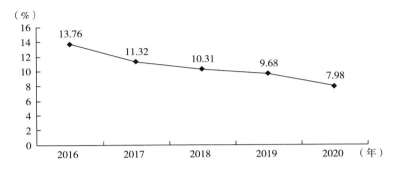

图 2-25　2016～2020 年唐山银行净资产收益率

　　从净息差看，唐山银行 2016～2019 年一直在下降且降幅明显（见图 2-26、图 2-27），从 2016 年的 4.72% 降至 2019 年的 1.35%，2020 年有所回升，回到 2.04% 的水平。从净利差看，从 2016 年的 8.42% 将至 2018 年的 4.72%，再降至 2020 年的 2.58%，尤其 2016～2018 年巨幅下降。这应引起相关银行管理层的重视。

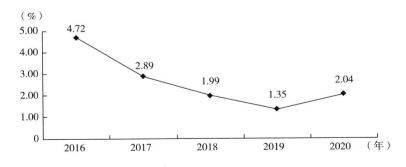

图 2-26　2016～2020 年唐山银行净息差

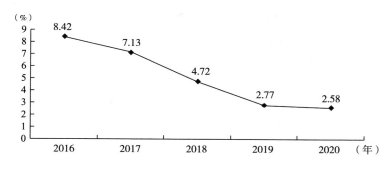

图2-27　2016~2020年唐山银行净利差

4. 成本控制

　　成本收入比是营业费用与营业收入的比例；比值越小，表示每一个单位的收入所耗费的成本越低，比值越大，表明商业银行营收的成本付出越高。银保监会将此指标的监管标准定为不大于45%。唐山银行在2019年前一直呈上升趋势，2020有所下降回落至25.27%（见图2-28）。但在成本收入比方面，离45%的监管标准仍有较大余量，符合监管标准的要求。

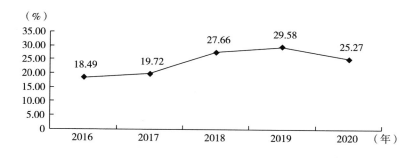

图2-28　2016~2020年唐山银行成本收入比

（三）流动性分析

　　流动性分析体现了资产的变现能力，同时体现资产利用效率，前者对应安全性，后者对应盈利性，所以，流动性是连接安全性和盈利性的桥梁。流动性越好，表示用于随时变现或者偿债的资产越多，安全性越好，但部分程度上又闲置了资产，牺牲了资产的盈利性；反之，流动性越低，安全性越差，但用于经营的资产增多，盈利能力相对提升。因此，流动性应该有一个合适的临界点，以保证安全性和盈利性。下面我们通过存贷比和流动性比率分析。

1. 存贷比

近 5 年来唐山银行的存贷情况及贷存比如表 2-3 所示，监管要求此比值不得大于 75%，是为了要求银行保持较好的流动性，保证资产的安全性。从近 5 年看，唐山银行的贷存比完全符合标准，流动性充足，2016 年、2017 年存贷比仅为 25% 左右，2018~2020 年大幅提升。虽然流动性较高保证了商业银行的安全性，流动资金充足，不会有挤兑风险的发生，但过高的流动性会损害银行的盈利性，商业银行将大多数资产都配置在了盈利性较差的流动资产上，而不能将更多的资产配置在盈利能力较高的资产上，会妨害银行的盈利空间。而存贷比较低，反映出唐山银行吸收来的存款不能及时贷出去，有大量的资金闲置。因此，唐山银行应该积极拓宽业务渠道，扩大贷款份额，拓宽利润来源。

表 2-3 唐山银行 2016~2020 年贷款及存款情况   单位：亿元，%

项目 / 年份	贷款总额	存款总额	存贷比
2016	339.09	1329.16	25.51
2017	340.69	1341.58	25.39
2018	604.87	1226.05	49.33
2019	724.97	1272.24	56.98
2020	876.17	1490.19	58.80

2. 流动性比率

流动性比率是流动资产与流动负债的比值，表示一年内到期负债的偿还保障系数，是经典的流动性指标，该指标与流动性呈正相关。银监会要求流动性比率应大于等于 25%。唐山银行 2015~2020 年流动性比率如图 2-29 所示，均大于 25% 的监管要求，说明唐山银行的流动性充足。

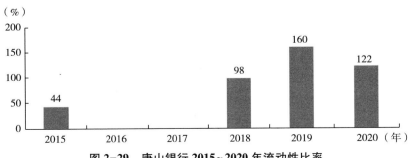

图 2-29 唐山银行 2015~2020 年流动性比率

综合以上对唐山银行经营状况的分析，可以看出，近几年来，唐山银行正处于发展的瓶颈期，总资产及总负债规模停滞不前，甚至 2018 年、2019 年还略有下降，这在其他城商行快速发展的背景下，处于不利的地位。具体来看，唐山银行的盈利能力较低，从净资产收益率看，2018 年后，已经远低于银保监会要求的 11% 的监管标准，且还在逐年下降；唐山银行的存贷比偏低，表明银行吸收来的存款不能及时贷出去，存在资金闲置问题；从收入构成看，唐山银行的非利息收入仅有 12.54%，表明唐山银行收入结构单一，绝大多数的业务还是依靠传统的存贷业务。在金融改革与创新的大背景下，唐山银行对于现状应该予以警惕，积极拓宽业务渠道，扩大贷款份额，拓宽利润来源，提高经营业绩，实现银行的可持续发展。

三、风险控制

不良贷款指在评估银行贷款质量时，把贷款按风险基础分为正常、关注、次级、可疑和损失五类，其中，后三类合称为不良贷款。在我国银行业中，贷款业务占据了资产业务的一多半，因此，不良贷款情况成为影响银行盈利水平和可持续发展能力的重要因素。一般来讲，商业银行的不良贷款率应控制在 2% 以下。

资本充足率是资本与风险加权资产间的比率，体现了商业银行资本抵御其所面临风险的能力。最新版的《巴塞尔协议》对商业银行的风险抵补能力提出了更加严格的要求，其对于资本充足率要求达到 8% 以上。

如图 2-30、图 2-31 所示，从不良贷款率看，唐山银行近 5 年来的不良贷款率均在可控范围内，最高为 1.47%，但不良贷款率的逐年升高应引起警惕。从资本充足率来看，唐山银行近 5 年的资本充足率远超监管 8% 的标准，保持在 12% 以上，整体看，唐山银行的风险控制良好。

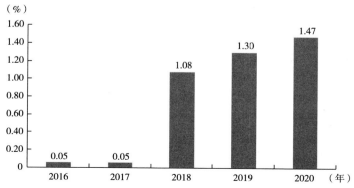

图 2-30　唐山银行 2016~2020 年不良贷款率

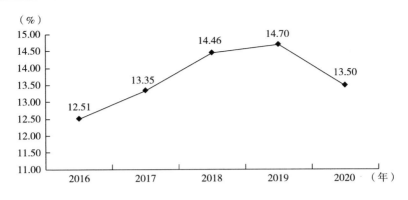

图 2-31　唐山银行 2016～2020 年资本充足率

四、创新发展

1. 推进科技金融建设

2019 年下半年，由唐山市政府主导、金融局主管、唐山银行具体出资承办了"唐山市企业综合金融服务平台"项目建设。平台整合归集了政务类数据 84 项，主要功能是为企业精准画像评分和撮合，实现"让信息多跑路、让企业少跑腿、让机构得实惠、让融资更便利"。截至 2020 年 11 月末，该平台已入驻金融机构 54 家，注册企业 10648 家，累计发布融资需求 518.02 亿元，成功投放 331 亿元。其中，唐山银行对接成功 244 户，累计投放 34.03 亿元。11 月 20 日，以"唐山市企业综合金融服务平台"为重要载体和抓手的"春雨金服"行动，入选了国务院第七次大督查发现的典型经验做法，荣获国务院通报表扬。

2. 助力普惠金融发展

唐山银行通过调整组织构架、组建专业团队、完善制度办法、优化审批流程、明确激励考核、创新金融产品等一系列举措，在授信产品、新增授信规模、授信资产占比、活动宣传组织等方面均取得了较好成效，普惠金融业务有了较大发展。

2020 年以来，唐山银行把发展普惠金融摆在更加突出的位置，充分利用金融科技手段，增强金融普惠性，切实提升服务小微企业质量。依托大数据，数字金融等科技陆续推出"税 e 贷""工薪 e 贷"等线上贷款产品。将金融服务融入百姓日常生活，打通银行、商户、客户之间的"最后一公里"。数据治理体系加紧建设，数据应用能力显著提升。新核心系统建设如火如荼，战略转型新引擎蓄势待发。

3. 不断优化金融服务

在优化服务方面，唐山银行坚持线上、线下两手抓，线上重点"扩面""提质"；线下着重"增量""降本"。线上，该行与头部金融科技公司合作，创新开发了一系列线上融资产品，纯信用模式，秒批秒贷，努力做好"普"的文章，线下，与科技局、农业农村局、金融局等对接，筛选优质科技型小微企业、农业产业化龙头企业、上市及新三板挂牌企业，做好"惠"的文章。

五、社会责任

1. 支持小微企业发展

金融是现代经济的核心，做好"六稳"工作、完成"六保"任务，首要就是稳就业、保就业，普惠型小微企业又是就业的主力，所以开展普惠金融，是银行落实"六稳六保"任务的重要载体和抓手。唐山银行以"服务地方经济、服务小微企业、服务城乡居民"为基本定位，凭借扎根地方的地缘优势以及较高的渗透率，逐渐摸索出一条特色化之路。数据显示，唐山银行 2020 年前 11 个月贷款总投放 404 亿元，其中，实体经济贷款投放 325 亿元，占全市新增授信的 80%；民营企业贷款投放 127 亿元，占全市新增贷款的 65%。新增贷款平均利率下降了 50BP，为企业直接让利 2.09 亿元；减免各项中间业务收费 84 项，其中，减免涉企收费 39 项，直接减免收费 2800 万元，严格落实了国家"减费让利"惠企政策要求。

2. 参与全市重点项目建设，服务地方经济

唐山银行回归本源、专注主业，在服务地方经济中勇挑大梁。积极参与全市重点项目建设，大力支持实体经济发展，服务地方、服务小微、服务城乡居民的能力不断提升。唐山银行全年信贷投放超过 400 亿元，约占全市总投放量的 1/5，在唐山市排名第一。积极落实中央惠企政策，为企业"减费让利"3.54 亿元，顺利完成"两增两控"目标。"春雨金服"行动获国务院通报表扬，唐山银行承建的唐山市企业综合金融服务平台在"春雨金服"行动中发挥了重要抓手和载体的作用。

3. 主动融入京津冀协同发展战略

唐山银行紧跟时代步伐，把握机遇，主动融入京津冀协同发展这一国家重点发展战略，分别在北京、上海成立了京津冀业务管理部和金融市场部，以北京为中心，重点围绕区域内现代交通网络构建，基础公共服务平台和民生项目建设，产业转型升级、新兴产业以及高科技产业等拓展京津冀区域内的资产业务；以上

海为平台做强同业、资管和投行业务，不断提高资金配置效率和加强同业间的交流合作，进一步优化资产结构与区域布局，增强了唐山银行的活力、影响力和抗风险能力。未来，随着战略转型发展的需要，围绕"物联网银行""科技及智慧银行"以及"投资银行"，将唐山银行打造成金融行业的标杆与旗帜，为中小银行实施差异化经营探索出一条变轨升级之路。

第四节　承德银行①

一、概述

承德银行股份有限公司（以下简称承德银行）成立于 2002 年 3 月 28 日，是经中国银行保险监督管理委员会正式批准设立的股份制商业银行。截至 2020 年 12 月 31 日，承德银行资产总额突破 1500 亿元，存款总额突破 1100 亿元，员工总数 1500 余人，分支机构发展到 98 家，包括唐山分行、秦皇岛分行、廊坊分行、石家庄分行、保定分行、张家口分行、雄安分行等，发起组建了围场华商村镇银行，形成了覆盖雄安新区国家级战略高地、有效辐射京津冀区域的金融服务网络。②

承德银行在银行业监管评级中连续 4 年保持 2 级良好标准；主体信用评级连续保持 AA+，跻身全国优秀银行序列；在英国《银行家》发布的"全球 1000 家大银行"榜单中，连续 4 年入围且稳中有升；在中国《银行家》发布的商业银行综合竞争力排名中连续 11 年稳居榜单前 5 位；荣获全国文明单位、中国最佳中小企业服务银行、卓越竞争力品牌建设银行、最佳进步城市商业银行、最具盈利能力城市商业银行以及河北省金融贡献奖、金融创新奖、文明单位等国家、省级以上荣誉，多次荣获承德市金融贡献奖、文明单位、优秀企业、特殊贡献奖等荣誉。2020 年，荣获年度十佳城市商业银行、最佳普惠中小银行、最佳文化建设城市商业银行等重要荣誉，成长为一家资产优良、效益良好、资本充足、内控严密、品牌卓越的现代化商业银行。

---

① 　作者：郑晓慧，河北经贸大学金融学院硕士研究生；段梦尧、程超，河北经贸大学金融学院本科生。
② 　承德银行官网，http://www.chengdebank.com。

二、经营情况

（一）资产负债状况

银行总资产反映了银行拥有或者控制的全部资产，即银行资产负债表的资产总计情况，包括银行所拥有的流动资产、固定资产、长期投资等。图 2-32 和图 2-33 是承德银行的总资产及其增长率和总负债情况。[①] 可从整体上全面了解承德银行的整体规模及发展情况。

图 2-32　2016~2020 年承德银行总资产和总资产增长率
资料来源：Wind 数据库。

近 5 年来的承德银行总资产变化情况如图 2-32 所示。截至 2020 年底，承德银行的总资产为 1605.16 亿元。从绝对量上看，承德银行的总资产从 2016 年的 929.47 亿元增长到了 2020 年的 1605.16 亿元，5 年间总资产增长了约 73%。从 2016 年小规模发展到 2020 年的初具规模并具备了一定竞争优势。从每一年总资产的增长速度可以看出，近几年的承德银行增长势头强劲，每年都保持了 10% 以上的增长速度。从每年资产增长的绝对量上看，承德银行每年都保持 100 亿元以上的增长，2020 年的资产总额绝对量增幅最大为 215.9 亿元。虽然由于新冠肺炎疫情的原因，2020 年全国的经济增速下滑，但承德银行的业绩却没有受到影响，依然保持了强劲的发展态势。

---

① 商业银行财务数据来源于 Wind 数据库。

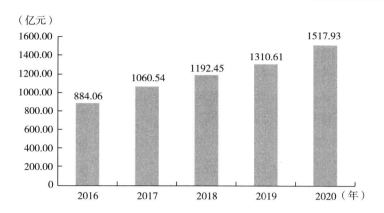

图 2-33 2016~2020 年承德银行总负债

如图 2-33 所示，承德银行 2016~2020 年总负债情况与总资产情况一致，每年都在快速增长，5 年间翻了将近一番，表明这几年承德银行在快速地吸收存款，发展迅速。通过计算总资产与总负债的比值，即资产负债率一直比较稳定。

总体来看，近 5 年是承德银行飞速发展的 5 年，承德银行抓住机遇迅速发展，其中尤其值得指出的是 2020 年的增势较为抢眼，在城商行中已经发展成为具有一定竞争优势的银行。

接下来，根据商业银行经营的"三性"原则——盈利性、流动性及安全性对承德银行的财务状况进行分析。

（二）盈利状况

本部分将通过几个指标从不同的维度分析商业银行的盈利状况。净利润直接反映银行的盈利水平，非利息收入占比反映银行的收入构成，净资产收益率综合体现银行的经营绩效，净息差表现银行生息资产的增值能力，净利差衡量商业银行的净收入利差，成本收入比反映银行的成本控制能力，这几个指标从不同角度反映银行的盈利能力。

1. 盈利水平

表 2-4 是承德银行 2016~2020 年的净利润、营业收入及收入净利率的具体情况，从数值上看，承德银行的净利润及营业收入总体保持上升的趋势。2016~2018 年净利润保持平稳，而近两年的净利润增长迅速，营业收入一直保持增长，承德银行的收入净利率虽处于上下波动的状态，但总体依然处于可控的范围内，表明承德银行近 5 年的盈利水平呈上升态势。

表 2-4　承德银行 2016~2020 年利润情况指标　　　单位：亿元,%

年份＼项目	净利润	营业收入	收入净利率（净利润/营业总收入）
2016	9.02	21.03	44.10
2017	9.54	25.17	38.29
2018	9.42	30.01	29.74
2019	11.99	31.96	39.19
2020	13.04	38.02	34.29

2. 收入构成

非利息收入指商业银行除利差收入之外的营业收入，主要是中间业务收入和咨询、投资等活动产生的收入。

表 2-5　承德银行 2016~2020 年非利息收入及占比　　　单位：亿元,%

年份＼项目	非利息收入	非利息收入占比
2016	10.14	48.23
2017	14.84	58.95
2018	17.09	56.95
2019	15.14	47.39
2020	16.83	44.28

从承德银行近 5 年的非利息收入及占比情况可以看出，承德银行的非利息收入处于先上升后下降的状态，2018 前处于上升的状态，但 2019 后非利息收入逐渐下降，且整体看，承德银行的非利息收入占比保持较高水平，每一年的非利息收入均超过了 40%，说明承德银行找到了稳定非利息收入来源，近几年业务转型很成功。

3. 盈利能力

净资产收益率可以综合反映银行的盈利能力，按照中国银监会《商业银行风险监管核心指标》的要求，资本收益率不应低于 11%。

从近 5 年承德银行净资产收益率看（见图 2-34），承德银行的净资产收益率呈下降趋势。承德银行 2016~2019 年的净资产收益率分别为 21.95%、18.42%、14.92%、16.64%，2020 年承德银行的净资产收益率依然保持了下降的态势，降至 15.53%。虽然承德银行近 5 年的净资产收益率远在 11% 的监管标准之上，但应注意盈利能力下降的现象。

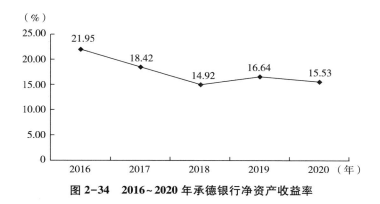

图 2-34　2016~2020 年承德银行净资产收益率

　　净息差是净利息收入与平均生息资产的比值。净息差体现了生息资产的盈利能力。

　　净利差是指平均生息资产收益率与平均计息负债成本率之差，反映了商业银行的净收入利差。净利差是衡量商业银行净利息收入水平最常用的标准。

　　承德银行 2016~2020 年净息差及净利差数据如图 2-35、图 2-36 所示。承德银行近 5 年的净息差处于上下波动之中，其中，2019 年的净息差上升明显，升至 2.57%，但 2020 年又恢复到了 1.45%。净息差的波动反映了资产盈利能力的波动。承德银行的净利差也处于波动状态，2017 年净利差下降明显，但 2018~2020 年有所回升。

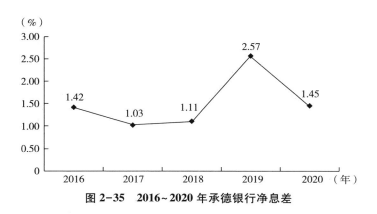

图 2-35　2016~2020 年承德银行净息差

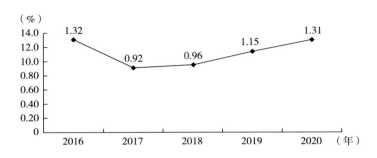

图 2-36　2016~2020 年承德银行净利差

4. 成本控制

成本收入比是衡量成本控制能力的重要指标。银监会将此指标的监管标准定为不大于45%。2016~2020 年承德银行成本收入比如图 2-37 所示，近 5 年来承德银行的成本收入比一直呈下降的趋势，从 2016 年的 33.51%降至 2020 年的 23.81%，距离 45%的监管标准仍有较大余量，符合监管标准的要求，且近年来成本收入比一直在下降，说明承德银行的经营效率逐渐提高，银行的盈利能力逐渐增强，成效显著。

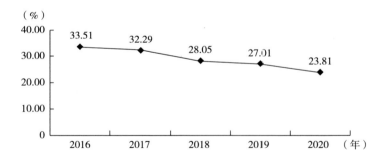

图 2-37　2016~2020 年承德银行成本收入比

（三）流动性分析

商业银行想要保持稳定持续的经营，需要保持充足的流动性，以满足临时发生的债务及其他支付业务的资金需求。

1. 存贷比

近 5 年来承德银行的存贷总额及贷存比如表 2-6 所示，监管要求此比值不得大于75%，是为了要求银行保持较好的流动性，保证资产的安全性。从近 5 年来看，承德银行的存贷比完全符合监管要求，承德银行的流动性充足。近 5 年来，承德银行的存贷比大体保持稳定，且处于上升的趋势，表明承德银行在不断拓宽业务渠道，发放贷款的比例在增加。

表 2-6   承德银行 2016~2020 年贷款及存款情况   单位：亿元，%

项目 年份	贷款总额	存款总额	存贷比
2016	348.38	686.84	50.72
2017	433.51	844.61	51.33
2018	524.88	909.82	57.69
2019	656.77	1068.21	61.48
2020	716.16	1187.14	60.33

2. 流动性比率

流动性比率是商业银行流动性资产余额与流动性负债余额之间的比值，银监部门的监管标准为不低于 25%，此指标可用来衡量商业银行总体的流动性水平。承德银行 2015~2020 年流动性比率如图 2-38 所示，均大于 25% 的监管要求，说明承德银行的流动性充足。

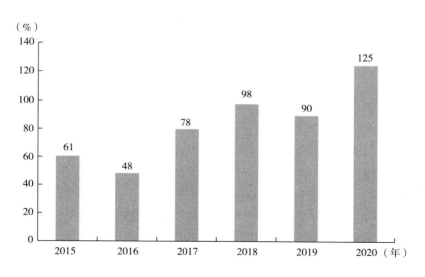

图 2-38   承德银行 2015~2020 年流动性比

综合以上对承德银行的经营情况的分析，可以看出近5年承德银行飞速发展，总资产增长约73%，且每年保持10%以上的增长率，总负债翻了一番，实现了从2016年只有800亿元资产的小银行发展到2020年具有1600亿元资产的初具规模银行，成功实现了资产从1000亿元以下到1000亿~2000亿元资产的跨越，保持了强劲的发展势头。且在2020年没有受到疫情的影响，依然实现了巨大的发展。承德银行收入构成多元化，非利息收入占比较大，成本管控良好，成本收入比逐年降低，净资产收益率远在银保监会监管标准11%之上。然而，营业利润率下降导致了净资产收益率下滑，其原因可能在于短期投资占比过高，利润的增长没有跟上营业收入的增加，下一步需要加强成本控制，优化中长期资产配置。

三、风险控制

　　这一部分我们将从不良贷款率及资本充足率这两个指标来衡量商业银行的资产质量情况，从而评估商业银行的风险控制情况。不良贷款是指银行需要特别关注的次级、可疑和损失贷款。一般来讲商业银行的不良贷款率要控制在2%以下。资本充足率表示商业银行资本抵御其所面临风险的能力。核心资本充足率应达到《巴塞尔协议Ⅲ》规定的底限8%。

　　承德银行2016~2020年不良贷款率及资本充足率情况如图2-39、图2-40所示，从不良贷款来看，承德银行近5年来的不良贷款率均在可控范围内，且保持稳定，皆小于2%；从资本充足率看，承德银行近5年的资本充足率远超监管8%的标准，且逐渐上升，由12.25%升到14.03%，整体来看，承德银行的风险控制良好。

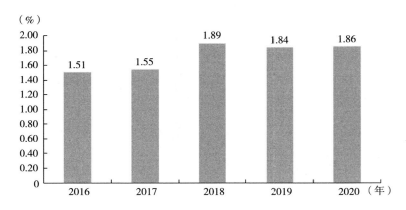

图2-39　承德银行2016~2020年不良贷款率

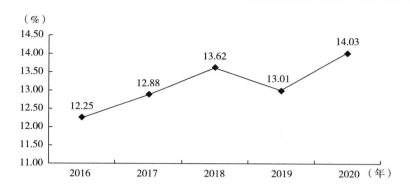

图 2-40　承德银行 2016~2020 年资本充足率

四、创新发展

（一）走绿色发展之路，做"绿色金融"坚定践行者

承德银行作为承德本土资产规模最大的一家法人金融机构，积极践行"绿水青山就是金山银山"理论，投身绿色金融建设，以高质量的金融服务推动承德绿色发展。

（1）完善绿色信贷体系，在信贷投放上更加向"绿"。近年来，承德银行紧紧围绕国家绿色发展战略，不断完善绿色信贷体系，努力提升绿色信贷投放水平，做绿色信贷的坚定实践者。承德银行积极对标承德市功能发展定位，持续加大对绿色经济、低碳经济、循环经济的支持和扶植力度，特别是对承德本土的节能环保、新能源开发、新材料制造、绿色农产品开发、生态农业、观光旅游、传统制造业升级等项目优先给予信贷资金支持；对于钢铁、采选等环保未达标的企业，则坚定地实施"环保一票否决制"，严控对高能耗、高污染及产能过剩行业的信贷投放。截至 2020 年末，承德银行绿色信贷贷款余额为 17.27 亿元[①]。

（2）提升绿色金融服务，在金融服务上更加向"绿"。承德银行将绿色金融与科技金融有机结合，在业务发展及客户服务方面依托科技手段进行绿色变革，下大力气发展线上绿色金融。在各分支机构营业厅配备了"柜外清"设备，实现了客户业务办理免填单和电子化核对信息，仅此一项可以节约大量单据用纸；推广手机银行、微信银行、网银、承 e 融等电子渠道业务办理方式，目前客户可

[①]　承德银行官网，http://www.chengdebank.com。

办理电子对账、卡内电子存单、线上贷款、电子社保卡申领、线上缴费等多种业务，减少了传统办理方式对于单据、业务凭证、纸质证明材料的耗费；启用电子化印章，避免传统印章频繁添加印油而导致资源耗费。

（二）对接"满意承德"便民平台，为百姓提供"一站式"、多场景金融服务

"满意承德"App的上线为客户提供了便利，既可以享受承德银行的金融产品和惠民政策，又免去了以往多个账户或密码的选择困扰。承德银行零售银行部一位工作人员介绍说，据了解，"满意承德"便民服务平台是"承德办事一次成"的重要内容之一，该平台由承德行政审批局主导建设，在整合全市现有政务App的同时，汇聚生活缴费、景区购票、交通出行，挂号就诊等21大类260多项便民服务。"满意承德"便民服务平台推出以来，承德银行第一时间主动对接入驻，将自身的产品功能嵌入平台中，承德银行客户可以通过平台进行缴纳水费、取暖费、有线电视费，而且可以实现非税缴费等多项功能，享受"一键登录、一站办理、多场景联动"的金融服务。

（三）打造智能化金融服务模式

近年来，承德银行不断加大科技投入，坚持打造智能化、线上化、移动化的金融服务模式，特别是围绕与百姓生活息息相关的各类场景，搭建平台，创新产品，推出了刷脸取款、预约排队、免填单系统、无纸化服务、智慧柜员机等特色功能，上线了电话银行、网上银行、手机银行、微信银行、移动展业等远程服务平台，搭建了智慧医院、智慧水务、智慧校园、智慧旅游、智慧交通等多个场景化服务平台，为传统的金融服务赋予了更加鲜活、更加丰富的内涵。

承德银行正在启动智慧社区系统建设，届时将为客户提供集物业缴费、报事报修、工单流转、投诉建议、通知通告等服务为一体的智慧社区场景。未来将继续做好技术对接、场景对接、服务对接，为客户提供更多的便利和实惠。承德银行的科技惠民、科技便民之路将越走越宽。

五、社会责任

（一）支持中小企业发展，为全市民营小微企业降压减负

（1）利用人民银行再贷款再贴现政策，为700多户普惠型小微企业发放贷款12.13亿元，低于全行平均利率3.51个百分点，为企业让利4200万元以上。

（2）利用国家开发银行转贷款政策，为280多户小微企业发放贷款8.07亿元，低于全行平均利率3.62个百分点，为企业让利2900万元以上。

（3）落实无还本续贷政策，针对小微企业的续贷业务，开辟审批"绿色通道"，不受固定例会时间的限制，减少企业筹资过桥、抵押登记等烦琐环节，而且不收取企业任何的手续费、保险费、评估费等服务费用。截至 2020 年 7 月末，承德银行小微企业"无还本续贷"余额 3.13 亿元，2020 年累计为 126 位小微客户办理"无还本续贷"2.08 亿元，据不完全统计，可为企业节约倒贷资金成本 600 万元以上。

（4）发挥自身利率调节作用，降低普惠型小微企业贷款利率 2.18 个百分点，截至 2020 年 7 月末，全行单户授信 1000 万元以下（含）的小微企业贷款余额 87.78 亿元，约为企业让利 1.91 亿元以上。

（5）坚持"阳光信贷"理念，严格落实小微企业收费标准，除正常收息外，不收取任何额外费用，每年可为企业减少不必要的服务收费 3600 多万元。承德银行累计为企业让利超 3 亿元，真金白银为全市民营小微企业降压减负。

为有效满足科技型企业的个性化融资需求，承德银行与承德市财鑫产业引导股权投资基金合作，创新推出了承德市科技型中小企业科技创新增信基金业务，即"科技型企业创新贷"，为承德怡达食品等骨干企业发放贷款 600 万元，为企业在困难时期创新研发、技术升级等提供了支持。成立高新区科技支行，专门为科技型企业提供专业化、高质量的金融服务。截至 2020 年 7 月末，承德银行对全市科技型企业的授信余额为 46.92 亿元，为 120 多户企业提供了资金支持。

（二）支持涉农贷款

承德银行通过发展特色农业、农业产业化龙头企业、支持产业扶贫带动贫困户以及加强与政府、信用担保机构合作、改善农村支付环境等多种措施，不断提升三农金融服务水平和能力。2020 年末，承德银行涉农贷款余额 233.23 亿元，比年初增加 6.24 亿元，完成了涉农贷款持续增长的监管目标。

（三）支持京津冀协同发展

通过加强与地方政府对接，及时掌握京津冀协同发展进程及相关政策，获取产业规划、园区建设、项目迁移等方面信息，做好与京津产业转移项目金融服务对接工作。2020 年末，承德银行支持京津冀协同发展贷款余额 1.58 亿元，重点支持京津冀交通一体化、生态环境保护、产业升级等项目。

第五节　邯郸银行①

一、概述

2008 年成立的邯郸银行是区域性商业银行。邯郸银行着眼于创建业务增长常态机制，坚持用工匠精神做创新银行，在"2015 中国金融创新论坛"活动中荣获"最佳金融创新奖"，"夜市银行"荣获"十佳金融产品创新奖（零售业务）"；2016 年荣获中国银行业"最具社会责任金融机构奖"，地市级城商行唯一；2017 年被授予"中国银行业最具社会责任金融机构奖（最高奖）"；2018年、2019 年在省金融办代表省政府组织的河北省银行业金融机构服务实体经济评价中，连续被评为全省地方银行（包括 13 家城商行和省联社）第一；2020 年邯郸银行已成长为邯郸地区最大银行，在世界千强银行中排名第 634 位，荣获"2017～2019 年全国内部审计先进集体"。②

截至 2020 年，邯郸银行员工 2300 多人，总、分、支、子行 123 个，总资产1808.4 亿元、增长 6.4%，在全市商业银行中排名第一；存款 1443.5 亿元、增长12.6%，其中储蓄存款 1028.1 亿元、增长 11.5%，成为全国第 5 家储蓄超千亿元的地级市城商行；储蓄存款比例达到 71.2%，远高于全国银行业 41.9% 的平均水平，存款稳定性较高；可比口径贷款余额 893.6 亿元、增长 16%，保持了较好的成长性。

二、经营情况

（一）资产负债情况

邯郸银行母公司 2015～2020 年资产总额和负债总额如图 2-41 所示，可以看出，资产总额和负债总额逐年增加，截至 2020 年底分别是 1808.64 亿元和1710.95 亿元。从资产总额看，邯郸银行的资产总额从 1107.68 亿元增长到1808.64 亿元，增长了 63.28%，总体来说，每年增长的资产总额绝对值比较稳定，说明邯郸银行不断发展。从负债总额看，从 1047.11 亿元增长到 1710.95 亿

---

① 作者：秦蓉，河北经贸大学金融学院硕士研究生；高翠，河北经贸大学金融学院本科生。
② 邯郸银行官网，https://hdcb.cn/hdyh/html/1/1/23/index.html。

元，增长了 63.40%，除 2015 年到 2016 年负债增长超过 300 亿元外，其余年份负债总额的增长都在 100 亿左右，说明负债总额稳步增长。

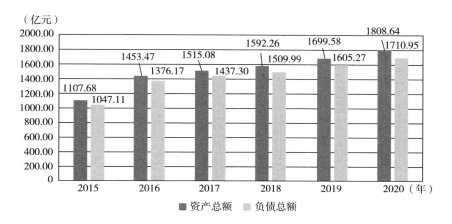

图 2-41　2015~2020 年邯郸银行资产和负债总额

资产负债率用来衡量企业的风险程度，由于银行是金融机构，其负债主要来源于存款，所以资产负债率普遍较高。邯郸银行 2015~2020 年资产负债率的波动情况如图 2-42 所示，可以发现邯郸银行资产负债率较为稳定，保持在 94%~95%，2017 年的资产负债率最高，为 94.87%。

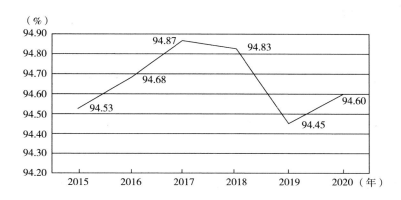

图 2-42　邯郸银行 2015~2020 年资产负债率

（二）资产质量

1. 不良贷款情况

邯郸银行的不良贷款余额先增加后减少（见图2-43），2015~2018年，不良贷款余额增加了3.7倍，信用风险增加，但2019年和2020年不良贷款余额下降，银行的资产质量转好；除2017年外，不良贷款率的变化趋势和不良贷款余额总体一致，都是先增加后下降，2017年的不良贷款率较2016年略有下降，可能是受资产总额的影响。总体来说，邯郸银行的不良贷款先上升后下降，近两年信用风险得到控制，趋于稳定。

图2-43　邯郸银行2015~2020年不良贷款余额和不良贷款率

2. 拨备覆盖率

邯郸银行2015~2020年的拨备覆盖率没有明显的变化趋势，都在160%以上，2015年和2018年的拨备覆盖率较高（见图2-44），表明银行抵御风险的能力强。虽然银行的不良贷款率总体呈现先上升后下降的趋势，但拨备覆盖率并没有这种规律，二者变化趋势不匹配。

3. 资本充足率

邯郸银行2015~2020年的资本充足率为11%~13%（见图2-45），没有明显的变化规律，整体上大于巴塞尔委员会规定的8%，说明邯郸银行以自有资本承担损失的程度较强。2017年，邯郸银行的资本充足率最高为12.91%，2020年最低为11.22%，近几年资本充足率有所下降，需注意风险控制。

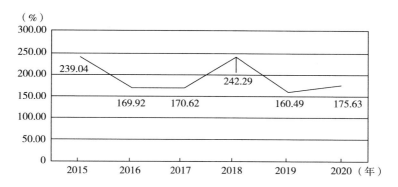

图 2-44　邯郸银行 2015～2020 年拨备覆盖率

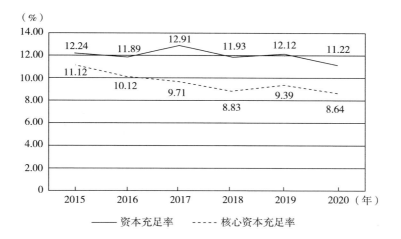

——— 资本充足率　- - - - - 核心资本充足率

图 2-45　邯郸银行 2015～2020 年资本充足率

2015～2020 年，邯郸银行的核心资本充足率除 2019 年略有上升外，其他时间都是下降，但仍保持在 6% 以上。资本充足率下降表明银行以自有资金承担损失的能力变弱，银行需要给予一定关注。

（三）盈利水平

1. 净利润

净利润指银行当期利润总额减去所得税后的金额，即银行的税后利润。净利润多，银行的经营效益好；净利润少，银行的经营效益相对较差，它是衡量银行经营效益的主要指标。

邯郸银行 2015～2017 年净利润明显高于 2018～2020 年的净利润，2020 年净利润较 2015 年降低了 30.63%（见图 2-46）。邯郸银行的净利润下降可能受经济整体环境的影响，向实体经济让利。2020 年以来，邯郸银行坚持服务实体经济、商业可持续发展，通过财务重组、降低利率等措施向实体经济让利，这些措施导致银行的盈利水平受到影响，净利润有所下降。

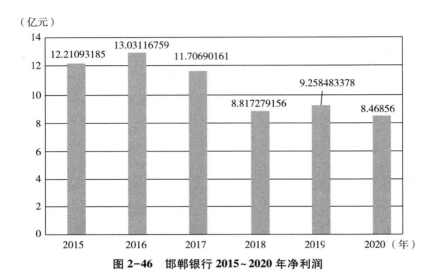

图 2-46　邯郸银行 2015~2020 年净利润

2. 总资产收益率

总体来看，邯郸银行 2015~2020 年的总资产收益率逐年下降，2018 年后跌破 0.6%，已连续三年处于监管指标值 0.6% 以下，截至 2020 年，总资产收益率为 0.48%，与 2015 年相比下降了 79 个百分点，波动较大，如图 2-47 所示。

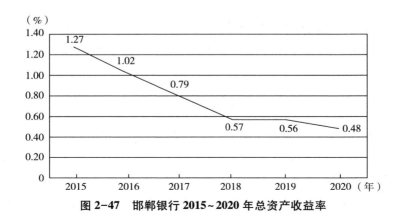

图 2-47　邯郸银行 2015~2020 年总资产收益率

3. 净资产收益率

总体来看，邯郸银行的净资产收益率与总资产收益率变动趋势一致，2015～2020年逐年下降，2019年后跌破监管指标值11%，尤其是2020年较2015年下降了13.38%（见图2-48）。邯郸银行近几年创建的"免费银行"，如四大免费措施，如免费刷邯银卡等，是最彻底贯彻免费的银行之一。"十三五"期间通过免费、降息为实体经济让利15.3亿元，相当于同期本行净利润的30%，导致邯郸银行的盈利水平受到影响，总资产收益率和净资产收益率逐年下降。

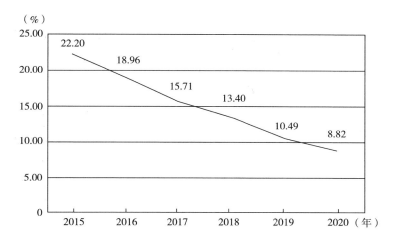

图 2-48　邯郸银行 2015～2020 年净资产收益率

（四）流动性分析

1. 流动性比率

邯郸银行的流动性比率2015～2020年逐年上升且大于监管指标值25%，2020年相对2015年上升了19.37个百分比（见图2-49），说明邯郸银行的流动性比率符合监管要求，资产流动性充足，安全性较高，偿债能力较强。

2. 存贷比

央行规定商业银行最高的存贷比例为75%，邯郸银行近几年的存贷比未超过该比例。

邯郸银行2015～2018年的存贷比逐年上升，说明银行的流动性相对较差，贷款较多；但2018年以后存贷比逐年下降（见图2-50），银行开始放弃部分盈利，更关注安全性。邯郸银行2020年的报告表明，每半月对各项流动性指标进行监测，向行务会、行长办公会汇报流动性各项指标情况，加强流动性风险监测。

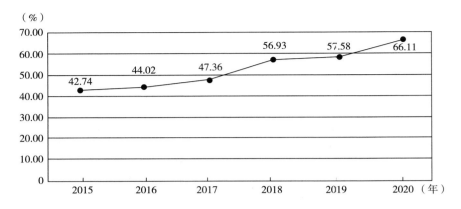

图 2-49　邯郸银行 2015~2020 年流动性比率

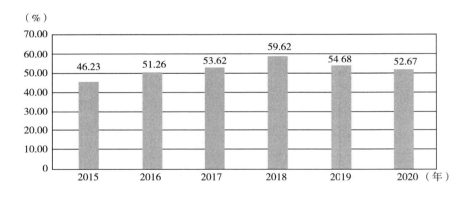

图 2-50　邯郸银行 2015~2020 年存贷比

三、风险控制

邯郸银行在坚持风险可控的前提下谋求稳定发展。为控制风险，构建了全面的风险管理体系，主要体现在信用风险、流动性风险、利率风险、操作风险和合规风险方面。

（一）信用风险

邯郸银行通"三查"制度，核实信贷情况，对贷款审批和贷款发放施行不同措施。2020 年受新冠肺炎疫情影响，企业经营面也受到影响，但邯郸银行年末实现不良贷款余额和不良贷款率"双降"，不良贷款率降至近 5 年最低水平。邯郸银行在信用风险控制上采取了以下几个措施：①在经济受新冠肺炎疫情影响后，采取行动支持企业复工复产，如满足"三农"企业和小微企业的不同需求、加大贷款投放力度等；②制定《2020 年授信工作指导意见》，将与京津冀协同发展提上日程，在重点项目上加强扶持力度；③加强贷后管理，早发现信用风险，早预警信用风险，才能早化解信用风险；④坚持每日监测欠息、逾期和不良贷款的情况，建立相关贷款台账，定期召开不良贷款清收转化调度会，在此基础上做好不良贷款的清收转化工作。①

（二）流动性风险

邯郸银行 2020 年的流动性指标均满足监管要求，在不同压力下经受住流动性测试，如高于流动性比例监管标准 25% 的 41.11 个百分点，高于核心负债依存度监管标准 60% 的 5.78 个百分点，高于资产充足率监管标准 12.8 个百分点。在流动性风险控制上，邯郸银行采取以下措施：①完善管理架构，使各部门各司其职，明确高级管理人员及部门责任；②完善管理制度体系，如出台《邯郸银行流动性风险管理办法》《邯郸银行突发性流动性风险应急预案》等；③制定管理策略，如为评估流动性风险而设立的定期压力测试；④建立流动性风险识别控制体系，如按日监测可能引发流动性风险的特定情景或事件、制定《邯郸银行突发性流动性风险应急预案》等；⑤监测流动性风险，每半月监测各项流动性指标，并将结果汇报给行长办公会、行务长等。②

（三）利率风险

邯郸银行 2020 年末利率风险敏感度为 10.81%，累计外汇敞口头寸比例为 2.09%，市场风险处于较低水平。在市场风险防控上，邯郸银行采取以下措施：①制定《邯郸银行市场风险管理办法》，建立市场风险管理体系。②加强利率管控，严格审批各项流程，使利率定价合理，基本覆盖风险。③防范利率风险，如在深入研究经济和政策的前提下，合理定价，尽量使银行的资产和负债匹配，从而增强银行抵御风险的能力。④限额管理风险，建立完备的风险监测体系，如监测资金业务体系。⑤配备专业的市场风险管理人员。⑥坚持每年对银行头寸二次重估，分析研究账户。⑦完备压力测试程序。

（四）操作风险

2020 年，邯郸银行未发生重大操作风险，信息系统稳定运行，顺利完成生产安全和网络安全工作。针对操作风险，邯郸银行采取以下措施：①设立内控体系，优化相应流程。②进行案防排查，如将排查重点定为分支行行长及会计工

① 邯郸银行股份有限公司 2019 年报告。
② 邯郸银行股份有限公司 2020 年报告。

作、会员纪律等方面。③防范会计操作风险，如严格控制风险，集中审批银行账户，提升会计人员履职工作能力。④健全"风险点核算机制"。⑤防范越权违规用印，加强印章管理。⑥进行风险排查，加强整改机制。⑦加强倒查问责体系的建立。

（五）合规风险

在合规风险的控制方面，邯郸银行采取以下措施：①建设合规文化，健全内控机制，推动银行合规文化的形成。②建设"三铁"银行，如在全行持续开展"从严治行、坚守'三铁'"主题教育活动，加大违规操作查处问责力度；实现全行业务差错率、客户投诉率、案件查处率、对账率、交通事故率、违规员工辞退人数等考核指标全面优化，实现"杜绝严重恶性违规，一般违规大幅下降"的预期目标。③切实落实合规经营责任，严格进行责任追究，完善系列政策、制度、管理办法等措施，要求各级机构负责人将合规风险责任落在实处，在框架内各负其责，启动全条线责任追究。①

四、创新发展

（一）创新经营理念

邯郸银行致力于回归服务企业的本质，坚持服务客户，而不是让客户主动适应银行，破除关于银行是经营货币的传统理念，向服务企业学习。银保监会主席认为，银行业应该是服务行业，要有"端盘子"的精神，邯郸银行因此积极创新经营理念，服务客户。

（二）创建"亲民（营）银行"

邯郸银行致力于创建"亲民（营）银行"，支持小微企业的发展。

（1）为支持民营企业推出十八项措施，2020年末民营企业贷款余额较2015年末增长了103.6%，为486.1亿元。

（2）健全专业信贷机构，满足民营小微贷款业务，充分发挥"微贷中心"的作用。

（3）先后研发了灵活贷等"邯银微贷"产品，支持小微企业，满足客户多元化需求，微贷系列产品被河北省银行业协会评为"河北省银行业机构服务小微企业特色金融产品"，微贷中心被授予"河北省银行业机构小微企业金融服务优秀团队""省级青年文明号"。

（4）为缓解客户融资问题，推出小额票据贴现业务，小票中心连续7年被河

---

① 资料来源：邯郸银行官网，https：//hdcb.cn/hdyh/html/1/1/23/index.html。

北省金融市场协会授予"河北省小额票据贴现业务先进单位"称号，已累计获得省财政奖励 152.6 万元。①

（三）创建"夜间银行"

为忙人、急人、夜市人提供夜间金融服务，借鉴新加坡"夜间动物园"做法，在邯郸、石家庄等地开办了全省乃至全国首批"夜间银行"，满足了广大民营小微客户夜间特殊金融服务需求。在《人民日报》、中国银行业协会等主办的"第二届中国普惠金融创新发展峰会"上，获评"中国普惠金融可持续发展典型案例"，为本届峰会上唯一的商业银行。②

（四）创建"智慧银行"

邯郸银行采取以下措施构建"智慧银行"：①充分发挥信息科技在银行业的作用，被中国人民银行、国家市场监督管理总局等评为"网上银行服务"企业标准"领跑者"，互联网系统荣获国家工信部"2019 年'十佳上云'金融行业优秀案例"。②建设邯郸和上海的灾备系统，成为信息系统的试点城市，信息技术水平在全国城商行中处于前列。③满足客户需要，坚持网络系统创新，截至 2020 年，邯郸银行已实现电子业务替代率覆盖 89.7%，较 2015 年末提高 24.2 个百分点。④建设信息系统，构建"云化+生态"互联网金融平台。⑤保障智慧银行的安全运行，邯郸银行的手机银行以安全测评最高分位列第一名（参与银行 77 家），荣获"最佳手机银行安全奖"。

五、社会责任

邯郸银行坚持创建"公益银行"，承担社会责任。董事会安排将每年一天的利润用在公益捐助上，先后支持了全市文明城市创建、基层建设年帮扶村、村村通公路、希望小学、青年创业、职工创新、关爱农民工、公益林建设、廉政漫画教育、助学工程、爱警夜餐、文化事业、红色金融纪念馆，获得中国银行业颁发的"最具社会责任金融机构奖"，被中国红十字会授予"中国红十字人道服务奖章"。③

2020 年新冠肺炎疫情发生以来，邯郸银行承担起相应的社会责任，推出了以下几项防控措施：①推出"现钞安全"，疫情期间主动对现金全额消毒，保持

---

① 资料来源：邯郸银行官网，https：//hdcb. cn/hdyh/html/1/1/23/index. html。
② 资料来源：邯郸银行股份有限公司 2020 年报。
③ 创建"快乐银行"支持实体经济［EB/OL］. http：//www.lw54.com/html/guanliqita/20180419/7556400. html.

现金的洁净。②推出"定期存款到期自动延期"，避免客户在银行柜台办理业务，减少人群接触，并向相关部门提出了该建议。③创新设立了"抗疫贷""科创贷"等产品，用于支持受疫情影响较大的小微企业恢复经营发展。④推出信贷便利、优惠措施，允许受疫情影响大的客户展期或续贷，延长还本付息困难客户的还款期限或分期付款，同时为武汉火神山医院建材的疫情防控相关企业新增授信4500万元。⑤提供疫情防控资金向社会和企业提供现金和防疫物资支持。⑥提前开放夜间银行，为疫情防控提供昼夜服务。⑦为主城区干警提供餐饮保障，实行"定点+配送"模式，为全市执勤干警免费送夜餐到执勤点。

第六节　河北银行①

一、概述

河北银行原名为石家庄市商业银行，于1996年5月成立，是经中国人民银行批准的全国首批5家城市合作银行试点之一，也是河北成立最早的城市商业银行，总部位于河北石家庄。目前，河北银行在河北11个区市以及天津、青岛设立13家分行级机构，营业网点达250家。另外，该行还发起设立了冀银金融租赁股份有限公司、平山西柏坡冀银村镇银行、新疆尉犁达西冀银村镇银行。

截至2020年末，河北银行共有5187名股东，其中，1名国家股股东，124名法人股股东和5065名自然人股股东。该行的前十大股东分别为：国电电力发展股份有限公司、百悦投资集团有限公司、河北港口集团有限公司、中城建投资控股有限公司、南京栖霞建设集团有限公司、石家庄市财政局、北京理想产业发展集团有限公司、河北建投能源投资股份有限公司、南京栖霞建设股份有限公司以及中冀投资股份有限公司，持股数量共计4632052301股，持股比例达66.18%。

河北银行共4825名在岗员工。这些员工的学历占比为：博士、硕士研究生678人，占比为14.05%；拥有大学本科学历的3222人，占比为66.78%；拥有大学专科学历的821人，占比为17.01%；中专及中专以下学历的员工104人，占比为2.16%。

---

① 作者：马甜，河北经贸大学金融学院硕士研究生；高翠，河北经贸大学金融学院本科生。

"服务地方经济、服务中小企业、服务城乡居民"是河北银行的市场定位。河北银行先后获得了"全国文明单位""全国金融系统企业文化建设先进单位""全国小微企业金融服务先进单位""最具社会责任金融机构奖""河北省用户满意示范单位""河北网友信赖的金融品牌"等荣誉称号。

二、经营情况

（一）资产负债状况

河北银行 2016～2020 年资产总额及增速变化如图 2-51 所示，可以很直观地看到，河北银行的总资产在近些年呈现出稳定的增长趋势。截至 2020 年末，河北银行的资产总额达 3957.02 亿元，在绝对量上比 2016 年增加了 852.75 亿元。

图 2-51　河北银行资产状况

通过观察资产增速的走势可以发现，2016 年资产增速明显高于其他各年，高达 39.43%，而 2018 年的增速最低，为 1.63%。2019 年以来，总资产增速逐步放缓，稳定在 7.00%～8.00%。

河北银行 2016～2020 年的负债总额及增速变化如图 2-52 所示。2020 年底，河北银行的负债总额达到了 3636.46 亿元，在绝对量上比 2016 年增加了 711.90 亿元。通过观察负债增速的折线图，我们可以看到，同样地，在 2016 年河北银行的负债增速达到了近年最高值 41.37%，2018 年增速最低，为 1.04%。2019 年和 2020 年的增速稳定在 7.00% 以上。

总的来说，河北银行的资产总额和负债总额一直处于增长中，2019 年后增长速度趋于稳定，为 7.00%～8.00%，发展步伐放缓。

图 2-52　河北银行负债状况

（二）资产质量分析

1. 不良贷款情况

河北银行 2016~2020 年不良贷款余额和不良贷款率的变化趋势如图 2-53 所示。从绝对量上说，河北银行近 5 年的不良贷款余额在 2018 年达到第一个峰值 47.08 亿元，比 2017 年增加了 20.33 亿元，将近翻了 1 倍。2019 年，不良贷款余额有所下滑，但 2020 年高达 48.44 亿元，相比于 2016 年增加了 29.09 亿元。

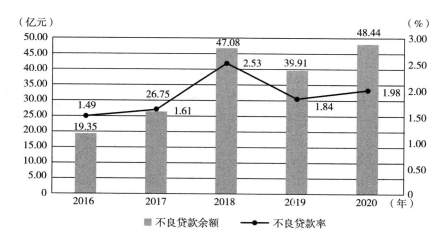

图 2-53　河北银行不良贷款情况

通过观察不良贷款率可以看到，该行的不良贷款率在 2018 年达到峰值

2.53%。在此之后，不良贷款率有所下降，稳定在2.00%上下。

总的来说，近5年来河北银行的资产质量呈现呈下滑趋势，不良贷款余额和不良贷款率相比前些年都有所增加。尤其是2018年，河北银行的不良贷款余额和不良贷款率达到近几年的峰值。

2. 拨备覆盖率

河北银行2016～2020年的拨备覆盖率情况如图2-54所示。可以看到，河北银行2016年的拨备覆盖率达到最大值201.55%。自此之后，拨备覆盖率开始下降，并在2018年达到了最低值111.85%。2019年拨备覆盖率重回到较高水平169.66%，但2020年又降到133.41%。总体来说，河北银行2016～2020年拨备覆盖率波动较频繁，但相较于2016年来说，总体有下降的趋势。

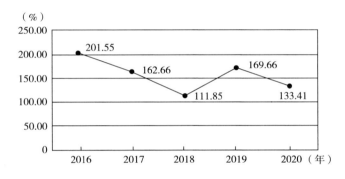

图2-54 河北银行拨备覆盖率

3. 贷款集中度

贷款集中度指贷款占银行资本净额的比重，是为了防止银行贷款过于集中某行业或企业而设立的。可用最大单一客户贷款比率和最大十家客户贷款比率两个指标反映。根据贷款集中度监管要求，单一集团客户的贷款集中度不能超过15%；单一客户的贷款集中度不能超过10%。

河北银行的贷款集中度情况如图2-55所示。在最大单一客户贷款比率方面，2017年，河北银行的最大单一客户贷款比率达到峰值8.98%。自此之后，大体上呈下降趋势，近两年维持在7.00%左右。在最大十家客户贷款比率方面，2017年，河北银行最大十家客户贷款比率为10.60%，为近5年最低值。随后呈现上升趋势，2020年增至13.37%。

4. 资本充足率

河北银行2016～2020年资本充足率和一级资本充足率情况如图2-56所示，

可以看到，河北银行资本充足率和一级资本充足率在 2018 年达到各自的峰值，分别为 11.24% 和 11.56%。相较于 2016 年，分别增加了 1.72 个和 2.70 个百分点。2018 年后两个指标均有所下降。

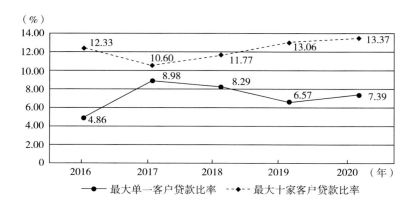

图 2-55　河北银行贷款集中度情况

图 2-56　河北银行资本充足率情况

（三）盈利性分析

河北银行 2016~2020 年净利润总额和净利润增速情况如图 2-57 所示。从图 2-57 中可以看到，河北银行的净利润在 2017 年达到最高值 27.17 亿元。但 2018~2020 年的净利润有所下降，分别为 20.22 亿元、20.46 亿元和 18.71 亿元。

河北银行近几年的净利润增速波动较大，2016 年达到最大值 17.91%，2018 年达到最小值−25.59%。总体来说，河北银行近 3 年的净利润有所减少。

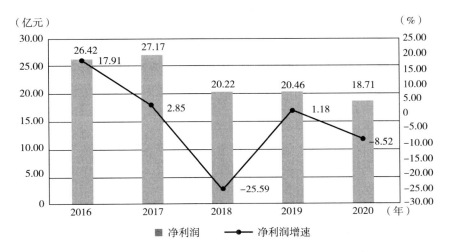

图 2-57　河北银行净利润及其增速

河北银行 2016~2020 年资本利润率和资产利润率的情况如图 2-58 所示。可以看到，河北银行的这两个指标近几年均呈下降趋势，在 2020 年达到最小值，分别为 6.22% 和 0.49%，相比于 2016 年，分别减小了 9.89 个和 0.50 个百分点。总的来看，河北银行近些年的盈利能力处于下降状态。

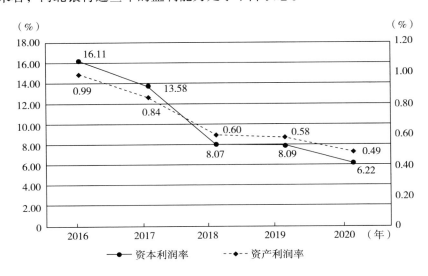

图 2-58　河北银行资本利润率和资产利润率

成本收入比是衡量成本控制能力的重要指标。成本收入比越高，说明商业银行营收的成本付出越高；反之越低。河北银行2016~2020年的成本收入比如图2-59所示。2018年，河北银行的成本收入比达到近几年的最大值36.15%。自此之后，处于下降阶段，并于2020年达到28.55%，是近5年的最小值。这表明河北银行近3年成本支出越来越低。

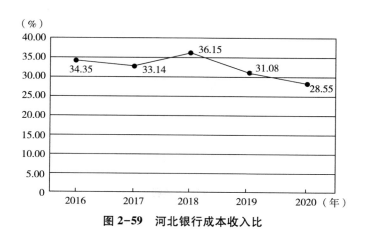

图2-59　河北银行成本收入比

（四）流动性分析

1. 存贷比

河北银行存贷比整体呈上升趋势，且在2019年达到最大值87.46%，比2015年增加了26.19个百分点，如图2-60所示。

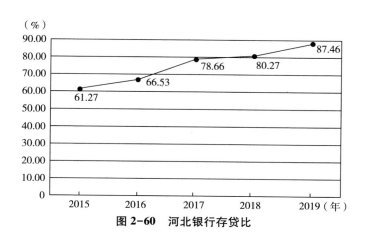

图2-60　河北银行存贷比

2. 流动性比率

2016~2018 年河北银行的流动性比率较为稳定，在 40.00%上下，如图 2-61 所示。自 2019 年起，流动性比率开始上升，2020 年达到最大值 62.59%。总体而言，河北银行近几年的流动性趋于增长。

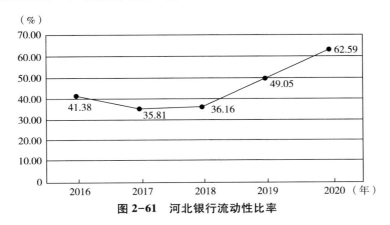

图 2-61　河北银行流动性比率

三、风险控制

近年来，河北银行面临的风险主要包括信用风险、流动性风险、市场风险、操作风险和声誉风险。

（一）信用风险

河北银行的信用风险主要存在于贷款组合、投资组合、担保、承诺和其他表内、表外风险敞口等。河北银行主动采取各类措施，严格进行信用风险管控，例如，结合宏观经济和本地市场现状，实现信贷资金向实体经济的精准投放；将前瞻性和主动性作为管控信用风险的前提，区分各行业的重要程度，细化客户准入标准，持续优化客户结构；根据风险大小实施差异化管理，加大对薄弱环节和重点领域的检测排查，加快处置不良资产；新建对公预警系统，完善优化信用债评级系统、小微零售风控模型，强化风险识别和预警管理；等等。

（二）流动性风险

为管理流动性风险采取的措施有：持续强化资产负债匹配管理和日间流动性管理，合理配置优质流动性资产，拓展融资渠道；优化流动性风险限额管理，加大对现金流缺口、资产负债匹配、融资集中度等方面的监测和管控；完善流动性风险应急管理机制，完善压力测试情景和模型参数；等等。

（三）市场风险

市场风险指因市场价格的不利变动而使银行表内业务和表外业务发生损失的

风险。对河北银行来说，市场风险主要包括利率风险和汇率风险。河北银行持续完善市场风险限额体系，提升利率管理水平，做好市场压力测试和应急管理，全面加强市场风险识别、计量、监控与报告。具体表现在：完善金融市场业务风险限额，丰富限额指标体系；规范市场估值管理，细化市场估值规则，完善估值流程，提高估值的可靠性和规范性；优化利率管理，通过多种措施提升利率管理水平。此外，还有优化压力测试情景等。

（四）操作风险

操作风险指由于不完善或有问题的内部程序、员工和信息科技系统，以及外部事件所造成损失的风险。河北银行操作风险管理的具体措施：加强各产品及条线内控提升，明确内控阶段性发展规划，绘制产品及管理流程图及风控矩阵，持续细化内控管理措施；加强信息系统和关键网络资源更新、维护和应急演练；加强操作风险管理工具的应用；扎实推进反洗钱相关工作，全面提升反洗钱工作水平等。

（五）声誉风险

声誉风险指由商业银行经营、管理及其他行为或外部事件导致利益相关方对商业银行负面评价的风险。河北银行坚持从严管控声誉风险源头，加强舆情监测研判，做好分级分类处置；及时响应媒体关注，加大正面宣传力度；组织开展舆情培训，营造良好的舆论和媒体环境。

此外，河北银行国别风险业务仅涉及少量境外存放同业、港澳台人员消费贷款，均为低国别风险业务，日常持续做好监测管理①。

四、创新发展

围绕着金融科技创新采取了一系列举措，包括：设立信息科技领导小组，董事长作为组长带领全组规划金融科技创新内容，开展相关科技创新工作；重塑银行信息科技研发组织架构，重视科技人才的引进与培养。从总行层面成立信息技术部和运维、开发、数据分中心，并建立了冀银科技有限公司，实现了"一组、一部、三中心、一公司"的金融科技新布局。河北银行旨在通过全行的上下联动、合作互补，打造金融科技新生态，推动全行的业务发展。

（一）应用人工智能技术

2018年，河北银行利用人工智能，将人脸识别技术首次应用到智能网点项目中，并取得了飞速发展。为了更进一步地提高银行的金融服务，河北银行于

---

① 河北银行历年报。

2020 年启动了 3 个以人工智能技术为内核的重要项目，即"智能化平台""视频平台"和"新一代客服系统"。

（二）打造大数据资产体系

在银行业加速数字化转型的大背景下，河北银行相继开发了一系列以数字化为核心的功能，如大数据审贷、大数据反欺诈、大数据精准营销、大数据安全运维监测预警等。

以小微金融数字化转型为例，河北银行以"科技+数据"为中心，通过依托包括税务、工商、司法、征信、借贷行为等方面的数据，经过大数据分析，实现了对小微企业的真实经营状况和信用水平的有效评估。这有助于银行更为有效、精准地放贷。"房 e 贷"使客户经理一次上门便可完成业务办理；"税易贷"实现了"3 分钟申请，全自动审批，1 次现场核实，最快当天放款"。

（三）探索分布式技术

河北银行于 2020 年 3 月上线了手机银行 5.0 版本，该版本的手机银行与以往的不同之处是引进了先进的分布式架构，对客户及账户、转账、产品、支付、批处理、基础 6 个功能进行了微服务拆分，并通过前后台松耦合设计，实现了灰度发布、热修复、H5 等新功能。在业务方面，在原有的指纹登录、人脸识别、智能客服、智能转账等基础上，签约、登录、绑卡、交易安全和服务方面得到了全面提升。这些改进不仅优化了客户体验感，还极大地提升了系统扩展性、稳定性、性能及前瞻性，真正实现了从"智"变到"质"变的飞跃。

（四）布局开放银行

2019 年，河北银行着手探索开放银行，且从第二年开始开放银行的平台化建设。这个平台封装线上收银、缴费、科技三项能力，方便线上收单、线上商户的快速接入。还支持通过场景融合的方式与其他第三方平台实现连接，利用银行自身金融科技能力、渠道和平台与非金融机构的生态圈打造开放式创新平台，实现服务延伸①。

五、社会责任

业务经营稳步发展，社会贡献度持续提升。2020 年末，河北银行资产总额共计 3957.02 亿元，比年初增加了 282.08 亿元，增速为 7.68%。存款总额为 2832.55 亿元，增长额为 359.20 亿元，较年初增长了 14.52%。贷款总额达

---

① 河北银行：拥抱科技，为转型发展注入新动能［EB/OL］. http：//www.hebbank.com/hbbank/xwzx/303894/384793/index.html.

2450.26亿元，增加额为286.97亿元，增速13.27%。河北银行的拨备前利润为59.95亿元，较2019年增加了10.01%。主体长期信用等级为最高评级AAA。一直以来，河北银行在寻求自身高质量发展的同时，也不忘将自身的发展成果惠及社会、股东，积极缴纳税费并向股东分配股利。

服务实体经济，助力脱贫攻坚。河北银行始终将服务实体经济作为自己的使命，将自身发展与国家战略和全省经济转型发展有机融合。河北银行紧紧围绕河北省"三六八九"工作思路，积极助力全省"三件大事"，全力支持河北省经济发展，大力开展普惠金融，服务社会民生。河北银行积极响应党中央扶贫开发决策部署和省委、省政府脱贫攻坚有关要求，承担起精准扶贫、精准脱贫的社会责任，利用自身的金融优势，助力打赢脱贫攻坚战。

发展绿色金融，共建生态文明。河北银行将公司自身发展融入绿色发展理念的大局中，从发展战略、业务经营和内部管理等多维度做起，坚决支持绿色环保经济，助力构建生态文明。例如，河北银行部署了绿色信贷战略，并相应地制定了绿色信贷授信政策，严控产能过剩行业信贷投放，重点支持风力发电、垃圾发电、光伏发电等新能源行业。此外，河北银行发行绿色金融债券和发展绿色信贷以支持绿色产业发展。

推动公众教育，维护客户权益。河北银行高度重视消费者权益保护，追求消费者权益与银行自身发展建设的良性互动。切实履行公众教育责任，充分利用银行官网、公众号、手机银行、报刊等多种渠道开展金融知识宣传工作，帮助消费者提高辨别、防范风险的意识，更好地保护个人权益[1]。

第七节　衡水银行[2]

一、概况

衡水银行是经原中国银行业监督管理委员会批准在衡水市商业银行基础上更名成立的股份制商业银行，先后经历了衡水城市信用联合社、衡水市城市信用社、衡水市商业银行、衡水银行四个发展阶段。

---

① 资料来源：河北银行社会责任报告。
② 作者：马娇阳，河北经贸大学金融学院硕士研究生；段梦尧、程超，河北经贸大学金融学院本科生。

衡水银行的主要经营范围包括：吸收公众存款，发放短期、中期和长期贷款，办理结算业务，办理票据承兑与贴现；代理发行、代理兑付、承销政府债券，发行金融债券，从事同业拆借，代理收付款项，从事银行卡业务；提供保管箱服务；提供信用证服务及担保；经国务院银行业监督管理机构批准的其他业务。

自成立以来，衡水银行始终坚守"服务地方经济、服务中小企业、服务城乡居民"的创立初心，坚持与时俱进，积极适应市场经济动态发展要求，转变经营理念，实施战略转型，提高服务质量，创新金融产品，正在由传统型银行向创新型银行转变。截至 2020 年 9 月末，各项资产总额达 718 亿元，各项贷款 333 亿元，各项存款 603 亿元。[①]

二、经营状况

本部分对衡水银行近 5 年的经营状况进行分析，主要包括资产负债状况、资本状况、资产质量、盈利能力、流动性分析。

（一）资产负债状况

衡水银行 2016～2020 年资产总额和负债总额的变化情况如图 2-62 所示。可以看出，衡水银行资产总额和负债总额整体上呈现上升的趋势，但相较于 2019 年，2020 年有所回落；截至 2020 年，资产总额达到了 710.1463 亿元，负债总额达到了 656.879 亿元。

图 2-62　2016～2020 年衡水银行资产总额和负债总额

资料来源：国泰安数据库以及银行年报，下同。

————————————

① 衡水银行官网，http://www.hengshuibank.com/。

（二）资本状况

2016～2020 年衡水银行资本充足率和核心资本充足率的变化情况如图 2-63 所示。近 5 年来衡水银行资本充足率和核心资本充足率都达到了监管标准，2016～2018 年呈上升趋势，2018～2020 年呈下降趋势；截至 2020 年，资本充足率达到了 10.92%，核心资本充足率达到了 9.79%。总体来说，衡水银行保持了一个合理的风险防范体系。

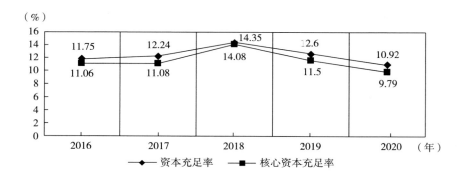

图 2-63　2016～2020 年衡水银行资本充足率和核心资本充足率

（三）资产质量

1. 不良贷款状况

在商业银行的资产业务中，放贷业务占据了重要地位。根据我国贷款五级分类的标准，凡是属于次级、可疑和损失三类的贷款就属于不良贷款，衡水银行 2016～2020 年不良贷款率的情况如图 2-64 所示。可以看出，2016～2018 年，衡水银行不良贷款率呈上升趋势，2018～2020 年呈下降趋势；年报显示，该行不良贷款余额为 10.35 亿元，同比暴增 81.43%，不良贷款率为 4.19%，同比增长 69.64%。截至 2020 年，衡水银行不良贷款率达到了 2.87%；相较于 2016 年上升了 1.09 个百分点。

对于衡水银行 2018 年不良贷款余额暴增的原因，根据监管要求真实反映资产质量水平，将逾期 90 天以上的贷款全部计入不良贷款，导致不良贷款上升较多。监管趋严后，隐性不良暴露出来，导致不良上升。

2. 拨备覆盖率

衡水银行的拨备覆盖率波动比较大。从图 2-65 可以看出，2018 年的拨备覆盖率下降比较大，2018 年后开始大幅度上升，上升了 60.27 个百分点，这与不良贷款率的变化情况正好相反，说明衡水银行为应对信贷不良较为重视拨备覆盖，注重根据实际情况，合理调整拨备指标，以达到更合理的流动性。截至 2020 年，衡水银行的拨备覆盖率达到 177.44%。

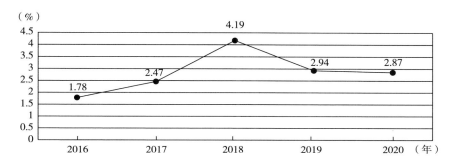

图 2-64 2016~2020 年衡水银行不良贷款

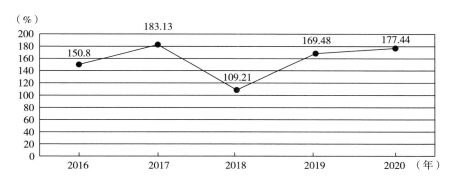

图 2-65 2016~2020 年衡水银行拨备覆盖率

3. 贷款集中度

衡水银行 2016~2020 年最大十家客户贷款比率和单一客户贷款比率的具体情况如图 2-66 所示。

（四）盈利能力

1. 净利润水平

衡水银行 2016~2020 年净利润的变化情况如图 2-67 所示。可以看出，衡水银行的净利润水平呈下降趋势，尤其是 2018 年，净利润为负，说明呈亏损的状态，2019 年扭亏为盈了，但盈利能力仍然较差；截至 2020 年，净利润达到了 0.1759 亿元，相较于 2019 年和 2016 年，分别下降了 0.9079 亿元和 2.1661 亿元。

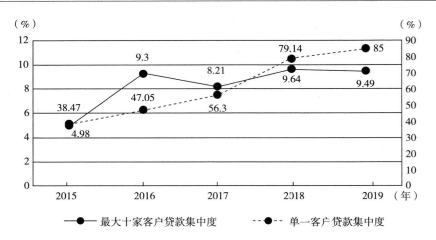

图 2-66　2016~2020 年衡水银行贷款集中度

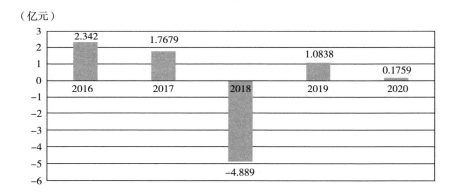

图 2-67　2016~2020 年衡水银行净利润

2. 净资产收益率和总资产收益率

中国银监会颁布的《商业银行风险监管核心指标》指出，净资产收益率不得低于 11%，总资产收益率不得低于 0.6%。

衡水银行的净资产收益率和总资产收益率基本未达到监管要求。如图 2-68 所示，2016 年后，衡水银行一直处于负增长的状态；其中在 2018 年，衡水银行因不良贷款率大幅上升而产生亏损，总资产收益率降至 -0.9361，净资产收益率降至 -11.64。虽然之后两年回升，但仍然处于低迷状态。截至 2020 年，净资产收益率达到了 0.33%，总资产收益率达到了 0.0236%。

图 2-68　2016～2020 年衡水银行总资产收益率和净资产收益率

3. 成本收入比率

衡水银行 2016～2020 年的成本收入比情况如图 2-69 所示。其中，除了 2019 年，其他年份的成本收入比都超过了银监会制定的 45% 监管红线。近五年的成本收入比波动较大，其中，2016～2017 年上升了将近 10 个百分点；2017～2019 年呈下降趋势，降至合理范围内；2019～2020 年成本收入比暴增，达到 91.44。成本收入比指标反映出银行的获利能力。总体来看，衡水银行的成本收入变化情况显示其获利能力有待加强，需要加大在控制成本方面的能力，以避免继续出现成本收入比指标超过监管标准的情况。

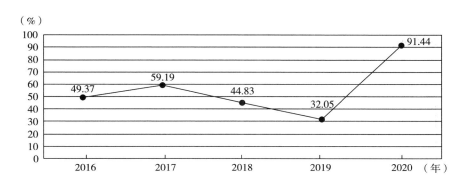

图 2-69　2016～2020 年衡水银行成本收入比

（五）流动性分析

衡水银行的存贷比率呈下降趋势，从 2016 年的 62.81% 下降至 2020 年的 51.75%，下降了 11.06 个百分点，如图 2-70 所示。截至 2020 年，存贷比达到了 51.75%。近三年的成本收入比基本保持稳定，说明衡水银行成本收入控制得很好。

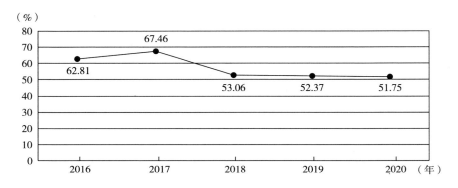

图 2-70　2016～2020 年衡水银行存贷比

衡水银行 2016～2020 年的流动性比率如图 2-71 所示。可以看到，虽然衡水银行的流动性比率波动幅度较大，但均在 25% 的监管标准以上。截至 2020 年，流动比率达到了 54.68%，相较于 2016 年，下降了 17.61 个百分点。总体来说，衡水银行流动性比率符合监管要求，资产流动性充足，安全性较高。

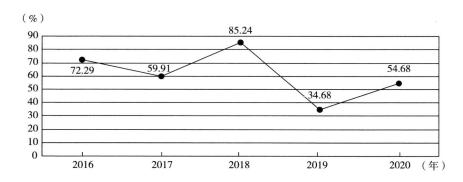

图 2-71　2016～2020 年衡水银行流动性比率

三、风险控制

（一）信用风险管理

衡水银行坚守风险底线，推动结构转型，制定了《2020年度授信政策指引》。按照"优化组合管理、发展绿色金融、提升综合服务、把牢风险底线"原则开展授信业务。引导信贷资金回归本源，积极践行普惠金融和服务地方经济的战略。

加强重点领域信用风险管理。①从严把控房地产行业贷款，防范房地产集中度风险；②强化对大额贷款的管理，适度控制大额贷款的投放；③严格防范同业业务风险，确保同业业务有序开展；④按照"穿透"原则，严格实施基础资产风险审查、资金投向合规性审查，切实防范投资理财产品、信托产品和资管计划等业务风险；⑤严把承兑票据准入关，全面加强票据业务风险管理以具有真实贸易背景为前提，规范发展票据业务。

强化贷款"三查"管理和操作，提高信贷风险识别、计量、缓释、化解能力。加强贷前调查的真实性，强化授信尽职调查，切实把好新增贷款准入关；持续规范信贷审查标准，切实提高信贷审查审批质量和效率，把控好发展与风险的平衡；加强贷后管理力度，完善、落实贷后管理制度，规范贷后管理操作流程，实现对押品和信贷档案的集中管理。做实贷款风险分类。按照《贷款风险分类指引》及《衡水银行信贷资产五级分类管理规定》要求，查清摸透逾期贷款风险底数，按月开展资产分类工作，将逾期或欠息90天以上的贷款全部入账。截至2020年末，衡水银行五级分类不良贷款余额为8.93亿元，逾期或欠息90天以上贷款为8.91亿元，逾期或欠息90天以上贷款全部入表反映，不良贷款率为2.87%[1]。

加大不良处置力度。面对复杂多变的经营环境和依然严峻的风险形势，衡水银行不断加大不良贷款处置力度，提升不良贷款处置质效，同时建立不良化解长效机制，统一调配行内外清收资源，充分利用清收、盘活等多种手段，不断加大不良贷款化解力度，严防不良贷款反弹，努力提升信贷资产质量。

（二）流动性风险管理

2020年，衡水银行流动性风险总体可控。衡水银行持续强化流动性风险管理，加强资产负债主动管理，在调整资产配置的同时增强负债稳定性，通过头寸监控和管理、指标监测、压力测试、应急演练等多种方式加强全行流动性风险管

---

① 衡水银行2020年报。

理，防范流动性风险。衡水银行实行重点流动性指标月度管理机制，提前规划业务总量和结构，预测、分析对流动性指标的影响，主动调整业务策略。截至2020年底，衡水银行主要流动性监管指标处于可控水平，其中，核心负债比、流动性比率、优质流动性资产充足率三项指标均符合监管要求；优质流动性资产规模较年初有所上升，增加了可随时变现的债券。

（三）市场风险管理

目前，衡水银行业务所面临市场风险主要为利率风险。按照新LPR定价机制要求，衡水银行对定价模式、系统改造、制度修订、合同模板修订、LPR推广运用等方面工作进行了细致的安排部署，积极加强利率风险的防控。报告期内衡水银行市场风险总体可控。

（四）操作风险管理

银行业操作风险与信用风险、合规风险、声誉风险等各类风险相互交织、复杂多变。衡水银行全面加强操作风险防控体系建设，加强风险评估及监测，及时发现操作风险隐患，加大违规处置力度，加强检查整改，推动规范操作管理。衡水银行全年业务稳定运行，未发生重大操作风险事件；会计核算质量较为平稳，未发生重大差错事故；系统保持平稳运行，有力支撑业务运维，操作风险总体可控。

四、创新发展

（一）优质服务赢得社会各界广泛赞誉

面对日益激烈的金融市场竞争，衡水银行决策层清醒地意识到：现代银行业的竞争，说到底是服务的竞争，想要赢得客户的长期信赖，必须创新服务，以服务创造价值，以服务创新价值。

近年来，衡水银行坚持开展"服务质量提升"活动，员工服务意识不断提高，服务技能不断提升，综合素质显著增强，网点服务环境不断改善，金融产品、服务不断推新、创新，并推出众多优惠政策回馈客户关爱。

衡水银行不断加快自身金融产品的创新力度和进程，自主开发设计了"金如意""银如意""玉如意"等低风险、期限灵活的理财产品。同时，根据不同服务对象，推出各具特色的贷款产品，并以银行卡、网上银行、手机银行等电子银行为抓手，推出网银转账免费、银行卡异地支取免费等更多优惠政策，真正做到让利于民、温暖民心①。

---

① 历年衡水银行年报。

服务品质的提升，换来的是客户的信任与赞许，衡水银行不仅拥有了一批又一批稳定的客户群体，也得到市民百姓和社会各界的广泛认可和高度赞誉。

（二）"社区支行"贴近百姓惠及民生

为了更好地服务衡水人民，衡水银行通过认真、细致调研，确定了大力发展"社区金融"的发展战略。2011年底，全省首家社区银行——衡水银行惠民社区支行开业；2012年11月16日，河北银监局发展社区银行现场经验交流会在衡水银行召开，各兄弟市城商行纷纷来交流学习经验。

面对社区这个崭新的市场，衡水银行主打"亲民、便民、共赢"三张牌，在融入社区、贴近社区上求新、求特，实行不同于传统网点的金融服务模式，推行金融宣传进家入户、延时营业、上门服务等服务措施，根据居民所需"量身定做"特色化、个性化的金融产品，努力将其办成了百姓的"贴心银行"、社区居民的"金管家"。

此外，"社区支行"想客户之所想，除了具备常规功能分区，还为老年客户、残疾人客户专设了服务室，配备饮水机、电视、空调以及各类报纸杂志、血压计、体温计及应急小药箱等。随着居民对社区支行的逐步认可，越来越多的居民特别是老年人成为社区支行的常客，把社区支行真正当成了"社区之家"。

（三）"衡商微贷"小微企业发展的"助推器"

早在2011年衡水银行就积极落实对小微企业的扶持政策，创新小微企业金融服务，并于9月1日成立了该行第一个专门服务小微企业的信贷部门——微贷中心。该中心的成立不仅填补了当时衡水市金融市场上没有个体工商户和小微企业贷款的空白，并且依托在人才管理、贷款营销、贷款流程、还款方式上的便捷款模式，打造出服务小微企业的比较优势。

目前，微贷中心从"衡商微贷"一种产品已发展为分门别类的多种产品；从最初的一家"网点"发展到现在的10个分中心，全市11个县市区均设有微贷分中心或微贷小组，真正实现了微贷业务市区、县域全覆盖。微贷中心的贷款投放已覆盖生产、贸易、加工、养殖、食品、文化用品、生活用品等众多行业和领域。

五、社会责任

衡水银行秉承"与您更亲，与您更近"的服务理念，不断创新金融产品，依法经营、诚信经营，提升金融服务质量，精心打造服务小微企业和地方经济发展的精品银行①。

_____

① 衡水银行官网行内新闻。

（一）树立诚信守约榜样，扶持困难企业发展

新冠肺炎疫情期间，衡水银行为保障基础金融服务稳定运行，坚持以信用服务为工作主线，履行金融执业承诺，采取错期营业的方式，科学合理安排各网点营业数量、营业时间；疫情渐缓时，即全力展开支持企业复工复产相关工作，对暂时遇到困难的企业，主动办理无还本续贷或展期，灵活调整还款安排，合理延长贷款期限；主动落实"减费降息"信贷政策，降低企业负担；对疫情防控及保障民生领域相关企业特事特办，优化贷款审批流程，提高效率，最大限度帮助企业抵御疫情冲击。2020年，衡水银行累计发放贷款1252笔、金额195.68亿元支持企业复工复产，全力护航实体经济健康发展。

（二）做好金融知识普及，全力保护消费者权益

加强组织领导，建立消费者权益保护工作长效机制；坚持诚信自律，规范经营行为，落实消费者权益保障措施，为金融消费者打造放心消费环境；坚持问题导向，积极探索建立投诉联动协作机制，通过设置投诉意见簿、公布举报电话等客户投诉平台，实现客户投诉有效处理全覆盖；结合人民银行、银保监会等监督机构的指导意见，坚持对不同客户群体有针对性地发放相关宣传资料和讲解金融消费者权益保护典型案例。在做好网点阵地宣传的同时，为进一步强化金融消费者合法维权意识，衡水银行定期深入周边街道、校园等单位进行义务宣传和讲解，带动全民全力防范金融诈骗。

第八节　邢台银行[①]

一、概况

截至2020年末，邢台银行注册资本金22.04亿元，员工1800余名，总行设有25个部室，下辖邢台区域2个营业管理部和邯郸、衡水、保定、廊坊4家域外分行。分支机构76家，实现了覆盖冀南、辐射京津的战略布局。继续保持"全国文明单位"和"全国良好银行"荣誉称号。截至2020年末，全行总资产达1205.8亿元，较年初增加188.6亿元，增长18.5%；各项存款余额1013亿元，较年初增加162.8亿元，增长19.1%，资产、存款双双突破千亿元大关；各

---

① 作者：马娇阳，河北经贸大学金融学院硕士研究生；段梦尧、程超，河北经贸大学金融学院本科生。

项贷款余额达 662 亿元，较年初增加 86.8 亿元，增长 15.1%；存贷比为 67.6%，存、贷款存量继续保持全市金融机构第 2 位。全年实现拨备前利润 11.5 亿元，实现净利润 4 亿元。上缴各类税金 5.29 亿元，同比多增 1.36 亿元，连年保持全市纳税企业前列。全行资本充足率 13.94%，拨备覆盖率 195.7%，贷款损失准备充足率 762.3%，各类指标符合监管部门要求。①

发起成立的清河金农、迁安襄隆和沙河襄通三家村镇银行存款总额 30.6 亿元，较年初增加 1.3 亿元，贷款总额 19 亿元，较年初增加 4 亿元，实现拨备前利润 1020.5 万元。

二、经营状况

（一）资产负债状况

总体而言，邢台银行资产负债规模呈现逐年上升趋势，如图 2-72 所示。截至 2020 年，邢台银行资产总额达到 1219.4336 亿元，同比增长 18.3%，负债总额达到了 1149.5444 亿元，同比增长 19.5%。

图 2-72　2016~2020 年邢台银行资产总额和负债总额

资料来源：国泰安数据库以及银行历年年报，下同。

（二）资本状况

邢台银行资本充足率如图 2-73 所示。2016~2020 年，邢台银行的资本充足率均达到了最低要求。截至 2020 年底，邢台银行的核心资本充足率为 10.4565%，较 2019 年同期下降了 0.08 个百分点；资本充足率为 13.7764%，较

---

① 邢台银行官网：http://www.xtbank.com/。

2019 年上升了 0.10 个百分点。

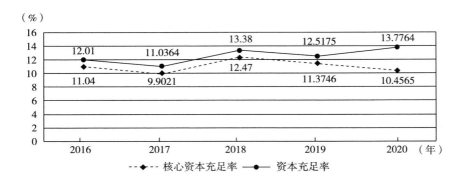

图 2-73　2016~2020 年邢台银行资本充足率

（三）资产质量

2016~2019 年，邢台银行不良贷款余额和不良贷款率都有大幅度的增加，如图 2-74 所示。截至 2020 年底，邢台银行不良贷款余额为 16.85 亿元，较上年增加了 0.73 亿元，不良贷款率达到了 2.79%。其中，次级类贷款余额为 16.79 亿元，损失类贷款为 0.06 亿元。不良贷款情况主要集中在次级类贷款，说明银行的贷款客户质量较差，存在较大的信用风险。

图 2-74　2016~2020 邢台银行不良贷款

拨备覆盖率是实际上银行贷款可能发生的呆、坏账准备金的使用比率。不良贷款拨备覆盖率是衡量商业银行贷款损失准备金计提是否充足的一个重要指标，是风险抵补能力的重要说明。

2016~2020 年，邢台银行的不良贷款拨备覆盖率情况如图 2-75 所示，2016~2017 年，拨备覆盖率呈上升趋势，2017~2018 年呈下降趋势，2018 年达到 148.55%，而 2018~2020 年逐年小幅度上升，2020 年达到 179.17%。除 2018 年略低之外，其他年份都达到了监管标准。说明邢台银行的银行财务比较稳健，风险处于可控状态。

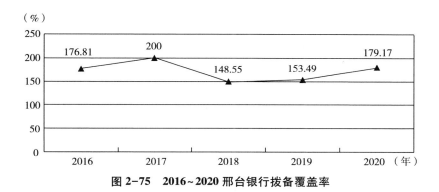

图 2-75 2016~2020 邢台银行拨备覆盖率

为了保障稳健经营，银行把单一最大客户贷款比率和最大十家客户贷款比率作为其中衡量银行经营安全性的重要指标。2015~2019 年，邢台银行单一最大客户贷款比率的变化情况如图 2-76 所示，可以看出，2015~2016 年呈上升趋势，2016~2018 年呈下降趋势，2018~2019 年又大幅度提升。截至 2019 年，单一最大客户贷款比率达到了 9.96%。

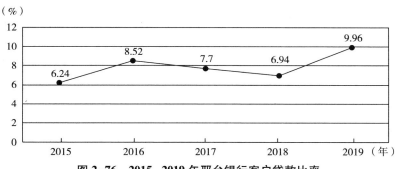

图 2-76 2015~2019 年邢台银行客户贷款比率

（四）盈利能力

1. 净利润增长率

邢台银行的净利润增长率维持在两位数，盈利水平比较强，但 2018 年的增长速度较 2017 年呈下降趋势，降幅较大，降幅达到 87.72 个百分点，2020 年净利润增长率有上升趋势，达到 98.19%，说明邢台银行的盈利能力继续提高，如图 2-77 所示。

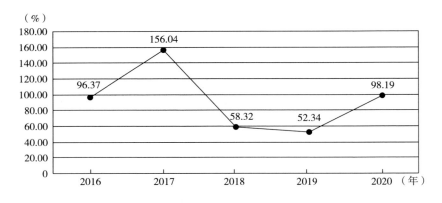

图 2-77　2016～2020 年邢台银行净利润增长率

2. 净资产收益率和总资产收益率

2016～2017 年，邢台银行净资产收益率均高于 11% 的监管标准；2018～2020 年净资产收益率逐年下降，其中，2018 年的下降幅度最大，相较于 2017 年，下降 10.88 个百分点，达到 7.4727%。可见，近三年的邢台银行净资产收益率处在偏低水平。除此之外，邢台银行总资产收益率总体呈下降趋势，2016～2017 年，总资产收益率均高于 0.6% 的监管标准，2018 年大幅度下降，且低于标准水平，截至 2020 年底，达到了 0.19%。由此可见，邢台银行的盈利能力有待加强，如图 2-78 所示。

3. 成本收入比

从支出管理角度分析银行盈利水平的指标是成本收入比，是营业费用和营业收入之比，体现银行的成本控制能力，成本收入比越低，银行单位营业收入的成本和费用支出越低，则银行的获利能力越强。

由图 2-79 可以看出，邢台银行的成本收入比在 40%～50%，基本保持稳定的状态，说明邢台银行的成本收入控制较好。

图 2-78　2016~2020 年邢台银行净资产收益率和总资产收益率

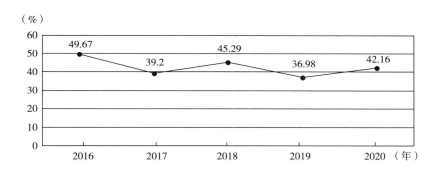

图 2-79　2016~2020 年邢台银行成本收入比

（五）流动性分析

1. 存贷比率

存贷款比率指银行的贷款总额与存款总额之比。该比率越高，表明负债对应的贷款资产越多，银行的流动性越低。2015 年 6 月 24 日，银行监管机构删除了存贷款比率不超过 75% 的规定，将存贷比由法定监管指标转为流动性监测指标。

邢台银行存贷款比率的变化情况如图 2-80 所示，2016~2020 年，邢台银行的存贷款比率均值为 60.51%。可见，邢台银行的存贷款比率整体呈现较小的增幅，但基本保持稳定，该比例均未超过 75%，也没有过低，说明邢台银行在充分利用存款资金的同时也保留了充足流动性。

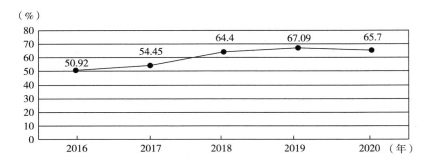

图 2-80　2016~2020 年邢台银行存贷款比率

2. 流动比率

流动比率指银行流动性资产余额与流动性负债余额之比，是衡量银行流动性的总体水平，该指标一般不低于 25%。

邢台银行 2016~2020 年的流动性比率如图 2-81 所示。可以看到，邢台银行的流动性比率均在 25% 的监管标准以上，均值为 70.09%；其中，流动性比率在 2020 年相较 2019 年有大幅提升，上升 26.65 个百分点，达到 93.57%，说明邢台银行的流动性比率符合监管要求，资产流动性充足，安全性较高。

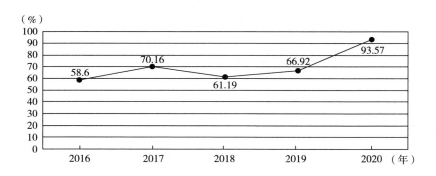

图 2-81　2016~2020 年邢台银行流动性比率变化情况

三、风险控制

（一）信用风险管理

信用风险是指因借款人或交易对手未按照约定履行义务从而使该行业务发生损失的风险。邢台银行涉及的信用风险业务主要包括发放贷款和垫款、可供出售类金融资产、持有至到期投资、长期股权投资、存放同业、拆出资金、其他应收款项、表外资产等。其中，最重要的是信贷资产和表外资产，即表内外授信业务。

截至 2020 年末，邢台银行表内信用资产为 661.98 亿元，较年初增加 86.84 亿元，增长 15.1%；表外信用资产共 83.38 亿元，较年初增加 8.6 亿元，增长 11.5%①。

信用风险管理的主要措施：

（1）严格按照全行授信政策指引落实授信条件，对信贷客户实行一户一策的方式，严格落实信贷业务"三查"制度，将大数据引进客户评级系统，不断提高信贷业务的审查审批水平。

（2）不断优化完善信息科技系统，不断提高信贷管理的科技化水平。首先，对新上线的信贷管理系统结合该行业务进行完善，不断提高信贷系统与该行业务契合度；其次，对全行押品管理进行检查，并对押品历史数据进行梳理，完善押品管理的薄弱环节，进一步提高押品管理的科学化水平；最后，进一步加强信贷业务作业监督，进一步细化信贷作业监督审查内容，发挥好最后一道信用风险拦截关口的作用。

（3）积极落实国家信贷政策导向，助力实体经济尽快摆脱疫情影响，加快恢复生产。一是进一步加强对涉农、扶贫、普惠型小微企业的支持力度，全年顺利实现小微企业"两增两控"任务目标；二是按照全行授信政策指引的要求，对国家重点调控的行业和领域逐步压缩、退出；三是根据五部委关于对中小微企业实施阶段性延期还本付息的通知要求，对受疫情影响严重的中小微企业落实"应延尽延"的信贷政策，帮助企业尽快摆脱疫情影响，尽快恢复正常生产经营秩序。

（4）加强违约贷款和不良贷款督导和管理。面对全球性经济下行压力不断加大以及 2020 年新冠肺炎疫情的影响，银行业在 2020 年面临着较为严重的信用风险压力。面对复杂的经济环境，邢台银行进一步加大对违约贷款和不良贷款的管理力度，同时出台相关的制度办法，指导规范全行信贷业务人员加强违约贷款和不良贷款的管理，不断提高违约贷款和不良贷款管理水平。

（5）加大不良贷款的处置力度。一是对经催收无法收回的不良贷款坚决进行诉讼，同时由总行专门部门负责指导督促分支机构不良贷款涉诉案件，强化涉诉案件管理，提高诉讼清收的效率；二是按照财政部相关规定，对经追索无法收

---

① 邢台银行 2020 年报。

回且符合核销标准的不良贷款进行依法核销。

（6）通过考评和培训不断提高全行信贷业务人员专业水平。一是以考促学，定期在全行组织开展信贷专业知识测试，引导全行信贷人员不断学习专业知识；二是通过不定期开展信贷、法律、财务等专业知识培训，采取内部培训与外部讲师相结合的方式，不断提高全行信贷人员的专业水平。

（二）操作风险管理

操作风险是由不完善或有问题的内部程序、员工和信息科技系统，以及外部事件所造成损失的风险。邢台银行面临的操作风险主要源于四类风险因素：人员风险、流程风险、信息系统风险、外部事件风险。

邢台银行严格遵循中国银监会《商业银行操作风险管理指引》要求，在董事会和高级管理层的领导下，构建了符合现代化管理要求的，既有利于防范和控制该行操作风险，又能确保服务效率的集约化、专业化、扁平化的业务运行机制和管理模式，建立了层次化的操作风险管理体系。董事会承担操作风险管理的最终责任，负责审批操作风险战略、操作风险政策、操作风险偏好和操作风险容忍度，定期获取操作风险分析报告，了解全行操作风险状况；董事会定期听取全行操作风险管理状况，审议操作风险重大事项；高级管理层负责制定、定期审查和监督执行操作风险管理的政策、程序和具体的操作规程，并定期向董事会提交操作风险总体情况的报告；高级管理层下设全面风险管理委员会，由行长任主任，全面风险管理委员会下设操作风险管理委员会，定期研究分析全行操作风险状况和管理工作并做出决策。各分支机构和各级业务管理部门负责本单位和本条线的操作风险管理，承担本单位操作风险管理的直接责任和本条线操作风险的管理责任，是操作风险管理的第一道防线；总行风险管理部及各级风险管理部门负责操作风险管理方法、程序、系统等的设计和推广以及操作风险的监测、检查和报告等工作，是操作风险管理的第二道防线；各级审计部门为操作风险管理的第三道防线，负责定期检查评估操作风险管理状况，监督操作风险管理政策的执行情况，并向董事会进行报告；总行党群保卫、人力资源、信息科技、风险管理等部门在管理好本单位操作风险的同时，在涉及其职责分工及专业特长的范围内为其他部门或分支机构管理操作风险提供相关资源和支持。

截至2020年末，邢台银行根据银行业操作风险的最新监管要求和变化趋势，继续强化操作风险管理工具运用和重点领域操作风险治理，持续加强制度梳理与业务检查相结合的操作风险管理模式，不断提升操作风险管理水平：①持续完善操作风险管理工具，实现制度梳理、流程评估、指标监测的条线全覆盖，夯实操作风险管理基础。不断健全操作风险内控管理体系。②加强业务自查排查工作，通过加强支行自身业务培训，委派风险主管日常现场业务检查，总行各条线不定期抽查，开展特殊业务专项全面排查，实施应急演练，守住防范业务中断的风险底线。③健全风险主管队伍建设工作，完成会计主管队伍向风险主管队伍的转型工作。将对一线网点的操作风险监督从前台运营业务扩展到全部业务，纳入了信贷管理与财务印章管理等主要工作，完善了一线网点的业务监督与风险防控。④强化操作风险培训，针对全行人员，组织开展了各类培训学习及考试；进一步提升了全行员工的操作风险意识和全行操作风险管理能力[①]。

（三）市场风险管理

市场风险指利率、汇率以及其他市场因素变动而引起金融工具的价值变化，进而对未来收益或者未来现金流量可能造成潜在损失的风险。影响邢台银行业务的市场风险主要类别有利率风险与汇率风险，包括交易账户和银行账户。其中，交易账户指为交易目的或对冲交易账户其他项目的风险而持有的金融工具账户，银行账户指为公司所有未划入交易账户的表内外业务账户。

1. 市场风险基本情况

邢台银行建立了与业务性质、规模和复杂程度相适应的、完善的、可靠的市场风险管理体系，明确市场风险治理架构下董事会及专门委员会、高级管理层、相关部门的职责和报告要求，明确实施市场风险的管理政策和识别、计量、监测与控制程序，明确了市场风险报告、信息披露、应急处置及市场风险资本计量程序和要求，明确市场风险内部控制、内外部审计及信息系统建设要求。报告期内，邢台银行在已有基础上继续完善市场风险管理体系，优化市场风险计量及监控的方法、流程和工具。一是建立了市场风险管理系统，为市场风险管理提供更为强大的工具支撑；二是建立并完善市场风险指标限额管理。

2. 市场风险管理主要措施

（1）实行金融市场部驻场工作制度。派驻风险总监及市场风险职能经理对金融市场部各类业务进行风险审查，全流程跟踪，有效降低尽调过程中的风险。继续对同业投资业务进行作业监督审查，严格落实投审会条件，对投前资料、合同协议签订进行审查，降低操作环节风险的发生。

（2）对内控制度流程进行梳理和完善。进一步完善金融市场投资和同业业务经营、风险管理制度体系，梳理并检查已颁布业务管理和风险管理的制度、政策、程序及管理办法的执行情况，有序退出应建立的、目前还没有颁布的相关制

---

① 邢台银行 2020 年报。

度，对于确实不适应目前经营环境和管理要求的制度、政策，及时退出管理制度体系。

（3）建立严格的经营信息和风险管理数据的报告制度。按照要求，金融市场部每日报送上一日金融市场部资产规模及结构表，目前包含期限、金额、利率、记账科目、风险权重占比等，根据年初制订的风险管理工作计划，继续加强要求并完善报送数据质量和内容。

（4）完善市场风险管理信息系统。继续完善优化市场风险管理信息系统功能，科学运用定量和定性分析相结合的办法，及时识别风险类别、影响程度、形成原因及发展趋势，并按照规定的权限和程序对问题采取针对性的处理措施，以有效防范、控制和化解市场风险。

（四）流动风险管理

流动性风险是指无法以合理成本及时获得充足资金，用于偿付到期债务、履行其他支付义务和满足正常义务开展的其他资金需求的风险。该行已建立流动性风险总、分、支三级管理模式，总行风险管理部承担对流动性风险监督检查责任；总行计划财务部是流动性风险主责部门，负责统一管理流动性风险的日间备付与头寸调拨、流动性风险计量与管理、压力测试与流动性应急等完整的流动性风险管理；总行金融市场部是流动性风险管理的执行部门；各分支机构承担对本机构大额资金报备、流动性客户集中度风险报告等职责；各支行派驻风险主管负责所在机构流动性风险管理的监督职责。

邢台银行根据监管政策的要求和宏观经济形势的变化，加强流动性风险制度体系建设，不断改进流动性风险管理技术，定期监控流动性风险指标，定期开展流动性风险压力测试，切实提高流动性风险管理能力。

流动性风险管理的主要措施：①将流动性风险纳入全面风险管理体系，构建流动性风险管理的组织架构，明确流动性风险管理前、中、后台的部门职责。②不断完善流动性风险管理政策制度，完善流动性风险管理的制度体系，2020年制定《集中取款应急预案》，健全流动性风险应急管理机制。③完善资产负债管理系统，该系统可实现该行资产负债管理体系落地，强化流动性、利率和汇率风险的统筹管理，合理规划资产负债结构，提升该行能够对流动性风险的管理能力，以适应利率市场化和新竞争形势下的流动性风险管理要求，运用科技手段提升流动性风险管理的水平。④完善头寸管理系统，该系统有头寸预报、头寸核销、头寸监测及头寸考核四个功能模块，可实现对日间头寸的管理，可合理安排资金头寸，确保资金的安全性、流动性和盈利性。

四、创新发展

"冀南微贷"由邢台银行小企业信贷中心专门运营，2011年11月经国家商标局注册成为邢台银行专有品牌。"冀南微贷"以冀南地区的广大小微企业为目标客户，以国外先进技术为参考，以冀南地区小微企业经营特征为基础，不断改革、创新而逐渐形成的贷款产品组合，使那些长期被银行拒之门外的客户获得了平等的融资机会。"冀南微贷"的口号是"冀南微贷"离您更近、给您更多。"冀南微贷"荣获"最佳特色银行奖"和"最佳小微金融服务银行奖"。邢台银行经过几年的发展和经验的积累，根据各地区客户需求和经济客观结构的不同，为各类小微企业量身定做贷款产品，打造出属于"冀南微贷"品牌的子产品，包括"微贷快车""好时节·微贷""心连心·微贷""速融通·微贷""循环贷·微贷"。

"冀南微贷"摆脱传统贷款中对抵质、押物的依赖，以客户经营状况作为第一还款来源，重经营、轻担保、重实效、轻报表，使资产薄弱、经营良好的小微客户能获得资金支持。同时。"冀南微贷"审批流程简化，减少中间环节，3天即可完成贷款审批，以解小微客户的"燃眉之急"。

2019年，邢台银行加大对小微企业、信贷扶持力度，全行小微企业贷款余额突破200亿元，民营企业贷款余额352亿元，全年为企业减免贷款利息超过1000余万元。与亚洲开发银行转贷业务合作取得实质性进展，2亿美元及等额配套资金助力邢台大气污染治理，并取得良好成效。国家开发银行、中国进出口银行对该行授信总额分别扩大到8亿元和6亿元，贷款惠及129家小微企业。

邢台银行启动新一代核心系统建设，使综合业务处理能力提效增速，可支撑该行未来10年以上的客户和业务增长。同时，新核心系统通过优化流程，提高服务效率和质量，进一步提升了客户体验，增强了风险控制能力。邢台银行还成立了"数字化信贷工厂"研发小组，推出纯线上贷款产品"冀南云贷·微企秒贷"，客户从申请到放款只需3分钟，给客户带来极速金融体验，"为客户提供五星级金融服务"的服务使命将得到更加有力的支撑。

五、社会责任

（一）经营业绩稳步增长"十三五"战略目标顺利完成

截至2020年末，邢台银行资产规模、存款规模均迈上"千亿元"新台阶，整体经营持续向好。其中，资产总额达1191亿元，较年初增加187亿元，较

2015 年末增加 770 亿元，增长 1.8 倍；各项存款突破 1000 亿元大关，余额达 1006 亿元，较年初增加 156 亿元，较 2015 年末增加 652 亿元，增长 1.8 倍；各项贷款余额达 662 亿元，较年初增加 87 亿元，较 2015 年末增加 473 亿元，增长 2.5 倍。不良贷款率 2.79%，较年初下降 0.02 个百分点；全年累计上缴各类税金 5.29 亿元，其中邢台区域纳税 4.19 亿元，位居全市纳税企业第五名；成功发行二级资本债 14 亿元，整体综合实力进一步增强；与亚洲开发银行合作全面推进，近 2 亿美元大气污染防治转贷业务获审批。继续保持"全国文明单位"荣誉称号，并先后荣获"最佳金融科技创新应用奖""智能风控标杆城商行奖"等多项荣誉。

（二）发挥地方银行作用全力支持实体经济

主要措施包括：①聚焦主责主业。切实发挥地方银行对重点领域重大工程项目建设的支持作用，不断优化信贷投向。截至 2020 年末，邢台银行全年累计投放信贷资金 343 亿元，余额新增 87 亿元。累计支持优质企业和省市重点项目 30 余个。②加大对普惠金融支持力度。截至 2020 年末，邢台银行小微企业贷款余额 197.22 亿元，民营企业贷款余额 346 亿元，涉农贷款余额 233.12 亿元。累计支持小微企业、个体工商户 6.5 万余户，带动 50 多万人实现就业。③积极帮助企业抗疫。针对突发疫情影响，邢台银行及时提出"帮企业就是帮银行自己"理念，主动在全行开展"走企、助企、帮企"活动，成立 174 支金融工作队深入企业走访调研，切实为企业解决生产、销售和资金等实际困难，支持企业早日复工复产、达产达效。截至 2020 年末，已走访各类企业 6864 户，已对其中 263 户企业发放贷款 94.73 亿元。

（三）降低企业融资成本全力保市场主体

邢台银行积极落实国家"稳企业、保就业"要求，从多个方面压降企业融资成本。①疫情期间，专门拿出 20 亿~30 亿元专项信贷规模，为抗疫防疫企业、医药用品生产企业、科技型企业、中小微民营企业等提供专项贷款资金支持。主动对 125 户、26.7 亿元公司类贷款进行降息优惠，合计降息 3900 余万元。②针对小微客户和个体工商户，采取下调放款平均利率 10%优惠，这一政策惠及全行存量近 6000 户小微企业和个体工商户，全年减免利息 5000 余万元。③按照市委、市政府"亩均论英雄"要求，对亩均税收评价为 ABC 类企业实施差别化利率。其中，A 类企业全部执行基准利率，B 类企业全部执行基准利率的 105%，C 类企业执行基准利率的 115%，涉及受益企业共计 209 户、贷款金额 63 亿元，已为 ABC 类企业减免利息收入约 5000 余万元（按年化测算约 1.24 亿元）。④第一时间启动"央行支小再贷款"业务，确保低成本引进资金，低成本支持民营小微企业发展。截至 2020 年末，累计发放支小再贷款 12.98 亿元，共计 554 户、751 笔。

（四）对标企业金融诉求，创新金融服务举措

主要措施包括：①加快产品研发力度，在疫情期间及时推出"祥牛·抗疫贷""绿色成长贷""科贷通科技成果贷"等 10 多款信贷产品，对中小微企业多途径提供贷款支持。根据客户体验和需求，及时研发微信银行和人脸识别系统，实现燃气、热力、供水等网上自主缴费。②进一步优化贷款审批流程，开通"绿色通道"。新冠肺炎疫情期间发放此类"绿色通道"贷款 439 笔，累计金额超过 100 亿元。其中支持南宫新冠肺炎疫情防控重点保障企业——河北泰能鸿森医疗科技有限公司加快发展的事迹被新华社报道，全国 400 多家媒体转发。③积极落实"应延尽延"政策，对符合条件的普惠小微企业，通过贷款展期、借新还旧、小微企业续贷等方式，给予企业延期还本付息安排。截至 2020 年末，邢台银行共对 885 户中小微企业实施了阶段性延期还本付息，涉及贷款本金 93.15 亿元；发放小微企业信用贷款 3.79 亿元，切实解决小微企业无抵质押物难题。

（五）提升科技创新水平推进线上产品布局

主要措施包括：①对新核心系统 3.0 项目群 123 个系统进行优化完善，实现全年平稳运行，该系统可支持邢台银行未来 10 年业务发展需要。②加速互联网银行渠道建设。完成"祥牛云店"平台建设，优化手机银行体验、网银以及柜面操作交易。③采用互联网接入模式，研发的"祥牛·云通"自助机具，让广大农村群众提供足不出村就可办理存取款、转账、惠农补贴资金查询等特色化服务，目前服务客户达 20 万人，辐射 200 万农村群众，为助力"三农"和脱贫攻坚提供了强力支撑。④推进"数字化"信贷工厂建设，打造线上线下相融合的小微信贷新模式。推出"冀南云贷·吉时贷"，实现了在授信期限、额度内随借随还。纯线上贷款产品"微企秒贷"，客户从申请到放款仅需 3 分钟。

（六）积极开展公众教育保障客户合法权益

2020 年，邢台银行以"进社区、进学校、进机关、进企业、进农村"为抓手，积极参与开展"3·15 消费者权益保护""存款保险""防范非法集资""防范电信诈骗"等集中宣传教育活动。2020 年，微刊推送金融知识 82 篇，累计访问量达 2 万余次。强化厅堂宣传，在全辖 76 家营业网点厅堂内设立公共教育宣传区，经常性开展金融知识微沙龙和消保知识宣传活动，举办小小银行家等公益活动，树立履行社会责任的良好企业形象。加强消保工作，根据《中国人民银行

金融消费者权益保护实施办法》相关要求，完善并下发《邢台银行金融消费者权益保护管理办法（修订）》；建立 96306 客服电话、在线客服、手机银行、网络问政平台、行风热线等多种形式的金融消费者反馈渠道，重新梳理下发《邢台银行金融消费者投诉管理办法》及《邢台银行金融消费者投诉处理流程》，完善投诉处理问责、回访机制，切实保护金融消费者权益。

（七）关爱员工成长打造一流团队

在注重加快业务发展的同时，邢台银行极为关爱员工的健康成长，全力打造高素质员工队伍，增强员工对企业的归属感和凝聚力。制定员工"五星级关怀"方案，对员工结婚、生育、生病住院等进行不同形式的慰问关怀，外聘专家对员工进行"员工心理健康培训"讲座。在传统节日和"母亲节""父亲节"对全行员工及员工父母进行节日慰问。每年安排员工进行健康体检，员工生日时为员工送上蛋糕和鲜花，每年为有中、高考子女的员工提供带薪休假陪考，为高考学子购买水果，为考上大学、硕士、博士的子女资助奖学金等，对员工关怀细致入微。成立艺术团，为有艺术才华员工提供展示自我的平台，建设"职工之家"，进一步丰富了员工业余文化生活。持续开展共读一本书活动，完善晨会、夕会制度，坚持因需施教、因岗施教，打造一流员工队伍。充分保障员工合法权益，2020 年共组织各类培训 47 期，改善了各级干部员工的知识结构，增强员工战斗力和向心力。

（八）积极履行社会责任打造有温度的银行

主要措施包括：①自 2017 年以来，邢台银行积极响应全民阅读和书香邢台建设，在全行 76 家网点同步启动"书香银行"品牌建设，2020 年对接互联网图书馆，网上借阅量可达 60 余万册，进一步满足了客户非金融服务和场景体验需要。②助力全省大气污染防治工作。2017 年，邢台银行作为河北省唯一城商行获得了亚行 2 亿美元大气污染防治转贷业务承办权，这也是全国首例地方金融机构利用转贷模式支持大气污染防治项目。经过持续不断努力，2020 年 11 月，邢台银行成功获得亚行董事会近 2 亿美元的贷款审批。资金将通过转贷方式，由邢台银行发放给河北符合绿色金融标准的相关项目，从而助力全市乃至全省的环境治理工作。③新冠肺炎疫情期间，做好志愿者服务。同时，率先向市慈善总会、向援湖北医疗队等捐赠各类防疫物资超过 100 万元，协助地方政府打赢新冠肺炎疫情防控攻坚战。④履行社会责任，提供就业机会。2020 年，邢台银行面向社会、校园招聘员工 17 人，积极响应国家号召，落实退伍军人政策，安置退伍军人 3 人。⑤邢台银行综合营业大楼作为全市重点打造的地标性建筑，2020 年已正式开工建设，两年以后，新的邢台银行大楼将耸立在邢东新区，为全市增添一道亮丽风景线①。

第九节　廊坊银行②

一、概述

廊坊银行于 2000 年 12 月 29 日正式成立，是国家法定金融机构。廊坊银行以打造"京津冀地区以精耕和创新为特色的领先城商行"为愿景，制定了"区域精耕、行业精耕、客户精耕和创新引领"的新三年战略。网点建设目标：匹配精耕战略，持续布局县域网络，综合金融服务新"三农"。

截至 2020 年 12 月底，廊坊银行各项资产总额达 2251.47 亿元，总负债 2018.83 亿元，其中，各项存款总额达 1653.50 亿元，发放贷款总额为 1211.22 亿元，2014 年全年实现经营利润 52.49 亿元。全行已设立分支机构 89 家，其中，廊坊地区 58 家，石家庄地区 19 家，天津地区 12 家。金融产品种类由成立之初的 10 余种发展到存、贷、汇、银行卡、债券买卖、同业业务、银行承兑、票据贴现、电话银行、自助银行、资信保函、中间代理业务等 100 多种③。

二、经营情况

（一）资产负债情况

廊坊银行 2016~2020 年资产总额和负债总额情况④如图 2-82、图 2-83 所示。总体上，廊坊银行的资产总额一直处于增长中，负债总额有增有减。

截至 2020 年底，廊坊银行的资产总额为 2251.48 亿元，较 2019 年增长了 181.67 亿元，增幅约为 8.78%；2019 年有较小幅度的增长。从近几年发展趋势看，廊坊银行资产总额的增长平稳，规模逐步扩张。

截至 2020 年底，廊坊银行的负债总额为 2018.83 亿元，较 2019 年增长了

---

①　邢台银行 2020 年报。

②　作者：王慧慧，河北经贸大学金融学院硕士研究生。

③　廊坊银行 2020 年报。

④　廊坊银行 2019 年报。

140.46亿元，增幅约为7.48%。廊坊银行负债总额的增长与资产总额的变化大体相同。但是2019年，资产总额呈小幅度增长，而负债总额呈小幅度下降。

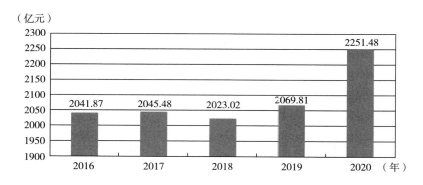

图 2-82　2016～2020 年廊坊银行资产总额

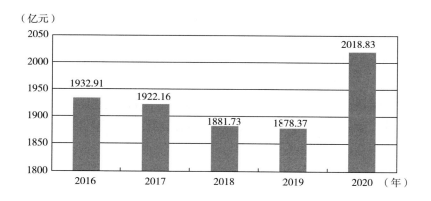

图 2-83　2016～2020 年廊坊银行负债总额

（二）资本充足性

廊坊银行2016～2020年的资本充足率变化状况如图2-84所示，可以看出，近五年来廊坊银行资本充足率指标均满足中国银行业的监管标准。但通过对比可以看出，廊坊银行的核心一级资本充足率同一级资本充足率比较接近，两者之间差值很小。各个指标的总体趋势相同，每年都在以不小的幅度提升，说明银行的负债偿还能力越来越强。

（三）贷款集中度

通过对廊坊银行最大单一客户贷款比率和最大十家客户贷款比率的数据分析

可以判断其贷款集中度情况。单一最大客户贷款比率和最大十家客户贷款比率分别是最大一家客户贷款总额和最大十家客户贷款总额与资本净额的比值，监管要求两个指标分别小于等于10%和15%。2016~2020年，廊坊银行的单一最大客户贷款比率完全达标，且有逐年下降的趋势，如图2-85所示。2016~2017年，最大十家客户贷款比率不符合监管要求，2018~2020年完全符合监管要求，这说明近三年在贷款结构上，廊坊银行的资产风险分散较好。

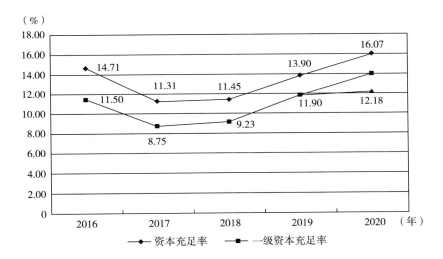

图 2-84　2016~2020 年廊坊银行资本充足率

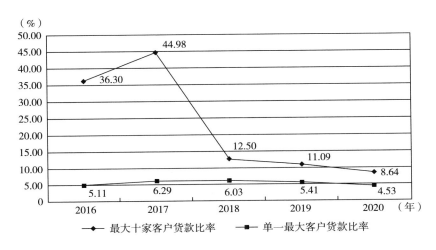

图 2-85　2016~2020 年廊坊银行最大单一客户和最大十家客户贷款比率

（四）盈利状况

1. 净利润水平

廊坊银行 2016~2020 年的净利润状况如图 2-86 所示，可以看出，廊坊银行的净利润先逐年上升后逐年下降。2019 年，廊坊银行的净利润略有下降，2020年，由于疫情原因导致其净利润有较大幅度的下降。受经济形势和地区因素影响，近 3 年廊坊银行的净利润水平同样出现了逐年下降的特点。

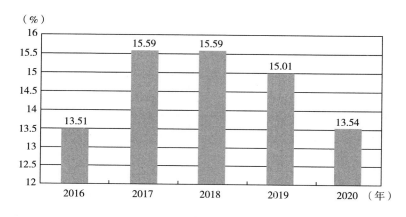

图 2-86　廊坊银行 2016~2020 年净利润

2. 利息收入水平

利息收入水平是银行盈利能力的重要体现。随着利率市场化的不断推进，我国针对存贷款利率方面的限制几乎全面放开。作为我国银行业最主要、最传统的盈利来源的存贷款息差收入会因此而受到影响。本部分从净息差与净利差的角度讨论廊坊银行的利息收入水平。

廊坊银行的净利差部分 2019 年出现较小幅度的下降，2020 年实现增长（见图 2-87），而廊坊银行的净息差一直稳定增长。这可能是受新冠肺炎疫情的影响，其吸存竞争小了一些，吸收资金的成本整体下降，净息差因而得到稳健增长。类似于净息差的变化情况，净利差虽是先降后升，但整体呈上升趋势。

3. 成本控制水平

成本收入比是营业费用与营业收入的比值，成本收入比是体现成本控制水平的重要指标。根据监管要求，成本收入比不得高于 45%。廊坊银行 2016~2020年的成本收入比情况如图 2-88 所示。其成本收入比近 3 年先降后升，整体保持在较高的水平。总体来看，廊坊银行的成本收入变化情况显示其获利能力有待加强，同时需要加大在控制成本方面的能力，以避免出现成本收入比指标超过监管标准的情况。

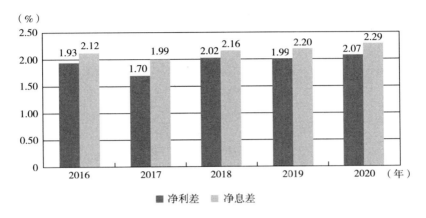

图 2-87 　2016~2020 年廊坊银行净利差、净息差

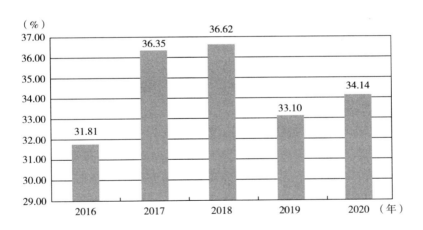

图 2-88 　2016~2020 年廊坊银行成本收入比

三、风险控制

（一）信用风险

1. 风险抵偿能力

从商业银行风险抵偿能力的衡量指标看银行是否计提了充足的贷款损失准备金以吸收损失，而贷款损失准备金的充足性通过拨备覆盖率衡量。廊坊银行

2016~2020 年拨备覆盖率的具体情况如图 2-89 所示。

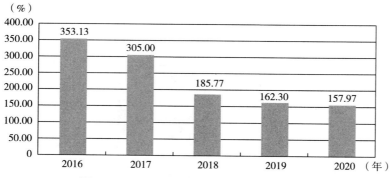

图 2-89 2016~2020 年廊坊银行拨备覆盖率

拨备覆盖率指标是银行贷款可能发生的呆、坏账准备金，是银行出于审慎经营的考虑、防范风险的一个方面，也是反映业绩真实性的一个量化指标。目前，中国银保监会要求一些银行拨备覆盖率达到 150%。可以看出，廊坊银行的拨备覆盖率是逐年下降的，2020 年更是跌到了 157.97%。虽然廊坊银行的拨备覆盖率在 2020 年的下降趋势有所减缓，但距离银保监会要求的最低标准很接近了。如果廊坊银行不做一些策略调整，那么其风险低偿能力会对经营发展造成重大影响。

2. 贷款质量

廊坊银行 2016~2020 年不良贷款余额和不良贷款率的情况如图 2-90 所示。在近三年间，廊坊银行的不良贷款余额在不断上升，但其不良贷款率维持的较为平稳，均在 2% 左右，符合监管要求。

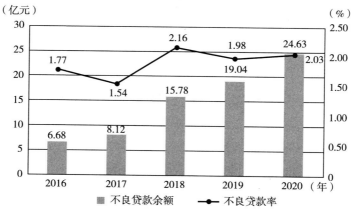

图 2-90 2016~2020 年廊坊银行不良贷款余额和不良贷款率

（二）流动性风险管理

一般评价商业银行流动性管理的指标采用存贷比率和流动比率。

1. 存贷比率

如图 2-91 所示，廊坊银行的存贷比率呈上升趋势，从 2018 年的 58.98%上升到 2020 年的 72.68%[①]，上升了 13.7 个百分点。廊坊银行的存贷比率逐年上升，但没有超出监管红线。这说明受当前经济形势和廊坊地区具体情况的影响，廊坊银行的信贷规模进行了合理的扩张。

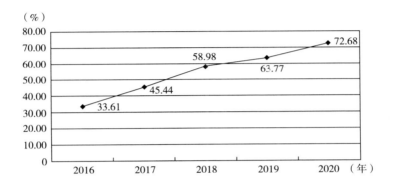

图 2-91　2016～2020 年廊坊银行存贷款比率变化情况

资料来源：廊坊银行各年年报。

2. 流动比率

如图 2-92 所示，廊坊银行的流动性比率均在 60%以上，说明廊坊银行的流动性比率符合监管要求，资产流动性充足，安全性相当高。

四、创新发展

（一）产品创新

在产品创新层面，廊坊银行多款以大数据风控为根基的创新性产品落地。如廊坊银行银税贷，创造性的直连小微企业纳税数据以优化风控措施，实现线上申请、智能审批、自助放款、贷后智能预警等功能，大幅升级了本地普惠小微客户的信用类贷款申领体验。

---

① 历年廊坊银行年报。

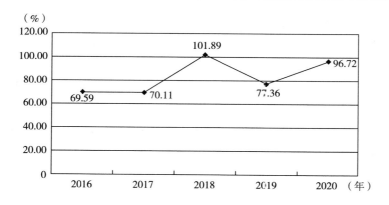

图2-92 2016~2020年廊坊银行流动比率变化情况

廊坊银行"爱农贷"产品是廊坊银行与国际金融公司（IFC）、河北省农业信贷担保公司在"三农"金融领域的全新合作探索。"爱农贷"以精准扶贫为导向，以金融科技、农业大数据为基础，积极试点"政府农业信贷担保+农贷评分模型"和"区域价值链+农贷评分模型"两种业务模式，搭建了全省乃至全国领先的农业金融公共服务平台，以"互联网+大数据"的技术创新推动金融支农模式创新，获得了中央、省市各级政府的高度认可。

（二）金融服务创新

在基础金融服务层面，廊坊银行将IFC在印度的"农村代理商银行"模式引入，同时与农村电商相结合共同搭建"金融服务站"平台，为村民提供小额取现、查询余额、现金汇款、转账汇款以及代理缴费等金融服务，实现了农民基础金融服务足不出村，延伸了金融服务的触角；廊坊银行还与IFC合作建立农业数据库和农民征信数据库平台，建立农村公共信用信息数据平台和农户信用档案，拓宽征集数据来源渠道，不断完善农村征信体系建设，改善农村金融生态环境。

五、社会责任

（一）助力县域经济价值

针对不同县域的资源禀赋，量身打造以"一链四圈"为核心的活力金融生态圈，通过"三个精耕"，全方位助推县域经济价值的提升。围绕国家产业结构调整方向，坚持服务地方实体经济，坚持金融对实体的服务职能，重点做好"三去一降一补"工作，以"去产能""去库存""去杠杆""降成本""补短板"五大工作为核心，确保供给侧结构性改革的顺利推进。设立普惠金融部，对分支行开展民营小微信贷业务实行条线统筹管理，实现专业化分工，为本行大力开展民营小微企业信贷业务提供有力组织保障。

（二）支持企业发展价值

针对不同类型、不同发展阶段的企业，通过传统信贷支持、线上供应链金融、SDK 合作支付结算等全方位的服务，为企业发展提供有价值的服务。降低对"两高一剩"和"僵尸企业"贷款比重，支持产业转型升级和企业并购重组；加大对战略性新兴产业、居民生活服务、创业群体、民营企业的信贷支持，大力发展绿色金融、科技金融、普惠金融和消费金融，深挖各类客户的个性化需求，提供高适配性的金融服务，创造新供给，释放新需求。创新服务民营企业信贷产品，简化金融服务流程，持续支持优质民营企业发展。针对民营企业抵押品不足、过桥费用高、续贷难等困难创新金融产品，如税联贷。

（三）实现个人梦想价值

满足个人客户不同阶段、不同场景的金融需求，从存贷款、支付结算到投资理财，满足客户各项金融需求，帮助实现个人价值。廊坊银行是廊坊市职工医保、城乡居民医保指定银行；廊坊市工会会员卡主办行；廊坊市居民健康卡承办行；燕赵英才卡承办行。解决农村客群金融服务"最后一公里"的问题，在农村地区开展助农取款普惠金融服务，实现农村客户不出村实现"助农取款、现金汇款、转账汇款、代理缴费、查询"等业务的办理。全方位地关注员工发展。线上、线下培训相结合的立体培训模式为员工的全面发展提供了保证，制订大学生培养计划，落实员工带薪年休假、补充职工医疗保险等福利，全力打通员工职业发展通道。

（四）关注本地民生幸福价值

注重公益和精准扶贫工作。配合市扶贫办、市金融办、文安县政府，面向文安县建档立卡贫困生、孙氏镇中心小学全体学生对口捐赠；支持本地教育行业，连续多年参与组织廊坊"爱心送考"系列志愿服务活动；开展中超球童选拔活动，为热爱足球的小朋友提供登上中超赛场的机会；携手平舒镇妇联开展"童年有我"贫困儿童暑期慰问活动。

大力支持文明城市创建工作。认真组织行内员工参与社区与志愿者服务活动，进一步加强和规范学雷锋志愿服务活动工作，打造"五星级服务网点"，打造"玩具图书馆"全新社区金融服务业态。持续推动消费者权益保护。积极维护地方金融生态稳定，强化本地居民消保工作，严密保护客户信息安全，全力提升网点与员工服务素质，优化客户投诉解决通道和时效，严格落实"一区双录"

机制保障客户财富安全，组织全行持续、深入开展打击和防范非法集资、反假币、防范电信诈骗宣传、反洗钱犯罪宣传等金融知识主题宣传活动。

第十节　秦皇岛银行①

一、概述

　　秦皇岛银行成立于 1998 年，是秦皇岛市唯一具有法人资格的地方股份制商业银行。不断成长中的秦皇岛银行，不忘"服务地方、服务中小"的初心，勇立地方经济发展潮头，已经成为辖内营业网点达 55 家，服务产品百余种，监管评级 AAA 级的股份制城市商业银行。截至 2020 年末，秦皇岛银行资产总额 1213.4 亿元，负债 1155.08 亿元；资本充足率 12.31%，不良贷款率 1.96%；本行共有股东 2328 名，其中，地方财政 2 名，国有法人股 5 名，其他法人股 10 名，自然人股东 2311 名。在岗员工 1311 人，支行 57 家，遍布全市，资产、存款余额及新增连续三年居全市金融机构首位，其中增量占比 40% 以上，已经成为秦皇岛区域规模最大、存款最多、市场占有率最高的股份制商业银行。②

二、经营状况

（一）资产负债状况

　　从秦皇岛银行资产总额的变化情况（见图 2-93）可以看出，截至 2020 年底，秦皇岛银行的资产总额为 1213.4 亿元，较 2019 年增长了 184.37 亿元，增幅约为 17.92%。从近几年发展趋势看，秦皇岛银行资产总额的增长势头一直较为平稳，发展规模稳步增长。

　　秦皇岛银行 2016～2020 年负债总额的变化情况如图 2-94 所示③。截至 2020 年底，秦皇岛银行负债总额为 1155.08 亿元，较 2019 年增长了 180.16 亿元，增幅约为 18.48%。类似于资产总额的变化特点，秦皇岛银行负债总额的增长与资产总额的变化大体相同。

---

　　① 作者：王慧慧，河北经贸大学金融学院硕士研究生。
　　②③　秦皇岛银行 2020 年报。

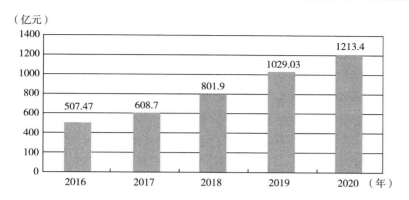

图 2-93 2016~2020 年秦皇岛银行资产总额

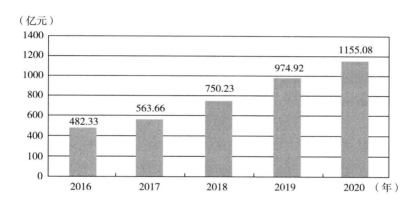

图 2-94 2016~2020 年秦皇岛银行负债总额

（二）资本充足率

如图 2-95 所示，秦皇岛银行 2016~2020 年的核心资本充足率、一级资本充足率和资本充足率均满足中国银行业监督管理委员会的监管标准，但通过对比可以发现，秦皇岛银行的核心资本充足率同一级资本充足率完全相同，2019 年有较为明显的下降。资本充足率变动幅度不大，都在 12.5% 左右。

（三）盈利状况

1. 净利润水平

秦皇岛银行 2016~2020 年净利润情况如图 2-96 所示，受疫情影响，2020 年秦皇岛银行的净利润有所下降，下降到 5.59 亿元，同比下降 10.99%；2019 年的净利润最多，同比增长 18.27%。

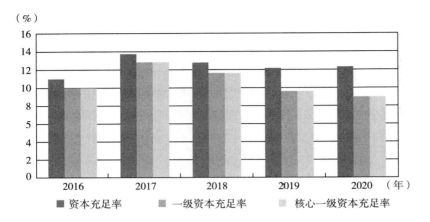

（%）

图 3-95　2016~2020 年秦皇岛银行资本充足率

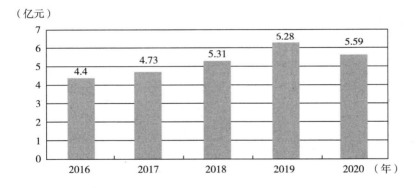

（亿元）

图 2-96　2016~2020 年秦皇岛银行净利润

2. 资产利润率

秦皇岛银行 2016~2020 年资产利润率情况如图 2-97 所示。近 3 年秦皇岛银行的资产利润率呈下降趋势，且下降幅度较大。截至 2020 年，秦皇岛银行的资产利润率为 0.50%。

3. 成本控制水平

秦皇岛银行 2016~2020 年成本收入比情况如图 2-98 所示。近 3 年，秦皇岛银行的成本收入呈现小的波动，但总体来说变化不大，维持在 32% 左右。成本收入比指标反映出银行的获利能力。总体来看，秦皇岛银行的成本收入变化情况显示其获利能力良好，未来可以提高控制成本方面的水平，进一步增强自身的获利能力。

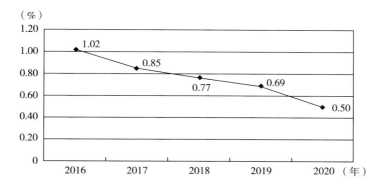

图 2-97 2016~2020 年秦皇岛银行资产利润率

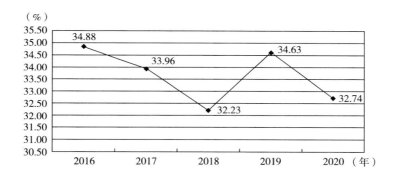

图 2-98 2016~2020 年秦皇岛银行的成本收入比

三、风险控制

(一) 信用风险管理

1. 风险抵偿能力

秦皇岛银行的拨备覆盖率近 3 年逐渐下降 (见图 2-99),2018 年的拨备覆盖率最高,为 200.70%。截至 2020 年底,秦皇岛银行的拨备覆盖率下降到 160.57%,符合银监会监管要求。这说明秦皇岛银行为应对信贷不良较为重视拨备覆盖,注重根据实际情况合理调整拨备指标,以达到更合理的流动性。

2. 贷款质量

秦皇岛银行 2016~2020 年不良贷款余额和不良贷款率的情况如图 2-100 所示。可以看出,秦皇岛银行的不良贷款余额逐步上升。2018 年的不良贷款率最高,为 1.98%,2019 年下降到 1.93%,2020 年有小幅度的上升,可见其资产不

河北省中小银行发展报告（2018～2020）

良率没有较大波动。

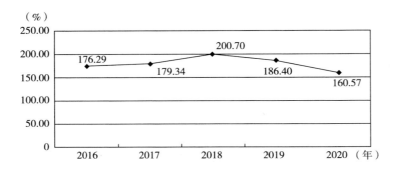

图 2-99　2016～2020 年秦皇岛银行拨备覆盖率

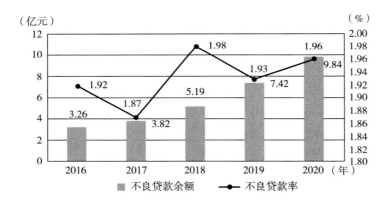

图 2-100　2016～2020 年秦皇岛银行不良贷款余额和不良贷款率

单从不良贷款率角度看，秦皇岛银行 2016～2020 年不良贷款率总体比较平稳，均在 2%以下，符合国家最新发布的监管要求。

（二）流动性风险管理

秦皇岛银行 2016～2020 年存贷比具体情况如图 2-101 所示。可见，秦皇岛银行的存贷比率呈先下降后上升的趋势，2016～2018 年有缓慢的下降趋势，2018～2020 年大约上升了 10 个百分点，说明秦皇岛银行的信贷规模在不断上升。

秦皇岛银行 2016～2020 年的流动性比率如图 2-102 所示。可以看到，秦皇岛银行的流动性比率均在 120%以上，2020 年的流动比率高达 175.14%，说明秦皇岛银行的流动性比率完全符合监管要求，资产流动性充足，安全性较高。

· 124 ·

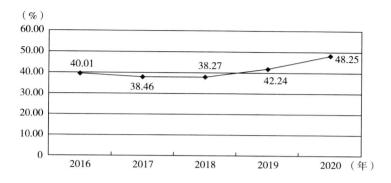

图 2-101 2016~2020 年秦皇岛银行存贷款比率

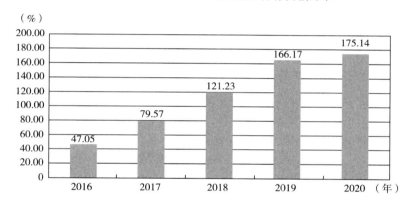

图 2-102 2016~2020 年秦皇岛银行流动比率

（三）其他风险管理

1. 市场风险管理

市场风险是指因市场价格的不利变动而使业务发生损失的风险。秦皇岛银行涉及的市场风险主要为利率风险。利率风险是指金融工具的公允价值或未来现金流量因市场利率变动而波动的风险。秦皇岛银行定期监测人民币生息资产和付息负债在各期限重定价缺口水平，通过资产负债管理系统对利率风险进行情景分析和压力测试，密切关注利率波动情况下利息净收入变化对资本净额的影响比例，严格控制利率敏感性相关指标，并施行审慎的风险管理。

2. 操作风险管理

操作风险主要源于内部管理不善、有章不循、违规操作、人为失误、系统故障及外部事件等原因。此外，制度上的疏漏、道德风险、越权交易、内部人作案、外部不法分子欺诈等也经常引发操作风险。秦皇岛银行不断完善工作机制，切实提升操作风险管理水平，有效防范风险隐患；强化内控管理，完善各项规章制度，满足现阶段的经营发展需要；通过线上学习平台开展业务培训，提升员工业务水平；建立前、中、后台相互制约的互动机制，充分发挥事后监督岗位的作用；利用合规管理系统，建立非现场检查模型，对员工异常行为进行持续监测；通过签署承诺书、员工家访和内部员工监督机制，防范员工行为失范；建立违规必究机制，通过积分管理，加大处罚力度；完善突发事件应急处理机制，保证业务连续性；完善信息科技内控管理系统，对生产运行情况进行监控和记录，实现对生产操作进行授权、记录及审计管理的全面覆盖。

3. 声誉风险管理

声誉风险指因经营管理及其他行为或突发事件导致媒体关注，可能对形象、声誉、品牌价值产生负面影响或损害的风险。秦皇岛银行持续完善声誉风险制度，进一步优化声誉风险处置流程，完善声誉风险防范和预警机制。加强舆情演练培训，开展声誉风险情景分析、压力测试以及预警演练工作，增强声誉风险突发事件应对处置能力；持续开展风险点的排查与梳理，提前排除各类风险隐患；畅通消费者投诉渠道，完善接待客户电话咨询与投诉程序，明确投诉处理时限，接受社会公众监督。

四、创新发展

（一）业务创新

公司业务推出"物资信用贷""知识产权质押贷"和"PPP贷款"等一系列创新产品，稳步推进开国内信用证、"福费廷"业务，填补供应链金融业务领域空白。持续专注小微、"三农"，率先谋划，主动作为，聚焦供应链金融、先进制造业等重点领域，充分发挥支持地方经济，实现协同发展的积极作用，提升品牌影响力。不断丰富产品体系，"定期存""月月富""天天利""秦e付""房e贷""富渔贷""摊位贷"等创新产品，多角度满足不同层次客户需求。营销宣传持续推进，以社区、商圈、集市、单位等场所为阵地，扎实开展营销宣传，服务质量持续提升。加大"金融+科技+场景"应用、拓展线上线下渠道，金融服务辐射范围不断扩大，品牌影响力持续提升。

（二）理财创新

理财业务始终坚持以"客户为中心"的服务理念，在2020年迎来了新的发展阶段。制度体系搭建日益完善，运营管理效率逐步提高，人员投研能力持续增强，信用风险防控能力显著提升，"新富满家"系列净值型产品成功发行。新产品通过降低投资门槛、共享超额业绩、运作公开透明等优势，得到了本地客户的充分认可。

五、社会责任

秦皇岛银行出台十项金融服务措施，积极履行地方银行社会责任，为广大市民、中小微企业以及疫情防控相关企业提供安全顺畅的金融服务，助力全市人民凝心聚力战"疫"。

十项金融服务举措主要包括：线下营业网点全部开放，线上提供 24 小时不间断金融服务；加大对员工和客户的保护力度，做好网点、办公场所的清洁消杀；对 2020 年 3 月 31 日（含）前到期的个人定期存款类产品，实施到期自动转存；扩大线上业务办理范围，开通创业贷等相关业务的网银、手机银行申办渠道；实行疫情防控时期特殊信贷政策，参加疫情防控的医护人员、政府工作人员可向银行申请减免公务卡逾期利息、违约金；加大对中小微企业信贷支持力度，贷款增速不低于全部贷款增速，为疫情防控相关行业匹配专项信贷资金，支持防疫产品生产，优先满足医药采购、食品供应、卫生防疫等方面的综合金融需求；对 500 万元以下小微企业和新增疫情防控企业相关贷款，执行年息 4.15% 的优惠贷款利率，帮助其渡过难关；为疫情防控相关企业开通信贷审批绿色通道，采用信用贷款方式，客户经理上门服务，对符合条件的企业当天受理、当天审批、当天发放；对有发展前景但受疫情影响较大的住宿餐饮、物流运输、文化旅游等行业企业以及经营出现暂时困难的小微企业，灵活运用延迟还款期限、合理调整结息方式和无还本续贷等措施，绝不盲目抽贷、断贷、压贷；从 2020 年 2 月起，银行免除客户全部结算手续费，此项政策将一直执行下去，使银行成为一家"免费结算银行"。

第十一节 张家口银行①

一、概述

张家口银行于 2003 年 3 月 8 日挂牌成立，原名为张家口市商业银行。下辖

① 作者：马甜，河北经贸大学金融学院硕士研究生；高翠，河北经贸大学金融学院本科生。

10 家分行、165 家传统支行、81 家社区支行和小微支行，分布于张家口、石家庄、唐山、廊坊、邯郸、沧州、承德、保定、邢台、衡水和秦皇岛市县区，发起成立了 13 家村镇银行。

截至 2020 年末，张家口银行总资产为 2773.98 亿元，资产增速达到23.03%。总负债为 2588.27 亿元，增速为 22.82%。各项存款余额 2129.06 亿元，贷款余额为 1353.38 亿元。资本充足率为 12.22%，不良贷款率为 2.06%①。张家口银行荣获第四届"全国文明单位"称号，荣获金融时报社和中国社科院金融研究所联合评选的"年度最佳城市商业银行"奖项，连续九年入围全球银行1000 强。

二、经营状况

（一）资产负债状况

张家口银行 2016~2020 年资产、负债总额及其增速变化如图 2-103 所示，我们可以从中了解张家口银行近几年的资产负债走势。

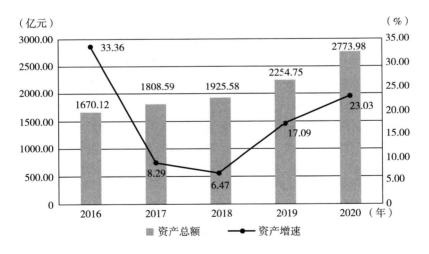

图 2-103　张家口银行资产状况

截至 2020 年末，张家口银行资产总额达 2773.98 亿元，绝对量上比 2016 年增加了 1103.86 亿元。通过观察资产增速的走势，可以发现，2016 年资产增速明

---

①　资料来源：历年张家口银行年报。

显高于其他年份，高达 33.36%，而 2018 年的增速最低，为 6.47%。自 2018 年以来，张家口银行的资产增速呈现逐步扩大的趋势。

张家口银行 2016~2020 年负债总额及增速变化如图 2-104 所示，可以发现，张家口银行总负债呈增长趋势。截至 2020 年末，张家口银行负债总额为 2588.27 亿元，绝对量上比 2016 年增加了 1021.03 亿元。同样地，2016 年，张家口银行负债增速达到了近年最高值的 33.25%，2018 年增速最低，为 6.41%。自 2018 年起，张家口银行的负债增速逐年扩大。

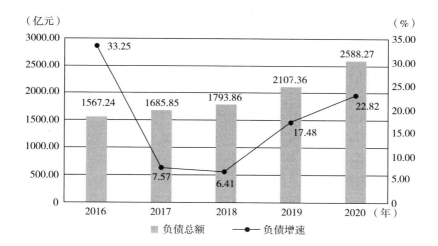

图 2-104　张家口银行负债状况

总的来说，张家口银行资产总额和负债总额一直处于增长中，除 2017 年和 2018 年外，资产增速一直处于较高水平。近几年，张家口银行不断地扩张，通过对 2020 年河北省城商行的盘点可以发现，张家口银行的资产规模已经跃居第二，增速位居第一。

（二）资产质量分析

张家口银行 2016~2020 年不良贷款余额和不良贷款率的变化趋势如图 2-105 所示。可以看出，张家口银行的不良贷款余额近 5 年整体呈上升趋势，2020 年不良贷款余额为 27.91 亿元，比 2016 年增加了 21.36 亿元。

张家口银行不良贷款率 2016 年较小，为 1.14%。此后几年不良贷款率有所增加，增长了 1.80%~2.10%。通过对比河北省城商行 2020 年的不良贷款率可以发现，张家口银行位居第三（从高到低排列）。

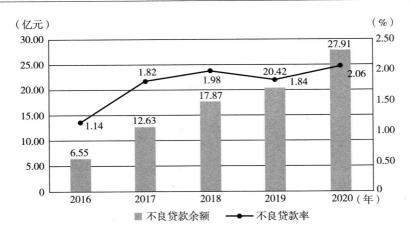

图 2-105 张家口银行不良贷款情况

总的来说，近 5 年来张家口银行的资产质量呈下滑趋势，不良贷款余额和不良贷款率整体上升。尤其是 2020 年，张家口银行不良贷款余额和不良贷款率均达到近几年最大值。从上文可知，张家口银行近些年资产负债状况呈持续增加趋势，随之而来的负面效应是给资产质量的把控带来难度。

张家口银行 2016~2020 年拨备覆盖率情况如图 2-106 所示。可以看到，张家口银行 2016 年拨备覆盖率达到了近 5 年的最高值 235.43%，2020 年的拨备覆盖率最低 139.65%，比 2016 年降低了 95.78 个百分点。张家口银行的拨备覆盖率的变化呈现逐年下降的趋势。

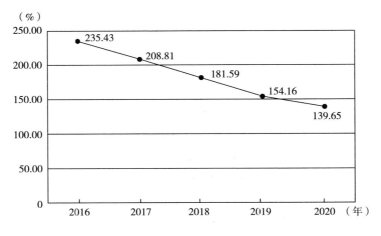

图 2-106 张家口银行拨备覆盖率

如图 2-107 所示，2016 年，张家口银行的最大单一客户贷款比率达到峰值 7.47%，此后出现下降趋势，2017 年降至 5.68%。2017 年后开始上升，2019 年达到近 5 年的最大值 8.00%。张家口银行的最大十家客户贷款比率的变化趋势与最大单一客户贷款比率相似，同样在 2019 年达到最大值 65.34%。

图 2-107 张家口银行贷款集中度情况

如图 2-108 所示，张家口银行近 5 年资本充足率的变动较为频繁，2017 年达到最大值 13.38%，2019 年达到最小值 11.55%。自 2019 年起，资本充足率呈上升趋势，2020 年增长到 12.22%，在 2020 年河北省城商行资本充足率排名（从低到高排列）中，位居第二。

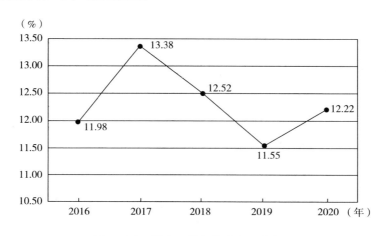

图 2-108 张家口银行资本充足率情况

张家口银行近几年一直在快速扩张，如何能够在资产规模扩张的同时，保证资产质量的提高，而不至于被高风险资产拖垮自身发展，是其应该考虑的问题。

（三）盈利性分析

如图 2-109 所示，张家口银行的净利润在 2017 年达到最高值 19.46 亿元。自此之后，张家口银行的净利润呈现逐年下降趋势，2020 年达到 10.92 亿元。2016~2020 年，张家口银行的净利润增速呈逐年递减趋势，2016 年净利润增速最大为 36.67%，2020 年净利润增速最小为-39.99%，这也是 2020 年河北各城商行中净利润增速最低的。总体来讲，张家口银行近几年净利润有所减少。

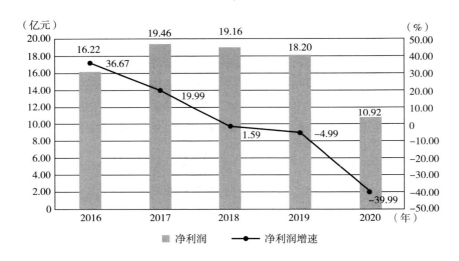

图 2-109　张家口银行净利润及其增速

张家口银行 2015~2019 年资本利润率和资产利润率的情况如图 2-110 所示。可以看到，张家口银行的资本利润率和资产利润率整体上均呈现下降趋势，2019 年达到各自的最小值 13.04% 和 0.87%。

张家口银行 2016~2020 年成本收入比如图 2-111 所示。2016 年，张家口银行的成本收入比最高为 38.51%，之后成本收入比波动较为频繁，2019 年达到近几年的最小值 28.86%，2020 年增长到 35.53%。

（四）流动性分析

如图 2-112 所示，2016~2017 年，张家口银行存贷比水平较为稳定，2018年增长到 66.41%。2018 年后，存贷比有所下降，2020 年达到 63.57%。

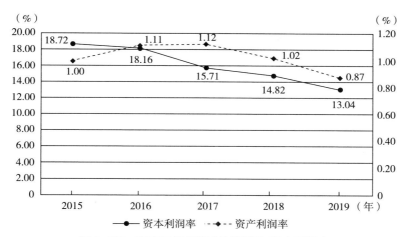

图 2-110 张家口银行资本利润率和资产利润率

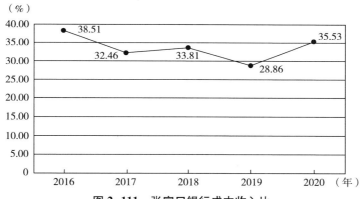

图 2-111 张家口银行成本收入比

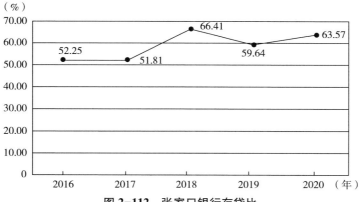

图 2-112 张家口银行存贷比

张家口银行 2016~2020 年流动性比率如图 2-113 所示，可以看到，张家口银行近几年的流动性比率整体呈逐年增长趋势，2020 年流动性比率为 109.28%，是近几年中最大值，说明张家口银行近几年流动性水平有所增加。

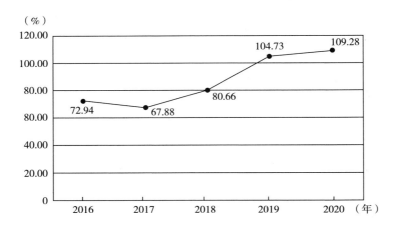

图 2-113　张家口银行流动性比率

三、风险控制

（一）信用风险

张家口银行采取多种措施应对信用风险，具体措施包括：①持续优化信贷结构。强化授信业务准入与退出机制，根据国家及监管政策、客户以及风险程度进行资源配置与政策倾斜。②重塑风控管理架构。持续加强贷前、贷中、贷后全流程管理，实施专业精分重塑管理架构，筑强风控三道防线、依托系统及大数据风控平台。③强化内控系统建设。推动智能内控系统在全行全面上线，积极推进平台建设和 IT 治理体系建设，构建信息科技管理平台，不断提高信息科技支撑能力和风险管控能力。④加强数据风控支持等。

（二）操作风险

张家口银行控制操作风险的手段包括：①加强业务培训，提升操作风控水平，如引入微课模式、全面开展柜面全员线上学习与重要岗位持证上岗、按季开展例会等。②开展各类检查，强化业务督导。具体为：细化检查提纲，按季开展会计专项检查、案件风险排查、柜面操作风险排查。以"分行验收、总行督导"方式对新设机构进行业务督导，定期或不定期到支行抽查操作流程的合规性。

③修订完善制度，加强内控管理。为了使柜面操作有制度可依，该行对相关现行制度进行了修订完善，共修订了《张家口银行柜员管理办法》《张家口银行指纹管理办法》等148个制度，60期业务规范督导快报。④加强反洗钱管理，提升反洗钱业务水平等。

（三）流动性风险

张家口银行做好资金计划，建立流动性管理跨部门协调机制，按季做好流动性风险压力测试，提高流动性风险压力测试的应用能力，强化资产负债结构管理，不断提高流动性风险信息系统监测能力，进一步加强对优质流动性资产的管理等，通过这些措施应对流动性风险。

（四）市场风险

面对市场风险，张家口银行充分发挥制度的指导作用，严格遵守《市场风险管理办法》《市场风险应急预案》《银行账户利率风险管理办法》等制度。规范管理流程，严格利率定价管理，剥离市场风险影响。同时，市场风险管理部门定期进行市场风险计量，根据计量结果调整业务结构和种类，以使市场风险完全在可控范围内。除此之外，还在加强市场监测、提高市场风险计量精度、加强风险管控等方面持续加力。

（五）信息科技风险

张家口银行不断提升信息科技风险管理重视程度，持续加大资源投入力度，将信息科技风险防控工作作为全行性重点工作，常抓不懈。具体表现在：建设务实奋进的信息科技组织架构；全行覆盖的科技风险防控机制；严禁可靠的信息安全管控体系；响应快速的系统研发支持体系；标准专业的运行维护保障体系；真实接管的同城灾备支撑体系和切实有效的外包风险防控体系。

（六）声誉风险

为防控声誉风险，张家口银行致力于定期开展声誉风险演练，加强声誉风险微信群管理和加强舆情监测人员的培训①。

四、创新发展

张家口银行坚持以客户为中心，通过优化服务机制、改善服务体验和推进产品创新，以期为客户带来更好的服务体验。主动优化金融服务设施，建设智能网点，上线MSP移动展业设备，持续提升客户服务体验。此外，张家口银行与微众银行、蚂蚁金服、美团点评等独角兽互联网头部公司、大数据公司合作，对线

---

① 历年张家口银行年报。

上线下零售产品进行优化创新，将线下网点和线上服务有机融合，全方位满足客户多元化需求。

张家口银行依托科技进步，逐步实现从传统银行向智慧银行和科技银行转变。搭建敏前台、大中台、强后台的架构体系，强化数据中台和科技中台的建设，对于底层架构、服务流程、产品体系进行了深层次的重塑和优化，实现了业务创新和产品创新的快速迭代。通过金融与场景的有机融合，实现了存款产品的场景化发展和科技项目的平台化发展。张家口银行完成了核心系统项目群建设，构建了近300人的专业科技团队，与国内腾讯、阿里巴巴、华为等头部企业建立了长期良好合作关系，金融科技能力不断提升。张家口银行以科技项目为抓手，用金融科技的手段再造每一项业务、流程和管理，不断提升客户体验，提高服务效能，推动快速转型，以成为一家拥有核心技术优势的科技银行为目标[1]。

五、社会责任

（一）发展绿色信贷，建设生态文明

张家口银行严格按照《绿色信贷指引》要求，制定绿色信贷发展战略和目标，对信贷投放进行科学决策；同时，张家口银行优化了信贷业务流程，积极支持符合"绿色信贷"政策导向的企业发展，提高绿色信贷审批效率，实现了绿色贷款连续增长的目标。

（二）践行普惠金融，支持实体经济

近年来，张家口银行以服务地方经济发展为己任，以京津冀协同发展、冬奥会筹办等为契机，持续拓宽发展空间，构建多元服务体系，机构网点实现了全省地级市全覆盖。通过金融科技赋能、零售业务转型、金融产品创新、金融合作深化等方式全面提升客户体验和服务质量，有力地支持了河北省区域经济社会发展，赢得了社会各界的广泛认可。

张家口银行积极配合各县（区）政府共同研究确定部分经营规模大、市场占有率高、带动能力强的农业产业化龙头企业，一企一策制定支持帮助措施，同时对赤城县的张家口德康生物技术有限公司、宣化区的河北宣化辛迪电瓷股份有限公司等产业扶贫贷款客户的授信方案进行深度优化。河北芳草地牧业股份有限公司、怀安县宏都食品有限公司等企业获批该行"手牵手"扶贫"1+N"帮扶贷款资金。

---

[1] 张家口银行存款突破2000亿元［EB/OL］. https://www.zjkccb.com/zjkbank/gyjy/jydt/36753030/index.html.

新冠肺炎疫情期间，张家口银行切实履行地方法人金融机构的政治使命和责任担当，认真贯彻落实"六保""六稳""应延尽延"等政策要求，开辟绿色通道、畅通服务渠道、创新服务模式、积极支持企业复工复产。成立阻击疫情支持中小微企业金融服务专班，建立帮扶企业和支持企业双名单管理机制，全面摸排企业金融需求，点对点定制融资方案，一对一提供精准服务，通过调整结息周期、延迟分期还款等帮扶措施，精准帮扶支持受疫情影响企业渡过难关。

张家口银行始终坚守"服务社区居民、服务中小企业、服务县域经济"的市场定位，坚持服务实体经济、支持民营企业发展的初心。设立普惠金融部、乡村振兴事业部专营部门，通过创新业务产品，优化服务模式，用实实在在的普惠金融行动，为企业发展排忧解难。

（三）担当国企责任，助力脱贫攻坚

张家口银行选派优秀干部驻村，开展精准脱贫驻村帮扶工作。同时，致力于改善村基础设施条件，推进贫困村集体经济发展。此外，在乡村大力开展金融知识宣传教育活动，普及财政金融政策知识，提高广大群众的理财意识和金融风险防范意识。

（四）热心公益事业，维护消费者权益

张家口银行成立家银志愿者服务队，积极参加金融知识宣传、消费者权益保护宣传、义务清理垃圾等多种形式的宣传、服务活动。切实维护消费者权益，通过将文明服务质量纳入行内绩效考核体系、科学处理客户投诉等多提升文明服务水平。

（五）保障员工权益，建设幸福银行

张家口银行以人为本，关心关爱本行员工，切实保障全行员工的权益。开展培训活动，提升员工业务水平和个人能力，还开展为员工过生日、慰问生病员工等关爱活动，努力实现银行发展与员工成长的和谐统一，致力于打造幸福银行①。

---

① 张家口银行社会责任报告［R］.2019.

第三章　河北农村商业银行发展报告[①]

第一节　河北农村商业银行发展概述[②]

一、河北农村信用社系统概况

农村信用合作社由社员入股，为社员提供金融服务，是"支农主力军"，广义的农信社既包括改制前的"农信社"，也包括改制后的"农商行"[③]，本部分主要从"广义"的农信社出发，梳理河北农信社的发展现状。

截至 2020 年底，河北农村信用社联合社（以下简称"省联社"）机关有 18 个内设部门，下辖市级农信机构 15 家（其中：审计中心 11 家、市级农商银行 4 家）、县级行社 141 家（其中：农商银行 67 家、农合银行 1 家），共有营业网点 4826 个，从业人员 52116 人；全省农信系统资产总额 20316 亿元，各项存款余额 17108 亿元，各项贷款余额 11560 亿元，业务规模和资金实力位居全省银行业之首[④]。

---

①　本文为河北省社科基金项目"利益相关者视角的农村信用社治理绩效提升研究"（HB20YJ030）成果。

②　作者：张高明、王雨杭、张雨萌，河北经贸大学金融学院硕士研究生；赵笑轩，河北经贸大学金融学院本科生。

③　杨晨玥．双重目标下农信社的选择——基于三省农信社调研的分析［J］．农村经济，2017（1）：4.

④　河北省农村信用社联合社，http://www.hebnx.com/。

表 3-1 2018~2020 年河北农信业务发展情况

单位：亿元，%，万户

年份 项目	2018	2019	2020
存款余额	13549	15207	17108
涉农贷款	5163	5701	6382
贷款总额	9047	10275	11560
占比（2019 年占全省银行业涉农贷款的比例，2018 年、2020 年为占全部贷款比例）	57.10	56.20	55.20
小微企业贷款	5439	6309	7320
占比（2019 年占全省银行业小微贷款的比例，2018 年、2020 年为占全部贷款比例）	60.10	42.12	63.30
移动金融服务客户	1853	2761	3099
全年纳税总额	68	70	70.33

资料来源：河北省农村信用社联合社官网，http://www.hebnx.com/。

截至 2021 年 6 月末，河北农信机构资产总额达到了 21936 亿元，较年初增长 7.95%；各项存款余额 18704 亿元，较年初增长 9.34%；各项贷款余额 12377 亿元，较年初增长 7.06%。农信机构的资产总量和存贷款余额均占河北银行业金融机构市场份额的 1/5，领先于全省银行业。

二、农村信用社股改情况

根据澎湃新闻①，截至 2020 年底，全国农信系统中 12 个省市已经完成农信社改制任务（包括北京、上海、天津、重庆 4 个直辖市，安徽、湖北、江苏、山东、江西、湖南、广东和青海 8 个省份）。从表 3-2 可见，全国范围内的农商行数量呈上升的趋势，农信社数量逐年下降。且二者的变化速度逐渐减缓。

表 3-2 2015~2020 年银行业金融机构法人机构情况　　单位：家

年份 机构名称	2015	2016	2017	2018	2019	2020
城商行	133	134	134	134	134	133
农商行	859	1114	1262	1397	1478	1539

---

① https://www.thepaper.cn/newsDetail_forward_10887562.

续表

机构名称 \ 年份	2015	2016	2017	2018	2019	2020
农村合作银行	71	40	33	30	28	27
农信社	1373	1125	965	812	722	641
新型农村金融机构	1373	1504	1623	1674	1687	1691

资料来源：中国银行保险监督管理委员会，http：//www.cbirc.gov.cn。

河北农村信用社自 2011 年开展"双改"工作以来，改制成功的农商行数量呈上升趋势，增长速度较快，其中 2013 年增速高达 500%（周京等，2020）。

2015 年底，河北省政府印发了《河北省推进农村信用社改革实施方案》，明确了农村信用社三年改革目标，即 2018 年为河北预期改制收官之年。但由于供给侧改革、停工停产防治污染等原因，导致了改制工作没有按时完成。2018 年底，改制成功的农商行总数达到 55 家，增长率为 48.65%。截至 2019 年 5 月，河北又有 9 家农信社成功改制为农商行（阳原、保定、霸州、安国、三河、固安、永清、元氏、灵寿）。[①]

截至 2020 年末，河北已挂牌开业的农商银行达到 67 家，其中，市级农商银行 4 家，县级农商银行 63 家，占小型农村金融机构的比例约为 46%。邢台农商银行 2018 年获批"新三板"挂牌交易资格，开创了河北农村中小银行金融机构进入资本市场的先河；唐山农商银行定向发行股票申请获证监会核准，成为监管新规实施后全省农信社首家获准机构。[②]

三、农村信用社系统风险状况

（一）全国农信社系统总体风险状况

根据中国银保监会的数据披露，截至 2020 年底，我国农商行整体的不良贷款为 7127 亿元，不良贷款率 3.88%，有所下降。

2018～2020 年我国农商行的主要监管指标如表 3-3 所示，其中净息差逐渐收窄，2020 年的净利润有较大幅度的减少，说明农商行抵御风险的能力下降。

[①] 周京，郭泽，杨海芬，范倩倩．农村信用社改制现状及改革路径［J］．河北金融，2020，4（2）：56-62.

[②] 河北农信社官网．服务三农　信达八方——河北省农村信用社联合创立 15 周年改革发展谱新篇［EB/OL］．www.hebnx.com.

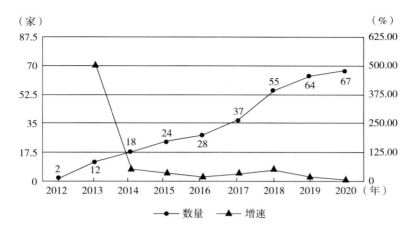

图 3-1 河北农商行总数和增速变化

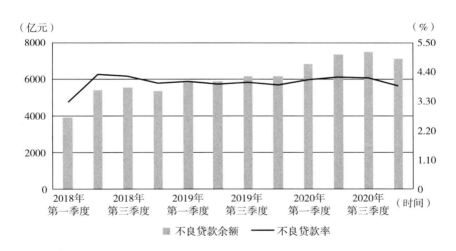

图 3-2 全国农商行不良贷款情况

表 3-3 2018~2020 年我国农商行主要监管指标　　　单位：亿元，%

	不良贷款余额	不良贷款率	资产利润率	拨备覆盖率	资本充足率	流动性比率	净利润	净息差
2018 年第一季度	3905	3.26	1.20	158.94	13.39	52.93		2.85
2018 年第二季度	5380	4.29	1	122.25	12.77	54.16	5826	2.90
2018 年第三季度	5534	4.23	0.98	125.60	13.01	54.54		2.95
2018 年第四季度	5354	3.96	0.84	132.54	13.20	58.77		3.02

续表

	不良贷款余额	不良贷款率	资产利润率	拨备覆盖率	资本充足率	流动性比率	净利润	净息差
2019 年第一季度	5811	4.05	1.07	128.50	12.97	60.22	6202	2.70
2019 年第二季度	5866	3.95	0.96	131.52	12.98	61.32		2.72
2019 年第三季度	6146	4.00	0.92	130.81	13.05	61.02		2.74
2019 年第四季度	6155	3.90	0.82	128.16	13.13	63.15		2.81
2020 年第一季度	6831	4.09	0.98	121.76	12.81	64.65	5514	2.44
2020 年第二季度	7365	4.22	0.76	118.14	12.23	65.70		2.42
2020 年第三季度	7514	4.17	0.72	118.62	12.11	63.16		2.43
2020 年第四季度	7127	3.88	0.62	122.19	12.37	65.20		2.49

资料来源：中国银行保险监督管理委员会，http：//www.cbirc.gov.cn。

（二）河北农村信用社系统的风险状况

1. 信贷风险

河北农信社数量众多，截至 2020 年底，河北共有县级行社 141 家（其中，农商行 67 家，农合银行 1 家），营业网点 4826 个。由于农业、农户容易受到自然或其他不可抗因素影响，县域征信发展不健全，且更注重人情关系，因此农信社所放贷款具有其独特风险特点。例如河北农信社发生过的纠纷案：2019 年泊头农信社诉郭德林等金融借款合同纠纷案、2020 年原告农信社康德支行诉被告高峰等借款合同纠纷案。诉讼费等相关费用的产生增加了农商行的经营成本。如在《泊头市农村信用合作联社与董双良、耿合英金融借款合同纠纷再审民事判决书》中，判决案件诉讼费 60470 元，由原告泊头市农村信用合作联社负担其中 10000 元。①

近年来，河北信用社不断推进不良贷款清收行动，并取得了一定效果。例如，2018 年 11 月，河北兴隆县农信联社通过不良贷款"清收风暴"行动，清收不良贷款 54.9 万元。2019 年 7 月，河北阳原农商银行通过补救诉讼时效、接受抵债资产、现金收回等方式进行清收工作。2019 年 1～9 月，石家庄市藁城区农信联社减少不良贷款余额 3.08 亿元。截至 2019 年末，河北赞皇县农信联社累计清收处置不良贷款 1.61 亿元，其中现金清收不良贷款 2081 万元；藁城联社的不良贷款余额下降了 3.21 亿元，不良率较年初下降 7.42 个百分点，资本充足率较

---

① 中国裁判文书网，https：//wenshu.court.gov.cn/。

年初增长 5 个百分点，进一步缩小了与改制指标之间的差距；河北泊头农信联社收回表内不良贷款 62 笔、金额 217 万元，表外不良贷款 103 笔、金额 130 万元。2020 年前 5 个月，河北广平县农信联社共收回不良贷款 1300 余万元。①

从不良贷款率看，河北 4 家市级农商行具体表现要稍好于全国平均水平，如图 3-3 所示。

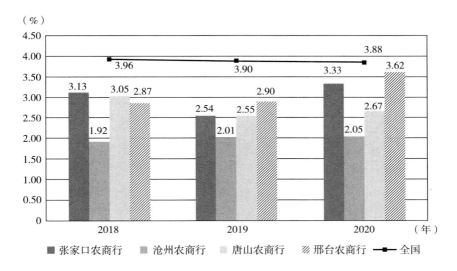

图 3-3 河北 4 家市级农商行不良贷款率与全国对比情况②

拨备覆盖率指实际计提贷款损失准备对不良贷款的比率，该比例过低或过高都会导致利润虚增或虚减，2018 年银监会明确拨备覆盖率监管要求为 120% ~ 150%。本部分选用拨备覆盖率衡量我国农商行的风险抵补能力。

如图 3-4 所示，2018 ~ 2020 年，全国农商行的拨备覆盖率有所下降；与全国的整体水平相比，河北 4 家市级农商行的拨备覆盖率都较高。2020 年，沧州农商行的拨备覆盖率超过全国水平高达 73.52 个百分点。这 4 家农商行的不良贷款率在全国整体水平以下，而拨备覆盖率却超过整体水平很多，说明其贷款风险防御能力较强，经营较谨慎。

资本充足率是银行资本总额与加权平均风险资产的比值，该指标反映商业银行在存款人和债权人的资产遭到损失前，银行能以自有资本承担损失的程度。

---

① 中国农村信用合作报，http://www.chinanshw.cn。
② 张家口农商行 2020 年数据截止到 9 月，下同。

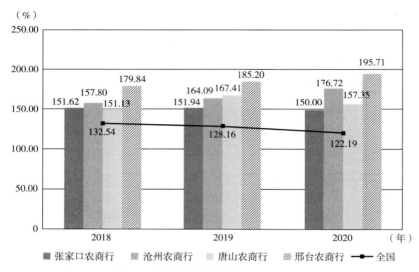

图 3-4　河北 4 家市级农商行拨备覆盖率与全国对比情况

注：张家口农商行 2020 年数据截止到 9 月。

如图 3-5 所示，近 3 年全国农商行的资本充足率明显下降，2020 年末为 12.37%；与全国整体水平相比，张家口农商行与沧州农商行资本充足率较低，但 2019 年差距较 2018 年缩小，而唐山农商行和邢台农商行资本充足率均超过全国整体水平。

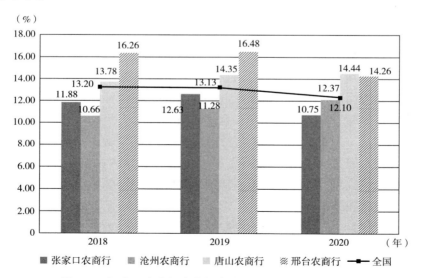

图 3-5　河北 4 家市级农商行资本充足率与全国对比情况

注：张家口农商行 2020 年数据截止到 9 月。

2. 流动性风险

流动性风险作为银行管理第一位的风险，近年有增大的趋势。在激烈的市场竞争中，如何防控流动性风险，维护农信社经营稳健大局，成为农信社强化管理、深化改革的当务之急。与全国整体水平相比，张家口农商行与沧州农商行的流动性比率较低，2018 年，两家农商行分别低于全国水平 4.54 个、25.75 个百分点，2019 年，两家农商行分别低于全国水平 19.42 个、20.28 个百分点，而邢台农商行在近 3 年流动性比率均超过全国水平，如图 3-6 所示。

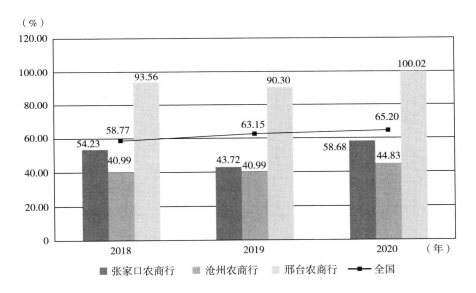

图 3-6　河北 3 家市级农商行流动性比率与全国对比情况

3. 内控风险

2021 年上半年对银行从业人员个人的罚单共计 844 张，涉及责任人员共 1018 名，其中来自农商行 309 人、农信社 121 人，两者占比 42.24%。① 农信社内部长期缺乏对经营管理人员的有效监督和约束，造成一部分工作人员以权谋私、营私舞弊、腐化堕落行为严重，导致大量金融资产流失（吴鲁智，2007）。例如，2019 年 12 月，石家庄藁城区农信联社对辖内职工自贷、担保的表内、表外不良贷款进行了全面排查，共排查出职工自贷、担保不良及欠息贷款 71 笔，

---

① 财经网．观案｜自贷自批套取资金入股　颍东农商银行多名高管勾结谋私利［EB/OL］．http：//www.caijing.com.cn.

本息合计313.21万元。责任人员涉及在职、退休员工37人。

4. 盈利波动

如图3-7所示，各家农商行的资产利润率在2020年有不同程度的下降，2020年全国农商行的资产利润率为0.62%，较上年下降了0.2个百分点。可见，由于疫情以及经济上的冲击，农村金融机构的盈利能力有所下降。河北农商行中，尽管邢台农商行的缩减幅度最大，但资产利润率仍然是最好的。

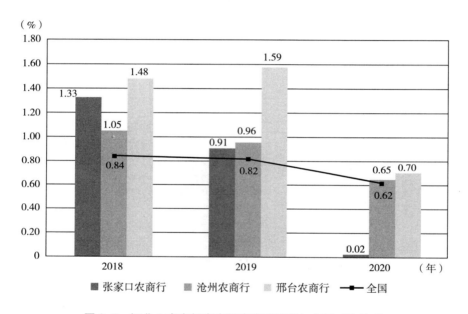

图3-7　河北3家市级农商行资产利润率与全国对比情况

与整体水平对比，2019年，张家口农商行、沧州农商行和邢台农商行的资产利润率均大于全国的整体水平，尤其是邢台农商行，其资产利润率超过全国0.77个百分点。2020年，邢台银行资产利润率较上年下降了0.89个百分点，但仍大于全国同期的整体水平。沧州农商银行的资产利润率在2019年、2020年均略高于全国水平。

综上，2018～2020年河北4家市级农商行在不良贷款率上的表现较全国农商行的整体水平更好，但个别农商行的不良贷款率有小幅上升；张家口农商行与沧州农商行的拨备覆盖率超过全国农商行的整体水平，同时超出了银监会的监管要求；此外，张家口农商行与沧州农商行的流动性比例、资本充足率低于全国农商行的整体水平，且流动性比率较全国水平差距较大，表明其流动性有待提高。

5. 经营成本

（1）存贷比较低。截至 2020 年末，河北农信社的存款规模约为 17108 亿元，贷款规模约为 11560 亿元，存贷比在 68% 左右，同期河北银行业存贷比为 69.22%，近 3 年河北农信社存贷比情况如图 3-8 所示，有小幅递增趋势。从风险防范角度看，较低的存贷比有利于银行减少发生支付危机的概率；但从盈利角度看，农信社须承担较大的负债成本压力，降低了农信社的盈利能力。[①]

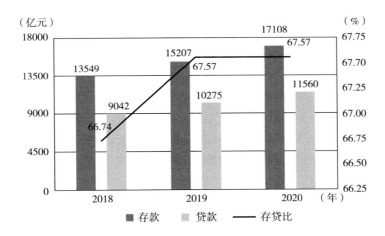

图 3-8　2018~2020 年河北农信社存贷比情况

（2）吸储成本高。净息差是银行净利息收入与总生息资产的比值。银行的生息资产包括贷款、债券投资、同业资产、存放央行资产，其中，贷款是最主要的。随着利率市场化的逐步推进，各金融机构之间的吸储竞争压力加大，农信社为稳定市场份额，不得不通过提高存款利率、降低贷款利率吸引资金，导致农信社经营成本过高。由图 3-9 可知，近几年全国农商行的净息差整体呈下降趋势。

我们对河北省张家口农商行、沧州农商行、唐山农商行和邢台农商行的净息差进行估算，计算过程与结果如表 3-4 所示。

---

① 刘开宇，李晓宇，周立. 农信社县级联社的多元目标和选择性执行——河北调研报告 [J]. 银行家，2015（9）：4-6.

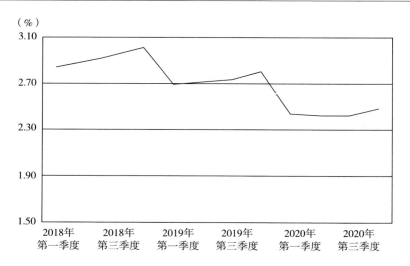

图 3-9　全国农商行净息差情况

表 3-4　河北农商行的净息差　　　　　单位：万元，%

银行	年份	净利息收入	利息收入	利息支出	生息资产	贷款	债券投资	同业资产	存放央行资产	净息差
张家口农商银行	2018	128712.84	213706.64	84993.80	4144912.26	2374411.07	143737.29	876359.72	615475.39	2.89
	2019	101686.23	210436.03	108749.80	4805941.88	2696213.33	1651776.69	119597.03	614634.72	2.08
	2020	65652.69	179493.03	113841.00	5904495.30	3020822.32	—	147455.64	595631.24	2.18
沧州农商银行	2018	60161.99	178464.57	118302.58	3997439.23	2276419.18	1148799.81	104310.05	467910.19	1.51
	2019	59613.74	184333.27	124719.53	4628166.71	2707757.89	1341384.19	111018.33	468006.30	1.29
	2020	85488.72	218744.92	133256.20	4959153.64	3117719.45	1310075.60	97314.30	434044.29	1.72
唐山农商银行	2018	72961.91	226013.68	153051.78	5335513.59	3685022.71	706127.93	138305.71	806057.24	1.37
	2019	78276.78	240955.78	162679.00	6302162.89	4219479.45	1217217.95	97356.40	768109.09	1.24
	2020	93711.76	281779.92	188068.17	7516776.91	4731283.17	1857016.12	234679.14	693798.48	1.25
邢台农商银行	2018	56313.61	87397.21	31083.60	1317728.39	798815.16	117985.23	225647.63	175280.37	4.27
	2019	65383.59	107765.66	42382.07	1616152.19	955867.06	313625.95	101996.23	244662.95	4.05
	2020	66825.17	119412.87	52587.70	1926831.77	1132427.33	451523.26	65068.98	277812.20	3.47

注：张家口农商行 2020 年数据截至 9 月，且张家口农商行 2020 年净息差直接来自公司报告。
资料来源：各农商行财务报表。

如表 3-4 所示，4 家农商行中除邢台农商行以外，其他 3 家的净息差均在全国的整体水平下，且 4 家农商行的净息差水平相差悬殊，2018 年、2019 年最高值与最低值相差接近 3 个百分点。对于生息资产收益水平而言，从侧面反映计息负债成本比较高。

四、河北农商行发展机遇与挑战

乡村振兴、新型城镇化和利率市场化等给河北农商银行带来了前所未有的机遇。抓住机遇，直面挑战将是河北农商银行破局发展疲态的重要决策。

（一）乡村振兴

《乡村振兴促进法》（以下简称《促进法》）2021 年 6 月 1 日起正式施行，《促进法》明确提到"农村商业银行、农村合作银行、农村信用社等农村中小金融机构应当主要为本地农业农村农民服务，当年新增可贷资金主要用于当地农业农村发展"，[①] 这为农商银行发展指出了方向。农商银行在《促进法》的支持下可以大胆探索助农贷款模式，拓展盈利空间；《促进法》中提及国家设立各种服务于乡村振兴的担保机构，这会降低农商银行开展贷款的各种风险。与《促进法》相伴而生的还有《金融机构服务乡村振兴考核评估办法》等，农商银行要避免迫于考核压力做出影响长期发展的短期行动，控制贷款风险。

（二）新型城镇化

新型城镇化与传统城镇化不同的是其更注重城乡统筹与协调发展，这为重点服务农村的农商银行带来了挑战和机遇。首先，新型城镇化对于农村金融可得性提出了较高要求，这对农商银行的网点布局提出了要求，农商银行不能因盈利性等差异而抛弃发展较为落后的地区，而应给广大的农村地区均提供便捷的金融服务；其次，新型城镇化对农商银行提出更创新和更多元化的要求，不能仅局限于提供传统金融服务，更要提供更多样的金融产品与金融服务，积极发掘农村群体的金融参与潜力；最后，新型城镇化带来了更多的企业与建设项目，而且城乡统筹在逐步提高农村居民生活水平，会提高农村群体对农商银行的接触积极性，这些都是农商银行发展的重大机遇。

（三）利率市场化

2015 年，央行全面放开了存款利率管制，对商业银行和农村合作金融机构等不再设置存款利率浮动上限。利率市场化带来利差空间收紧和风控水平要求提高等挑战，这对农商银行的发展甚至生存提出了严峻的挑战。首先，利率市场化使得高度依靠利差盈利的农商银行陷入前所未有的困境中；其次，以价格优势经营的农商银行亟待寻求新的发展路径；最后，利率市场化对企业投资的影响反过

---

① 全国人民代表大会．中华人民共和国乡村振兴促进法［Z］．2021.

来也会影响农商银行，造成农商银行信贷风险明显提高。

面对利率市场化挑战，农商银行应提升自身的市场竞争力。首先，针对客户的自身特征和其对利率的敏感性进行更为科学、高效的利率定价；其次，创新多元化的金融产品，不再仅仅依赖高利差盈利；最后，建立健全风险管理机制，提升风险管理能力以应对利率市场化带来的各种未知情况。

第二节　张家口农村商业银行①

一、概况

张家口农村商业银行股份有限公司（以下简称张家口农商银行）成立于2018年7月5日，是在原河北张家口宣泰农村商业银行股份有限公司、河北万全农村商业银行股份有限公司、张家口崇礼区农村信用联社股份有限公司、张家口市宣化农村信用合作联社、张家口市城郊农村信用合作联社、张家口市下花园区农村信用联社股份有限公司6家机构的基础上，通过增资扩股、优化股权、财务重组、机制再造的方式，发起设立的地方性股份制金融机构。

截至2020年12月末，张家口农商银行资产总额达到632.41亿元，相较2020年初增长14.64%；存款余额486.66亿元，同比增长幅度达16.00%；贷款余额331.37亿元，同比增长幅度为14.68%。②截至2020年9月，张家口农商银行共拥有1家直属营业部和131家支行，是目前张家口市城区营业网点最多的银行机构，为当地的经济发展和金融可得提供了前所未有的条件优势。

张家口农商银行先后荣膺2018年"中国服务乡村振兴十佳中小银行""产业新区建设经济突出贡献先进单位"和"支持地方经济发展先进单位"；2019年荣获"支持地方经济发展优胜单位"等；2020年荣获"疫情期间支持中小微企业及个体工商户'好'的单位""张家口市金融扶贫工作专班金融扶贫先进集体"等；2021年，张家口农商银行荣获"全国农村金融十佳品牌创新机构"称号，成为全省唯一获此殊荣的金融机构。

---

① 作者：张高明，河北经贸大学金融学院硕士研究生。
② 资料来源：张家口农村商业银行微信公众号，《张家口农商银行存款突破500亿！》。

二、经营状况

本节从商业银行经营的"三性"原则,即安全性、流动性和盈利性依次铺陈,对张家口农商银行的经营状况进行分析解读。①

(一)安全性分析

通过不良贷款率、资本充足率、贷款集中度和拨备覆盖率四个方面,从具体的银行数据和监管要求出发,对张家口农商银行的"安全性"进行分析讨论。

1. 不良贷款率

根据中国银监会《贷款风险分类指引》(银监发〔2007〕54 号),张家口农商银行相应制定了信贷资产风险分类管理办法,将贷款分为正常、关注、次级、可疑和损失五类,其中次级类、可疑类和损失类统称为不良贷款。张家口农商银行 2018~2020 年的不良贷款率(不良贷款/发放的贷款和垫款总额×100%)和不良资产率(不良资产总额/平均资产总额×100%)如图 3-10 所示。2018 年至 2020 年 9 月末,张家口农商银行的不良贷款率分别为 3.13%、2.54% 和 3.33%,均小于银保监制定的不良贷款率不应超过 5% 的监管标准。

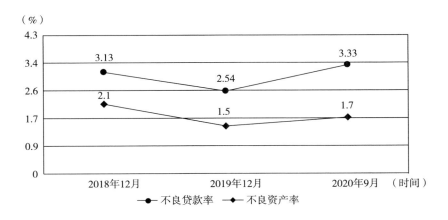

图 3-10 张家口农商银行 2018~2020 年不良贷款率和不良资产率状况

可以看出,张家口农商银行不良贷款率 2018~2020 年呈现先降后升的走势。主要原因是,张家口农商银行在 2019 年持续聚焦风险管理,采取现金清收、诉讼清收、贷款核销、盘活压降等多种手段,坚决推动不良贷款压降步伐,所以相

---

① 本节资料来源于《张家口农村商业银行股份有限公司定向发行说明书(申报稿)》。

较 2018 年，2019 年的不良贷款率明显下降。但 2020 年受新冠肺炎疫情的影响，部分企业经营困难导致不良贷款上升，且当年河北农信新信贷管理系统上线，逾期 90 天以上的贷款被全部计入不良贷款，所以 2020 年张家口农商银行的不良贷款率有所上升。虽然 2020 年不良贷款率的上升在情理之中，而且没有超过监管标准，但张家口农商银行仍应贯彻执行风险管理，严守金融风险底线，持续压降不良贷款，保护银行资产安全。

2. 资本充足率

张家口农商银行 2018~2020 年的资本充足率和核心一级资本充足率（核心一级资本净额/风险加权资产×100%）状况如图 3-11 所示。2018 年至 2020 年 9 月末，张家口农商银行的资本充足率分别为 11.88%、12.63% 和 10.75%，资本充足率各项指标均满足监管指标要求。

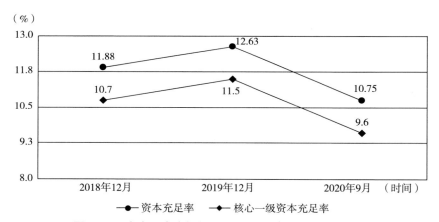

图 3-11　张家口农商银行 2018~2020 年资本充足率状况

据《张家口农村商业银行股份有限公司定向发行说明书（申报稿）》描述，张家口农商银行 2020 年资本充足率有所降低是其基于稳健战略考虑进行了"补、提、拨、备"和资产减值准备导致的。虽然张家口农商银行 2018~2020 年资本充足率达到了银保监监管要求，但安全性仍有不足，需要进一步充实资本，提升各项资本充足率指标。

3. 贷款集中度

单一集团客户授信集中度（最大一家集团客户授信总额/资本净额×100%）和单一客户贷款集中度（最大一家客户贷款总额/资本净额×100%）反映的是银行贷款是否过于集中于某个企业或行业。张家口农商银行 2018~2020 年的单一集团客户授信集中度和单一客户贷款集中度情况如图 3-12 所示，可以看出两项指标均满足分别小于 15% 和 10% 的监管要求，不存在贷款过度集中的情况。

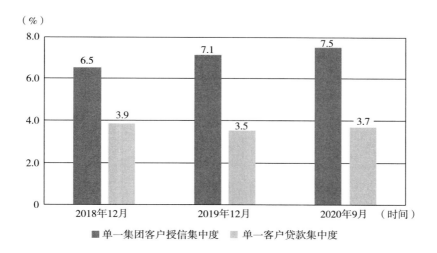

图 3-12　张家口农商银行 2018~2020 年贷款集中度状况

4. 拨备覆盖率

拨备覆盖率反映了银行的准备金充足程度，计算公式为：拨备覆盖率=贷款减值准备/不良贷款×100%。张家口农商银行、邢台农商银行和沧州农商银行2018~2020 年的拨备覆盖率状况如图 3-13 所示，其中，张家口农商银行在 2018年至 2020 年 9 月末，拨备覆盖率依次为 151.64%、152% 和 150%，均达到了拨备覆盖率的监管要求。

张家口农商银行的拨备覆盖率在达到监管要求的基础上保持了稳定的态势，而且与其他两家农商银行对比可以看出，张家口农商银行的拨备覆盖率处于较低水平。这反映出张家口农商银行在保证资产和贷款安全的前提下，实现了资源较为有效的利用，避免了过高的拨备覆盖率带来的资源闲置和浪费。

(二) 流动性分析

本部分将从存贷比和流动性比率两方面对张家口农商银行的 "流动性" 进行分析讨论。

1. 存贷比

存贷比即是银行贷款总额与存款总额的比率，故也被称为贷存比。存贷比反映了银行在盈利性和流动性之间的权衡，较高的存贷比意味着银行注重盈利性，相应较低的存贷比意味着银行较为注重流动性。张家口农商银行 2018~2020 年存贷比情况如图 3-14 所示，2018 年至 2020 年 9 月末，存贷比依次为 68.51%、67.30% 和 64.97%，均满足过去不超过 75% 的监管要求（现已取消）。①

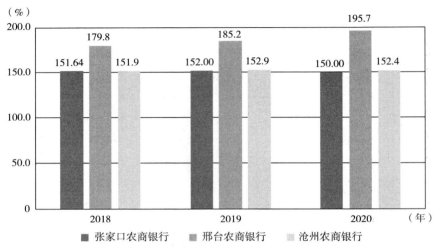

图 3-13　2018~2020 年拨备覆盖率状况对比

注：邢台农商银行与沧州农商银行 2020 年数据截止到 2020 年年末，张家口农商银行截止到 2020 年 9 月末。

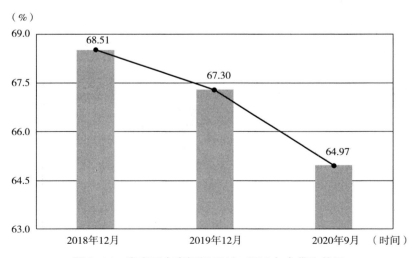

图 3-14　张家口农商银行 2018~2020 年存贷比状况

---

① 75% 的存贷比监管指标已于 2015 年 10 月 1 日取消，但对银行分析仍有参考价值。

从连续三年的存贷比数据可以看出，张家口农商银行对待盈利性和流动性的抉择处于一种中立的态度，并非很大程度地低于75%，反映出张家口农商银行在保证日常资金充足的情况下，并没有过分地闲置自有资源而是积极地投入到了营利活动上。

但从张家口农商银行2018~2020年存贷比情况看，张家口农商银行存贷比逐年下降，而且根据存贷款数据可知，2019年存款增速为15.32%、贷款增速为14.35%，2020年（前三季度）存款增速为16.80%、贷款增速为11.43%，可见存贷比的下降并不是由于吸收存款的压力增大（存款增速大于贷款增速），更主要的是银行出于流动性考虑而减少了资金的使用。但存贷比继续保持下降趋势并不利于银行发展，张家口农商银行需适当调整盈利性和流动性的平衡点，防止存贷比进一步下滑从而造成机会成本的增加。

2. 流动性比率

银行的流动性比率是衡量其资产迅速变现能力的指标，反映了银行资产的流动性，具体的计算公式为：流动性比率=流动性资产/流动性负债×100%。如图3-15所示，张家口农商银行2018年至2020年9月末，流动性比率依次为54.23%、43.72%和58.68%，显然远超不低于25%的监管标准，说明张家口农商银行资产流动性很强，且短期偿债能力较好。

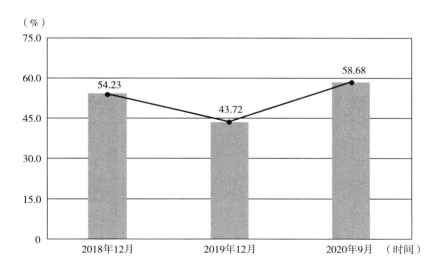

图3-15　张家口农商银行2018~2020年流动性比率状况

张家口农商银行2018~2020年流动性比率呈现为先降后升，且波动幅度达到了 20%。如果是出于应对新冠肺炎疫情压力下的不良贷款增加的原因，则银行的反映是较为及时和保守的；如果是由于战略目标的不明确，则张家口农商银行应适当降低流动性比率，将更大比例的资产配置到收益更高的长期资产上。

（三）盈利性分析

盈利性是商业银行经营的目标要求，这里将从资产/资本利润率、成本收入比和营业收入构成等方面对张家口农商银行的盈利性进行分析和解读。

1. 资产/资本利润率

资产利润率和资本利润率均为反映银行盈利能力的指标，其计算公式分别为：资产利润率=净利润/资产平均余额×100%、资本利润率=净利润/所有者权益平均余额×100%。从图 3-16 可以看出，2018 年至 2020 年 1~9 月，张家口农商银行的资产利润率分别为 1.33%、0.91% 和 0.02%，资本利润率分别为16.45%、12.29% 和 0.38%。鉴于银行的资产利润率和资本利润率的监管要求分别为不低于 0.6% 和 11%，张家口农商银行在 2020 年 1~9 月的资产利润率和资本利润率均未达到监管要求。

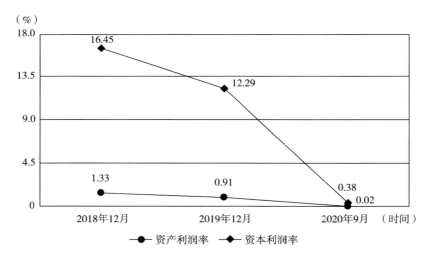

图 3-16　张家口农商银行 2018~2020 年资产利润率和资本利润率状况

张家口农商银行资产利润率和资本利润率在 2020 年陡然下降的主要原因：首先，由于经济形势下行和疫情冲击，省联社要求提高银行拨备，所以张家口农商银行进行了较为严格的计提（从上文银行安全性和流动性表现较好也可以看出），这严重压缩了银行的利润空间；其次，大中型银行的业务下沉给农商银行带来较大的竞争压力，尤其是许多城商行加快了县域市场的布局，高存款利息的竞争使得农商银行陷入被动；最后，从存贷比逐年走低和流动性比率升高可以看出，张家口农商银行的经营战略较为保守，投资方向偏向于地方政府债券、国债和同业存单等。这些综合原因导致张家口农商银行的资产利润率和资本利润率在2020年1~9月表现不佳。

虽然在主动和被动多方面存在的原因，导致张家口农商银行资产利润率和资本利润率未达到监管要求，但张家口农商银行应该主动求变，积极应对。正如《张家口农村商业银行股份有限公司定向发行说明书（申报稿）》中提出的，张家口银行可以通过优化资产负债结构、提高精细化管理能力水平和加强业务产品创新等措施提高银行的盈利能力。

2. 净息差/净利差

净息差和净利差同样均为反映银行盈利能力的指标，其计算公式为：净息差＝利息净收入/生息资产平均余额×100%、净利差＝生息资产平均收益率－计息负债平均付息率。其中，张家口农商银行的生息资产主要包括：各项贷款、存放中央银行款项、存放同业款项、存放系统内款项、投资款项等能产生利息收入的资产。

从图3-17可以看出，张家口农商银行的净息差和净利差呈现逐年下降趋势（其中2020年为前三季度数据进行年化操作的结果），银行盈利能力逐年下降。

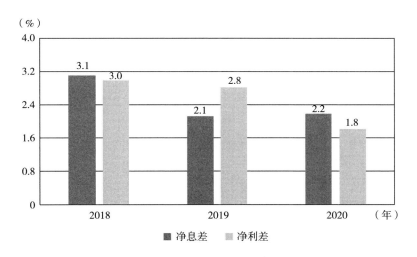

图3-17 张家口农商银行2018~2020年净息差/净利差状况

张家口农商银行近年来净息差逐年走低，其主要原因是竞争压力的增大和利率优惠政策的全面实施。一方面，随着利率市场化进程的加速，我国区域金融机构的存款业务竞争压力增大，张家口农商银行虽保持了近15%的存款增速，但这对初生阶段的银行仍能形成资金压力；另一方面，随着国家在支农支小、普惠金融、减费让利和复工复产等方面政策的陆续落地，张家口农商银行积极响应贯彻国家产业政策和扶持政策，全面实施利率优惠政策，所以贷款平均利率持续走低，这些导致张家口农商银行的净息差尚未出现上涨态势。

　　3. 成本收入比

　　成本收入比反映了银行单位收入的成本情况，越低说明银行的盈利能力越强，该指标的计算公式为：成本收入比率=业务及管理费/营业收入×100%。如图3-18所示，2018年至2020年9月末，张家口农商银行的成本收入比依次为43.85%、39.69%和31.37%，均满足不大于45%的监管标准。

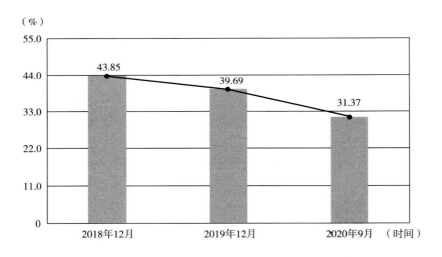

图3-18　张家口农商银行2018~2020年成本收入比状况

　　虽然从上文的资本/资产利润率分析中可以看出张家口农商银行的盈利水平有所下降，但成本收入比的下降却反映出其在成本控制上表现较好。成本控制得当也是银行提高盈利性的途径，尤其是在未知因素不断出现的局面下，张家口农商银行需继续加大力度地控制成本，以此提高银行的盈利性。

　　4. 营业收入构成

　　张家口农商银行的营业收入主要由利息净收入、手续费及佣金净收入和投资收益构成，2018 年至 2020 年 9 月末，营业收入分别为 132302.76 万元、145539.98 万元和 117907.35 万元。

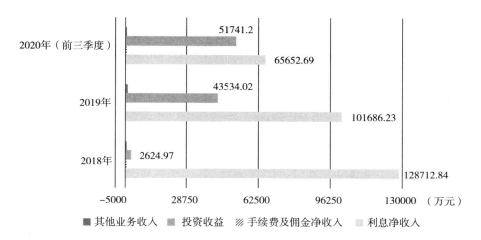

图 3-19　张家口农商银行 2018~2020 年营业收入构成

张家口农商银行营业收入构成中，利息净收入占比逐年降低，从 2018 年的 97.29% 逐渐降至 2020 年的 55.68%，而投资收益占比逐年升高，从 2018 年的 1.98% 上升到 2020 年的 43.88%。在营业收入构成中，利息净收入占比与投资收益占比是一种此消彼长的关系，张家口农商银行通过合理优化资产配置和拓宽资产投资渠道，使银行的投资收益占比迅速上升，相应的利息净收入占比逐年走低。

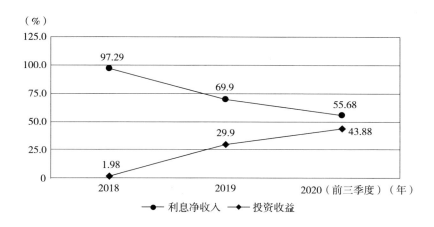

图 3-20　张家口农商银行 2018~2020 年利息净收入、投资收益状况

5. 投资收益构成

张家口农商银行的投资收益主要来源于金融市场业务产生的收益，包括利息收入、投资金融产品买卖差价收入，主要投资方向为地方政府债券、国债、同业存单等。股权投资收益包括张北农商行、沽源农商行、涿鹿农商行、蔚县农信社、河北省联社 5 家金融机构，股权投资收益主要为分红利得。其他投资收益主要为理财产品投资。

图 3-21　张家口农商银行 2018~2020 年投资收益构成

从图 3-21 可以看出，张家口农商银行 2018~2020 年投资收益增长较快，2020 年前三季度相较 2019 年投资收益增幅达到 18.8%。2019 年和 2020 年前三季度，张家口农商银行的债券利息收入占全部投资收益的 80% 左右，而且主要投资于地方政府债券、国债和同业存单等低风险对象，可见张家口农商银行投资策略较为保守。保守的投资策略可以保证银行的安全性，使银行在疫情等危机期间不至于面临较大风险，但自身的成长和发展会受到一定的影响。

（四）成长性分析

1. 资产规模

如图 3-22 所示，张家口农商银行 2018~2020 年的资产规模持续增长，其中，2019 年资产规模增速达到 29.06%，2020 年资产规模增速也取得了 14.63% 的成绩。

2. 存贷款余额

张家口农商银行 2018 年至 2020 年 9 月末的存贷款余额及增速情况如图 3-23

所示，其中，存贷款成长性良好，余额逐年增加，截至 2020 年 9 月末，张家口农商银行存款余额和贷款余额分别达到了 490 亿元和 302 亿元。张家口农商银行2020 年在同业竞争增大的情况下仍然实现了 16.82% 的存款增速，疫情期间，居民消费动力不足是主要的外部动力，而且疫情期间张家口农商银行依然加大了贷款投放力度，发放贷款/垫款增速为 11.42%。

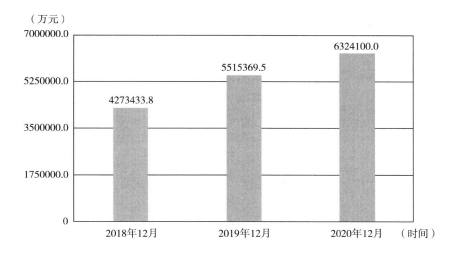

图 3-22 张家口农商银行 2018 年 12 月至 2020 年 12 月总资产情况

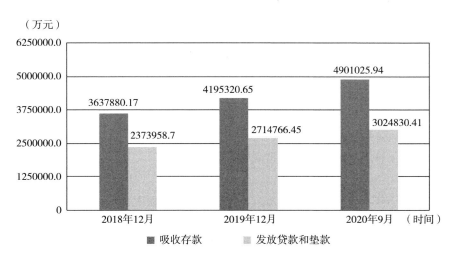

图 3-23 张家口农商银行 2018 年 12 月至 2020 年 9 月存贷款余额及增速情况

河北省中小银行发展报告（2018~2020）

三、公司治理

（一）股权结构

截至 2020 年 11 月 30 日，张家口农商银行股份总数为 200000.00 万股，股东户数共 7285 户，其中持股 5% 以上股东共 3 户，不存在控股股东和实际控制人。张家口农商银行前十大股东及持有 5% 以上股份股东名称、持股数量及持股比例情况如表 3-5 所示。

表 3-5　2020 年张家口农商银行前十大股东及持股情况　单位：万股，%

序号	股东名称	股东性质	持股数量	持股占比
1	河北红石投资集团有限公司	境内非国有法人	14800	7.40
2	张家口市方正房地产开发有限责任公司	境内非国有法人	10500	5.25
3	富龙达沃斯崇礼置业有限公司	境内非国有法人	10500	5.25
4	张家口美宇实业集团有限公司	境内非国有法人	5500	2.75
5	张家口崇礼区汤印温泉假日酒店管理有限公司	境内非国有法人	5500	2.75
6	河北海达进出口有限公司	境内非国有法人	5012	2.51
7	承德路通公路工程有限公司	境内非国有法人	5000	2.50
8	张家口市宣化富康物资有限公司	境内非国有法人	4500	2.25
9	宣化县瀚泰物资经销有限公司	境内非国有法人	3500	1.75
10	张家口市臻苑园林绿化工程有限公司	境内非国有法人	3000	1.50
	合计		67812	33.91

可以看出，张家口农商银行的股权结构比较分散，不存在持股比例畸高的情况，不存在股东依其可实际支配的股份表决权足以对股东大会决议产生重大影响的情况。这就使张家口农商银行的股东决策更倾向于民主决策，更有利于银行的长期发展，而不是为个别股东谋取短期的利益。

（二）商业模式与主营业务

张家口农商银行坚持"支农支小"的市场定位和服务方向，以质量、效益、规模协调发展为目标，以本土化经营为基础，以市场为导向，以客户为中心，积极融入党中央实施的乡村振兴战略、区域协调发展战略。同时，张家口农商银行对接张家口冬奥经济和"四大两新一高"主导产业，找准立足"三农"、服务"小微"、支持地方经济建设发展的切入点和契合点，积极与地方实体经济挂钩，

·162·

探索本土化、差异化发展道路。

张家口农商银行主要从事吸收公众存款；发放短期、中期和长期贷款；办理国内结算；办理票据承兑与贴现；代理发行、代理兑付、承销政府债券；买卖政府债券、金融债券；从事同业拆借；代理收付款项及代理保险业务；从事银行卡（借记卡）业务；经国务院银行业监督管理机构批准的其他业务。其中，贷款和垫款（含贴现）是张家口农商银行主要收入来源的业务，农户贷款、农村经济组织贷款和农村企业贷款等支农业务是张家口农商银行的特色业务。

（三）企业文化

2019 年，张家口农商银行拉开了"企业文化建设"工程的序幕，提炼出属于张家口农商银行独具魅力的企业文化——"大好文化"。先后开展了企业文化建设策略营、企业文化特使营，为企业文化建设储备了"火种"，积蓄了能量。印发了《大好文化》企业文化理念手册 2000 余册，并在全行范围开展理念学习活动；录制了多期《文化时间——我们一起读文化》视频、音频，打造立体化的文化理念学习氛围；打造全行特色文化主题墙 500 余面、文化长廊 10 余条，将文化思想渗透到员工的生活工作中。截至 2021 年 7 月，张家口农商银行先后开展了 7 期"大好文化"宣讲走基层、6 期文化送温暖走基层活动，《大好文化 共创共享》传统书画摄影评比、"国庆中秋齐欢度 爱在农商情意浓"和"粽香飘千里 农商一家亲"等文化主题活动，掀起了文化建设的热潮；开通了"文化心声信箱"，通过文化传递声音，使文化建设更加贴近基层，更好地服务于业务经营，实现事合、人合、力合、心合。

四、创新发展

（一）提升冬奥支付服务

1. 立足金融服务，提升厅堂建设水平

张家口农商银行崇礼支行从开辟涉奥绿色通道、推行智慧银行建设工作和亮化厅堂服务环境等方面提升冬奥服务水平。截至 2021 年 2 月末，张家口农商银行崇礼支行累计办理冬奥绿色通道业务 1547 笔，涉及金额 10.98 亿元，保障了涉奥业务的优先性、无阻性，提高了业务办理效率。张家口农商银行崇礼支行通过智能现金柜台和智慧柜员机等的布放，实现了跨行转账、回单打印、存折补登、交通罚款缴费、大额存取款等"一站式"自助服务；通过完善厅堂服务标识和定制冬奥特色物料等方式打造了专业美丽的厅堂服务环境。

2. 立足常态培训，提升冬奥服务能力

为进一步提升服务冬奥能力，畅通双语交流，张家口农商银行崇礼支行制定一系列措施，有序开展培训工作。截至 2021 年 2 月末，该行共组织英语、日语、韩语、手语等多种语言培训 8 次，内容涵盖业务办理、日常接待、查询问路等常用词句，目前该支行柜面服务人员基本实现了日常英语口语无障碍交流。

3. 立足品牌宣传，提升客户服务体验

除在高铁站和停车场等场所布放广告位，张家口农商银行崇礼支行还在手机银行首页界面增加以"聚合支付助力冬奥"为主题的冬奥元素宣传图，宣传河北农信，助力冬奥服务。

（二）支持企业复工复产

新冠肺炎疫情暴发以来，张家口农商银行出台了"用心服务、暖心服务、贴心服务、精心服务、放心服务、省心服务"，开辟了疫情防控金融服务绿色通道、全力满足疫情防控相关领域信贷需求、大力支持受困企业个人生产生活、有效服务保障企业复工复产、尽职尽责做好客户和员工防护、提供优质高效便捷的金融支持等 13 项措施。安排专项信贷资金 15 亿元，主动对接保障卫生防疫、医药产品制造及采购、公共卫生基础设施建设、科研攻关单位和企业的信贷需求，在依法合规、风险可控的前提下，提高信贷业务审批效率，高效保障信贷资金及时发放。

同时，对于受疫情影响较大的批发零售业、住宿餐饮业、物流运输、文化旅游等行业，以及有发展前景但暂时受困的相关企业，不抽贷、不断贷、不压贷。对受困企业到期贷款积极进行展期，缩短贷款审批链条，及时解决小微企业金融服务需求。对中小企业特别是受疫情影响企业实施利率优惠政策，严格贯彻落实国家和地方减税降费政策，全力确保 2020 年中小微企业融资成本不高于 2019 年同期融资成本，力争实现受疫情影响的中小微企业贷款利率水平在原利率定价水平基础上下浮 10%，减轻中小微企业融资成本。新冠肺炎疫情期间，张家口农商银行共为 45 户企业办理续贷业务，金额 3.19 亿元；为 7 户企业办理新增贷款业务，金额 1.85 亿元；为 39 户企业办理调整结息方式业务，金额 6.10 亿元，用实际行动降低了疫情影响，保障了企业复工复产。

（三）创新信贷产品，助力"支农支小"

张家口农商银行积极创新信贷产品，在服务"三农"和支持地方中小微企业上取得了显著成效。"兴业贷"是张家口农商银行针对涉农及小微企业贷款难而推出的一款信贷产品，为小微企业"融资难""融资贵"问题提供了新的解决方案。相较其他信贷产品，"兴业贷"具有担保方式灵活、利率低等优势。2019年，张家口农商银行曾为某农业发展公司发放了 500 万元"兴业贷"，助力该公司扩大养殖规模，同时间接带动了周边 3~4 个村的种植业发展。

张家口农商银行万全支行在扶持肉猪养殖企业时，创新信贷模式，以土地租赁权及地上建筑物为依托做固定资产抵押贷款，以生猪活体等生产资料为依托做动产抵押贷款，以企业与部分大型上市企业订单为依托做应收账款（预期收益）质押贷款，三种模式相结合，有效缓解了企业资金紧缺、贷款困难的问题。同时，从产、供、销三方面对企业实施全程风险监控，有效降低了信贷资金风险率。

（四）"双基"共建，打通金融服务"最后一公里"

张家口农商银行依托"双基"共建农村信用工程，建立健全区、乡、村三级金融网络体系，成立区级政府领导小组 6 个，成立乡镇工作小组 47 个，成立村级工作站 840 个，签署政银金融战略合作协议 53 份。截至 2021 年 6 月末，张家口农商银行已建档评级农户 16.2 万户，评定信用户 9.34 万户，已授信户数 3.24 万户，授信金额 142.3 亿元。以信用示范区的形式，在专业市场、商场或园区、社区增创信用示范区 40 个；打造"双基"共建金融便民店 296 个，布放间联 POS 机 266 台，小额现金循环机 30 台，使广大群众足不出村办理各项金融业务，全面打通金融服务"最后一公里"，为脱贫攻坚提供了渠道支撑。

五、发展建议

（一）优化资产结构，提升盈利能力

从张家口农商银行 2018~2020 年的存贷比和流动性比率来看，该行较为注重银行的安全性，诚然，安全性对立足地方的金融机构来说十分重要，但由此造成的盈利性不足对银行发展则有很大弊端，且张家口农商银行在 2020 年资本/资产收益率均未达到监管标准，可见盈利能力不足已经成为张家口农商银行亟待解决的问题。

首先，银行应该优化自身的信贷资产与结构，提升信贷资产的收益水平。银行可以从业务转型和结构调整入手，加快推进向轻资本业务转型，降低传统信贷业务对资本消耗的压力，主要包括大力发展中间业务、零售业务、消费金融、小微贷款等轻资本业务，实现业务结构转型。其次，优化非信贷资产结构，丰富业务品种，从传统的债券市场向货币市场和资本市场拓展。再次，加快发展资产管理、财富管理、私人银行和金融市场业务等轻资产业务，提升非利息收入占比。最后，积极拥抱利率市场化，针对客户群体的特征和其对利率的敏感性，进行科学的利率定价。

（二）建立不良贷款监控与清收准则

张家口农商银行的不良贷款率并不高，但对于重点服务"三农"和中小微企业的地方性金融机构，如果没有一套成熟的不良贷款管控与清收的准则，对银行的长远发展十分不利。

首先，银行应该积极利用好征信系统，建立征信"白名单"和"黑名单"，对待失信企业和人员要有所惩罚，持续营造清收不良贷款的强大舆论氛围，提高清收处置效果，促进不良贷款清收处置工作取得实效。其次，重点加强信贷风险管控，严格落实贷款"三查"等基础信贷制度，将规范制度落实作为优化存量风险，防控增量风险的关键措施。再次，建立简捷高效的规范化贷前业务流程和流程化贷后管理机制，加强对已授信客户的风险监控，注重潜在的风险管控。最后，切实提高全面风险管控水平，强化底线思维意识，按照全面风险管理体系建设总体规划，持续建立完善全面风险的识别、评估、计量、控制体系，加强防范化解信用风险、市场风险、流动性风险和操作风险，实现风险管理全覆盖、无死角。

第三节　邢台农村商业银行①

一、概述

河北邢台农商银行股份有限公司（以下简称邢台农商银行）成立于 2012 年 12 月 12 日，前身为邢台市城郊农村信用合作联社，是自 2010 年河北省农信社启动"双改"工作以来首家挂牌开业的农商银行。邢台农商银行的业务范围主要包括：吸收公众存款；发放短期、中期和长期贷款；办理国内结算；办理票据承兑与贴现；代理发行、代理兑付、承销政府债券；买卖政府债券、金融债券；从事同业拆借；从事银行卡业务（借记卡）；代理收付款项及代理保险业务以及经中国银行保险监督管理委员会批准的其他业务。

邢台农商银行的经营模式清晰，利润来源稳定。其业务按照"吸收存款—发放贷款—获取利差"和"吸收存款—投资债券—获取投资收益"等主要商业模式开展，通过合理承受风险以获取相应的收益。截至 2020 年末，邢台农商银行

---

①　作者：梁瑞，河北经贸大学金融学院硕士研究生；刘伟娜，河北经贸大学金融学院本科生。

总资产达 210.75 亿元，吸收各项存款余额 162.20 亿元，各项贷款余额达 121.5 亿元。核心监管指标均达到并优于监管标准，其中，资本充足率为 14.26%，拨备覆盖率为 195.71%，不良贷款率为 3.62%。在公司治理方面，搭建起以股东大会、董事会、监事会、高级管理层等为主体的组织架构，保障了"三会一层"的规范运作，董事会人数为 13 人，其中，独立董事人数为 3 人，股东人数为 197 人。在册员工人数共 410 人，其中，硕士人数 14 人，本科及专科人数共 371 人，专科以下人数 25 人。已建立起覆盖范围较广的分支机构，包括 1 家总行营业部、23 个支行以及 9 个分理处，并在河北省内发起设立 8 家村镇银行，各分支机构根据相关规定及总行的授权开办业务。在众多分支机构中，中华路支行与南大郭支行业务水平比较显著，其员工人数分别为 32 人和 15 人，位于所有分支机构的前两名。

近年来，邢台农商银行以支持地方、服务实体经济为工作主线，积极践行可持续性发展战略，荣获"全国农村金融优秀绩效管理机构"荣誉称号；大力推进科技金融发展，畅通现代金融服务路径，"数字员工流程自动化"项目获得"全国农村金融十佳（优秀）科技创新产品"奖项；重管理、强素质，积极发挥人才效用，荣获"首届全国农信系统优秀课程和优秀讲师评选大赛"优秀组织等奖项。

二、经营状况

（一）资产负债及规模状况

1. 资产负债状况

由图 3-24 可以看出，近 3 年邢台农商银行的资产与负债总额均呈增长态势，反映出银行总体经营状况良好。截至 2020 年末，邢台农商银行的资产总额达到 210.75 亿元，与 2019 年末相比增加了 35.39 亿元，增长速度达 20.19%；负债总额为 193.02 亿元，相比 2019 年末增加了 35.08 亿元，增长速度为 22.22%。其中，近三年资产总额的增速分别为 8.81%、18.33% 和 20.19%，负债总额的增速分别为 8.13%、18.69% 和 22.22%，均保持较高增长速度。

从邢台农商银行披露的年报中分析可知，2018~2019 年资产增长的主要原因是发放贷款及垫款增幅较大，具体来讲是因为邢台农商银行以回归传统业务、更好地服务实体经济为导向，积极增加了信贷投放量。2020 年资产增长是因为债券投资的增加，应监管要求，线下存放同业业务量有所压缩并转为线上购买金融机构发行的同业存单，进而使债权投资增幅较大。而近三年负债持续增长主要受吸收存款规模不断扩大的影响。

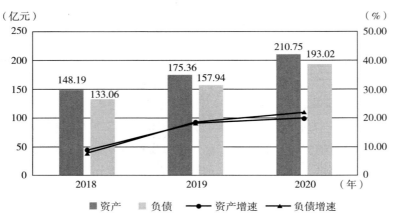

图 3-24　邢台农商银行 2018～2020 年资产与负债总额及增速

资料来源：2018 年、2019 年与 2020 年邢台农商银行年报。

2. 规模状况

邢台农商银行 2018～2020 年分支机构数量和员工数量总体稳定，变化幅度较小（见图 3-25、图 3-26）。同时，由上述分析可知，近 3 年邢台农商银行的资产与负债总额持续增长，发展态势良好。这在一定程度上表明，该银行资产与负债总额的扩张并非通过粗放式地大量开设分支机构、铺设网点和大规模增加人力资源实现，而是采取拓展主要业务、创新金融产品、提升服务质量与进行线上化转型等措施推动银行的可持续发展战略落地生效。

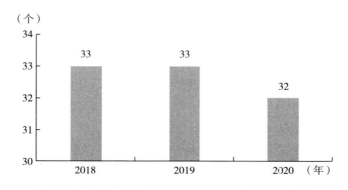

图 3-25　邢台农商银行 2018～2020 年分支机构数量

资料来源：2018 年、2019 年、2020 年邢台农商银行年报。

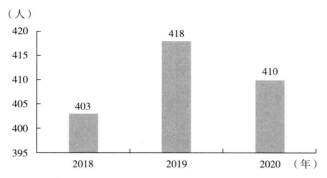

图 3-26　邢台农商银行 2018~2020 年员工数量

资料来源：2018 年、2019 年、2020 年邢台农商银行年报。

由图 3-27 可知，邢台农商银行 2020 年本科学历员工占比超过总员工人数的一半，达到 66.83%，其次是专科学历，专科以下学历次之，硕士学历占比最少。反映出邢台农商银行中员工学历结构的多元化特点，但高层次人才相对较少，应多吸纳、引进高端人才，从而进一步优化员工学历结构，以促进银行业务创新和高质量发展。

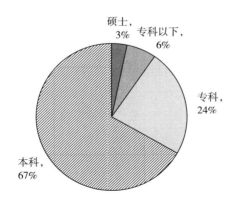

图 3-27　邢台农商银行 2020 年员工学历结构

资料来源：2020 年邢台农商银行年报。

（二）资本充足率状况

资本充足率反映在存款人和债权人资产遭到损失前，商业银行能以自有资本承担损失的程度。将其设立为监管指标目的在于抑制风险资产过度膨胀，从而保护存款人和其他债权人的利益、保证银行等金融机构正常运营和发展。具体地，资本充足率指银行资本总额对其风险加权资产的比率。核心一级资本充足率指商业银行持有的符合规定的核心一级资本与风险加权资产的比率，是构筑银行未来核心竞争力的基础。

近年来，邢台农商银行按照《商业银行资本管理办法（试行）》及其他相关规定，持续优化业务结构，加强资本管理。结合业务发展和资本规划，通过增资扩股补充资本，资本结构进一步优化。合理测算资本占用，有效调控风险资产占比，逐步实现"资本管理被动配合业务增长"向"资本风险约束机制引导业务增长"的转变，并定期开展内部资本充足评估和资本充足率测试，对全行资本充足程度进行检查和监测，确保资本水平和风险偏好与管理要求相适应。由图3-28可以看出，邢台农商银行2018~2020年资本充足率一直达到10.5%以上的监管标准且保持在较高水平，变动幅度较小，相对稳定；核心一级资本充足率也满足高于7.5%的监管要求，表明邢台农商银行优化资本结构和评估调控风险工作取得良好成效，显示出以自有资本承担风险和损失的较强能力。

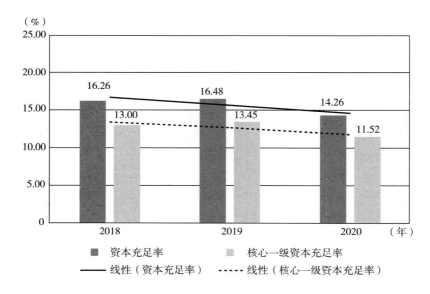

图3-28 邢台农商银行2018~2020年资本充足率情况

资料来源：2018年、2019年、2020年邢台农商银行年报。

（三）资产质量状况

资产质量状况对银行的盈利水平和可持续发展水平具有重要影响，主要通过不良贷款率、拨备覆盖率、单一最大客户贷款比和最大十家客户贷款比等指标反映。

不良贷款率指不良贷款占总贷款余额的比重，适用于评估贷款质量，直接体现银行的授信质量状况。具体包括次级类贷款、可疑类贷款和损失类贷款。其中，次级类贷款指借款人的还款能力出现明显问题，完全依靠其正常营业收入无法足额偿还贷款本息，即使执行担保也可能会造成一定损失的贷款。可疑类贷款指借款人无法足额偿还贷款本息，即使执行担保也要造成较大损失的贷款。损失类贷款指在采取所有可能的措施或一切必要的法律程序后，本息仍然无法收回或只能收回极少部分的贷款。

为控制信贷风险，中国人民银行规定不良贷款比例不得高于15%，在《商业银行风险监管核心指标（试行）》中要求不应高于5%。但其实该比例并非硬性要求，现实中，一家银行的不良贷款率也是商业行为的结果，除不良资产转让外，银行较难像控制存款准备金率和资本充足率那样准确管理不良贷款率。目前，商业银行规定的红线标准通常为3%。

不良贷款比例越低，说明商业银行的贷款质量越高，其控制信贷风险的水平程度越高；同时反映了商业银行的资产流动性好，盈利水平高，不能收回贷款占总贷款的比例越小。不良贷款率越高，可能无法收回的贷款占总贷款的比例越大。如图3-29所示，近3年，邢台农商银行不良贷款率呈上升趋势，且逼近3%的监管红线。其中，2020年不良贷款率为3.62%，超过了3%的红线标准，表明邢台农商银行贷款质量有所下降。具体来看，邢台农商银行2018～2019年不良贷款中可疑贷款比重较大；2020年不良贷款额度增长幅度较大，较2018年末增加1.97亿元，总额度为4.39亿元，其中损失贷款占比较大。2020年不良贷款率增幅明显上升可能是受疫情影响所致。

拨备覆盖率指银行贷款实际可能发生呆、坏账准备金的使用比率，是实际计提贷款损失准备对不良贷款的比率。不良贷款拨备覆盖率是衡量商业银行贷款损失准备金计提是否充足的重要指标之一，考察银行财务是否稳健及风险是否可控。2018年2月28日，银监会发布《关于调整商业银行贷款损失准备监管要求的通知》（银监发〔2018〕7号文），明确拨备覆盖率监管要求由150%调整至120%～150%。拨备覆盖率水平应与风险程度相适应，拨备覆盖率过低，会导致拨备不足，利润虚增，抗风险能力下降；拨备覆盖率过高，会削弱资金的流动性，使资金未能充分利用减少利润。邢台农商银行2018～2020年拨备覆盖率均超过150%，且每年都呈增长趋势，表明该银行抵御风险的能力不断加强。同时需要注意的是，拨备率过高也会导致拨备金多余，使利润虚降，进而压缩未来新增信贷增长空间。

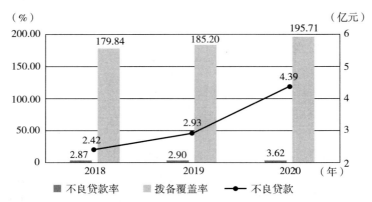

图 3-29　邢台农商银行 2018~2020 年不良贷款、不良贷款率与拨备覆盖率情况

资料来源：2018 年、2019 年、2020 年邢台农商银行年报。

单一最大客户贷款比率是最大一家客户授信总额与资本净额之比，最大十家客户贷款比率为最大十家客户授信总额与资本净额之比。单一最大客户贷款比率的监管标准为 10%，最大十家客户贷款比率不得超过资本净额的 50%。邢台农商银行 2018~2020 年单一最大客户贷款比率逐年下降，最大十家客户贷款比率虽逐年上升，但从监管层面看，邢台农商银行近 3 年的单一最大客户贷款比率与最大十家客户贷款比率均符合监管要求。

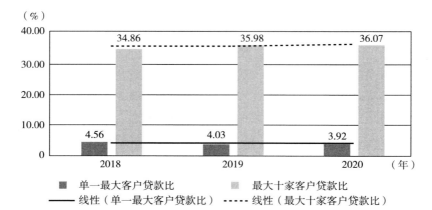

图 3-30　邢台农商银行 2018~2020 年单一最大客户贷款比与最大十家客户贷款比情况

资料来源：2018 年、2019 年、2020 年邢台农商银行年报。

（四）盈利状况

盈利能力反映了企业获得利润的能力，这一指标既表明企业的经营情况，又体现管理层的管理效率，是股东、债权人获取收益的来源。

1. 盈利能力分析

净利润是衡量企业经营效益的主要指标，是企业经营的最终成果体现。净利润多，企业的经营效益就好；净利润少，企业的经营效益就差。邢台农商银行 2018~2020 年净利润分别为 2.10 亿元、2.57 亿元、1.35 亿元。由图 3-31 可以看出，2019 年邢台农商银行净利润增长率最高，2018 年与 2020 年净利润增长率为负。其中，2019 年净利润增加的主要原因是其他非利息收入增幅较大，具体原因在于国债、同业存单等资产投资增加，投资资产规模增长促进了收益的快速增长。2020 年净利润减少主要受疫情影响，业务开展受阻，使营业收入增幅较小，营业支出增幅较大，导致净利润出现下降。

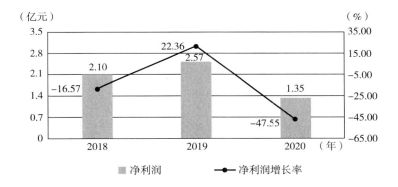

图 3-31　邢台农商银行 2018~2020 年净利润及净利润增长率

资料来源：2018 年、2019 年、2020 年邢台农商银行年报。

资产利润率反映了企业资产盈利能力，具体指企业在一定时间内利润与同期资产平均占用额的比率，一般不低于 0.6%；资本利润率反映企业运用资本获得收益的能力，为税后净利润与平均净资产之比，一般不低于 11%；成本收入比指营业费用加折旧与营业收入之比，成本收入比一般不高于 45%。如图 3-32 所示，邢台农商银行 2018~2020 年资产利润率虽呈现下降趋势，但均高于 0.6%，资本利润率 2018~2019 年数据也高于 11% 监管标准，2020 年资本利润率下降幅度明显，低于 11% 的监管标准，主要是受疫情影响，净利润较低所致。总体来看，该银行资产及资本运用效率较好。图 3-32 中成本收入比较低，均不高于 45%，符合监管要求，反映该银行单位收入的成本支出较低，并且获取收入的能力较强。

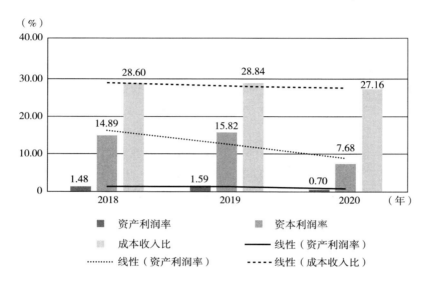

图 3-32　邢台农商银行 2018～2020 年三大指标变化趋势

资料来源：2018 年、2019 年、2020 年邢台农商银行年报。

2. 收入结构分析

净利息收入指银行或其他金融机构资产的利息收入与负债的利息支出之间的差值，反映银行在短期内经营资产或负债的成果。目前，在中国银行业营业收入构成中，净利息收入占主要部分，基本上达 60%～80%。因此，评估净利息收入的成长性对评估营业收入的成长性具有重要意义。

由表 3-6 可知，邢台农商银行 2018～2020 年净利息收入占营业收入比重逐年下降，主要原因可能是该银行增加了国债、同业存单等资产投资，促进了非利息收益的增长，而净利息收入增幅较小，导致净利息收入占营业收入比重逐年降低，但也均高于 80%。这表明邢台农商银行营业收入多元化，但净利息收入仍为该行主要的营业收入来源，营业收入总体上保持较好的发展态势。

表 3-6　邢台农商银行 2018～2020 年收入结构指标变化情况

单位：亿元，万元，%

年份	2018	2019	2020
净利息收入	5.63	6.54	6.68

年份	2018	2019	2020
手续费及佣金净收入	719.94	414.28	869.24
营业收入	6.26	7.43	7.99
净利息收入占营业收入比重	90.03	87.96	83.62
手续费及佣金净收入占营业收入比重	1.15	0.56	1.09

资料来源：2018 年、2019 年、2020 年邢台农商银行年报。

手续费及佣金净收入占营业收入比重变化相对较小。2019 年，邢台农商银行为优化客户服务流程，主动对优质客户减免了短信提醒、跨行转账等业务的手续费，并为降低中小微企业的融资成本，对贷款企业的保险费用进行了适当减免，导致手续费收入有所下降。2020 年，邢台农商银行汇款及结算类的业务量较往年增多，汇款及结算业务手续费收入增幅较大，使手续费及佣金净收入占营业收入的比重回升。

（五）流动性状况

流动性状况一般通过存贷比和流动性比率两个指标体现。

存贷比指银行贷款总额与存款总额之比，为期末贷款余额与期末存款余额之比。从银行盈利的角度讲，存贷比越高，银行盈利能力越强。但从银行抵抗风险的角度讲，存贷比例不宜过高，银行需要留有一定的库存现金（存款准备金）以应对广大客户日常现金支取与日常结算。如果存贷比过高，这部分资金就会不足，会导致银行支付危机。之前，人民币存贷比监管标准为不高于 75%，而 2015 年《商业银行法修正案（草案）》将贷款余额与存款余额比例不得超过 75% 的规定删除。从图 3-33 可以看出，邢台农商银行 2018~2020 年存贷比逐年下降，表明银行抵御风险的能力一定程度上得到提高。

流动性比率指流动性资产与流动性负债的比值，具有衡量企业财务安全状况和短期偿债能力的功能，一般不低于 25%。计算出的流动性比率，只有和同行业平均流动性比率、本企业历史的流动性比率进行比较，才能判断该比率的高低及其意义。在运用流动比率指标进行经营评价状况时，债权人大多认为流动比率越高越好，但从管理的角度看，该指标应该有一个上限，流动比率过高，有可能表示公司资金的运用效率较低。邢台农商银行近三年的流动性比率均在 25% 的监管标准以上，资产流动性风险较低。而从近三年的时间跨度比较看，流动性比率变化较大，因此，较高的流动性比率可能会加大邢台农商银行的竞争风险。

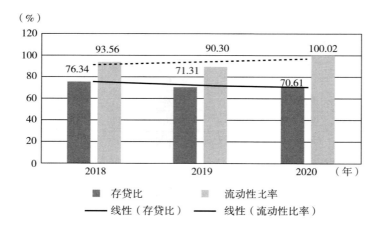

图3-33 邢台农商银行2018~2020年存贷比与流动性比率变化情况

资料来源：2018年、2019年、2020年邢台农商银行年报。

三、发展特色

近年来，邢台农商银行积极顺应国家引导银行业回归服务实体经济的导向，以改革发展为动力，以防范风险为主线，着力打造特色鲜明的业务，全面提升可持续发展能力和品牌影响力。

（一）加强制度建设，筑牢风险防线

一是出台管理办法，保障合规操作。2020年修订《邢台农商行费用开支管理办法》严格控制费用开支；制定下发了《邢台农商银行案防管理办法》，推动全系统案防合规管理工作进一步制度化、规范化和流程化，推进案防长效机制建设；修订了邢台农商银行反洗钱办法部分规章制度，完善反洗钱工作内控制度。

二是推动流程银行建设，构建合规文化体系。启动流程合规管理系统项目建设，实现流程与内外部制度、部门及岗位职责的线上管理、查询。通过对"合规标兵"评选、法律及防范非法集资风险宣传、开展"合规征文"活动，在全行营造了浓厚的合规文化氛围。

三是采取清收措施，加大清收力度。以清收处置与风险化解工作为总体目标，全面落实"擂台赛"再冲锋活动方案及相关清收会议精神，统筹推进不良贷款清收压降工作并取得良好成效。

（二）坚持支农支小，助力实体经济

一方面，邢台农商银行不断调整信贷结构，加大普惠金融支持力度，尤其是对"小、微、散、农"的支持。截至 2020 年 7 月末，邢台农商银行涉农贷款占比为 54.48%。为解决中小微企业融资难融资贵问题，邢台农商银行在前期增加信贷投放、加大创业扶持、深化政银企合作等系列信贷举措的基础上，对符合条件的存量及新增信贷客户给予下调 1% 的利率优惠，仅此一项措施，预计一年可为企业让利达 1 亿元。针对中小微企业和个体工商户无抵押、流动性强的特点，积极落实普惠金融政策，推出"出租车贷"、地摊暖心贷、供应链金融业务等特色金融产品，最大限度地解决他们的流动资金短缺难题，满足差异化信贷需求。邢台农商银行在信贷政策上给予支持，适度增加中长期贷款规模，引导企业充分利用"一次授信、循环使用"的贷款方式，节约企业贷款资金成本，发挥好金融对实体经济发展的支持和保障工作。截至 2021 年 1 月，邢台农商银行已在线上审批贷款金额 3.68 亿元。邢台农商银行还充分利用"宝"类系列信贷产品，围绕"园区、集群、商圈、产业链、特色资源"重点区，主动与企业建立沟通机制，实时动态地满足企业融资需求，进一步提高服务的主动性、针对性。同时继续坚持控大、放小，增加授信客户数量，降低户均贷款规模，全面完成普惠小微企业贷款"两增两控"监管目标。截至 2020 年 11 月底，共发放 1000 万元以下普惠型小微贷款 18.02 亿元。

另一方面，邢台农商银行创新性地推出"开门红"活动，网点实行"一点一策"，指导网点深耕网点三公里内客户圈。加大"亲金融"品牌宣传，基于疫情防控特殊时期，推出"白衣天使贷""普惠助力贷""复工暖心贷"等专项产品助力打赢疫情防控阻击战，更好地支持实体经济发展。

（三）强化科技支撑，优化薪酬管理

2020 年，邢台农商银行启动"数字农商"项目，以此为契机建立起数据仓库与数据管理体系与 CRM 客户关系管理系统，为数字化营销搭建了基础平台。启动供应链金融系统项目，以清河羊绒货押融资为切入点，建立基于流程管理的供应链金融业务平台。2020 年 6 月末，上线数字农商项目，CRM 系统的试运行与推广逐步开展，为银行的转型发展、线上化运营提供了有力的科技支撑。

同时，邢台农商银行以"薪酬建设、风险防控、业务转型、正向激励"为总体工作思路，引进科学的管理理念，运用创新的考核思路来细化和完善薪酬考核体系，使之成为推动新一轮"动能转换"和业务转型的动力。最终以员工创造价值、实现价值增长为目标，建成基于价值经营为导向，融合了 FTP、KPI、考核管理、客户管理、精准营销、业绩管理、薪酬评估等多层面、全方位的薪酬管理体系，有效调动了员工的工作积极性。

（四）助力金融扶贫，践行社会责任

邢台农商银行精准对接建档立卡贫困户的金融服务需求，落实好扶贫小额信贷政策要求，不断加强扶贫信贷风险防控，建立并利用风险补偿机制，推动扶贫贷款健康发展，加大产业扶贫力度，大力支持农业产业化龙头企业、家庭农场和种养大户，带动地区农户共同富裕，提升农村金融服务水平。银行成立了金融扶贫工作领导小组，对符合政策要求的贫困户贷款申请做到应贷尽贷。截至2020年6月底，已发放精准扶贫贷款1182万元。

积极践行企业社会责任，为实现区域更好地发展贡献自己的力量。例如，通过邢台红十字会向邢台支援湖北医疗队员家属，邢台市人民医院、二院、三院、中医院及义工协会一线志愿者进行捐赠，全力支持疫情防控工作，通过邢台红十字会向奋斗在一线的抗疫医疗人员、家属及义工协会志愿者捐款，并号召全行广大党员干部积极投身助力抗击疫情，做好社区管控、居民服务等工作。大力开展"书香邢台全民阅读"活动，主动在有条件的营业厅、网点开辟图书室、图书角，为全民阅读提供便利，在全社会形成好读书、读好书的浓厚氛围，邢台农商银行在8家支行设立了百姓书房和图书角，布放了文学类、自然科学类、儿童类、养生类等多种图书1.6万余册。开展"我是创城主人翁"主题宣传进社区活动和环境卫生清洁、扶贫帮困、文明交通岗执勤及巡街整治等志愿服务活动。向广大居民普及文明知识和金融常识，积极参与创建全国文明城市及创建省级文明城市工作，为创建文明城市贡献自身力量。近几年先后举办了大学生圆梦行动、"孝老护蕊"、广场舞大赛、诗词大会等公益活动，为困难群体送去关爱与帮助，丰富了广大市民的精神文化生活，也提高了邢台农商银行的社会影响力与品牌美誉度。

四、发展建议

（一）提升产品与服务质量

2020年邢台农商银行净利润较2019年同期下降，营业收入增幅较小是重要原因。这反映出该银行以传统贷款业务为主，中间业务种类比较单一，主要是传统结算业务的手续费及佣金业务收入。

受新冠肺炎疫情持续影响，邢台农商银行应积极开拓线上业务渠道，优化中间业务结构，不断提升服务水平和质量，改进客户体验，进而提高盈利能力。具体来讲，一方面，随着居民多样化、个性化、高端化的消费需求与日俱增，极具发展潜力的消费市场活力正在增强。对此，邢台农商银行应以客户需求为定位，准确把握消费领域在疫情过后发展的机遇，积极拓展以公职人员、城乡居民、小企业主等群体为主的个人消费金融业务，满足居民在大宗耐用消费品、新型消费品以及教育、健康、旅游等领域的金融服务需求，有力地推动了消费升级和消费回补。另一方面，应着眼于邢台的产业发展需求，在解决本地中小微企业融资难、融资贵问题上进行发力，深耕普惠金融领域，推出更多金融创新产品，让金融服务与实体经济挂钩，深层次、全方位地助力实体经济跨越式发展。

（二）加强银行信用风险管控

从上述经营状况分析可以看出，2020 年邢台农商银行不良贷款率为 3.62%，较 2019 年同期增长 0.72 个百分点，近几年不良贷款率持续上升。同时，2020 年净利润较 2019 年同期下降，主要原因在于营业收入增幅较小，营业支出增幅较大，营业支出增幅大是信用减值损失同比增幅较大所致。一方面，受地域限制，贷款集中度高，银行客户群体以市、县、镇区域为主，地区分布的密集性导致信用风险分散难度加大；另一方面，银行贷款主要集中于批发和零售业、建筑业、制造业，信贷结构过于单一，风险高度集中且难以服务于大型企业，只能服务于地方中小微企业及个人客户。近年来，由于市场经济下行压力增大，企业融资条件不断恶化，经营成本快速上升，给中小微企业提供贷款的银行面临较大的贷款回收压力。

因此，邢台农商银行在风险管理方面应遵循全面管理、制度优先、预防为主、职责分明的原则，通过制定和实施一系列制度、程序和方法，形成事前防范、事中控制、事后监督和纠正的动态机制，确保实现全行的战略目标、经营目标、报告目标和合规目标。在具体措施方面，应加大过剩行业客户退出力度，积极推进"绿色信贷"，引导信贷投放回归实体经济，构建信用风险管控机制，守住发生系统性风险的底线，严格执行信贷管理制度，规范信贷操作流程，调整信贷投放行业占比、调整信贷投放结构，强化客户风险预警管理，研究制定有效贷后管理办法和催收办法。

（三）优化人力资源结构

尽管邢台农商银行的人员数量变化趋于稳定，但高层次人才占比明显较低。年报显示，2020 年末邢台农商银行员工中本科学历 274 人，硕士学历仅 14 人。高层次人才占比低往往难以适应科技化背景下银行转型发展的战略需要。

有鉴于此，邢台农商银行应进一步加大人才引进力度，尤其注重高层次人才的引进和培养，构建完备的人才引进和考核激励机制。例如，常熟农商银行和苏州农商银行通过着力优化员工薪酬制度以吸引高素质员工加入，目前两行的本科以上学历员工占比均在 80% 以上，并且每年增幅明显。邢台农商银行在借鉴人才经验引进策略的基础上，还可以考虑采取与高校、科研院所等机构合作及开设实习培养基地等措施，为银行的高质量发展提供更多人才储备。

第四节　沧州农村商业银行①

一、概述

沧州农村商业银行于 2008 年 6 月 26 日成立，其经营范围包括吸收存款；发放短期、中期和长期贷款；办理国内结算等。2018 年 4 月升格为市级农村商业银行。连续八年被监管部门评为"二级行"。

沧州农村商业银行市场定位按照科学发展观要求，秉承"诚信立行、合规固本、融新创优"的经营理念，坚持服务沧州地方经济、服务中小微企业的发展定位，积极支持民营经济，服务小微企业，巩固和发展外向型经济，强化辐射功能，积极拓展服务领域，努力促进区域经济协调发展，全力打造资本充足、机制灵活、内控严密、运营安全、服务和效益良好的现代化金融企业。曾获得市级及省级各项荣誉。2020 年，获得沧州市人民政府"金融进步奖"、沧州市金融监督管理局"金融人才素质提升计划优胜单位"、沧州市运河区人民政府"经济发展功勋奖"、沧州市文明办"沧州市文明单位"、河北省银保监局"银行保险机构案防合规文化建设先进单位"、河北金融市场协会"2019 年度金融创新工作技术创新奖"。

二、经营状况

（一）资产负债情况

由图 3-34 可以看出，沧州农村商业银行近年来总资产规模呈上升的趋势，2017~2020 年总资产分别为 412.68 亿元、468.41 亿元、527.68 亿元、567.17 亿元。2017~2020 年增长额分别为 55.73 亿元、59.27 亿元、39.49 亿元。其中，受 2020 年初开始的新冠肺炎疫情影响，全年资产规模增长较前两年相比有较大幅度的较少，2017 ~ 2020 年增长率逐年减少，分别为 13.50%、12.65%、

---

① 作者：修维娅，河北经贸大学金融学院硕士研究生。

7.48%，资产规模扩张趋势日益放缓。

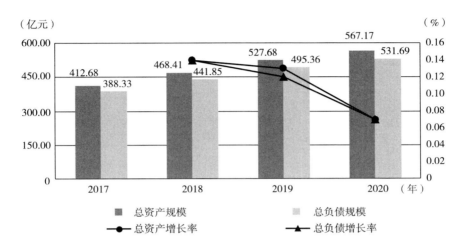

图 3-34 沧州农村商业银行 2017~2020 年资产负债情况

在总负债方面，2017~2020 年分别为 388.33 亿元、441.85 亿元、495.36 亿元、531.69 亿元，增长额分别为 53.52 亿元、53.51 亿元、36.33 亿元。负债增长额度在 2020 年有所减少，2017~2020 年负债增长率分别为 13.78%、12.11%、7.33%。可以看出，2017~2020 年，沧州农村商业银行负债规模增长速度逐年放缓。

（二）盈利能力分析

1. 净利润

如图 3-35 所示，沧州农村商业银行 2017~2020 年财务报表显示净利润分别为 3.8 亿元、4 亿元、3.3 亿元、3.2 亿元。增长幅度分别为 0.2 亿元、-0.7 亿元、-0.1 亿元。其中，2017~2018 年增长率为 5.26%，但 2019 年沧州农村商业银行积极探索新的营销模式，以全力提升综合收益为导向，积极开展存贷款综合营销工作，建立综合营销体系，并且为应对经济下行，特别是利率市场化带来的竞争环境，及时调整经营目标，优化存贷款业务结构后，2019 年净利润较 2018 年增长率下降了 17.25%。不过 2020 年在新冠肺炎疫情的冲击下，世界经济较 2019 年形势更加复杂严峻，企业经营风险上升，据统计，2020 年沧州农商行整体净利润同比下降 3.03%。沧州农村商业银行净利润增速的下跌幅度减少，虽然净利润增长率仍然为负值，但就总体经营环境而言，沧州农村商业银行 2020 年净利润收益情况仍处于同行业较高水准。

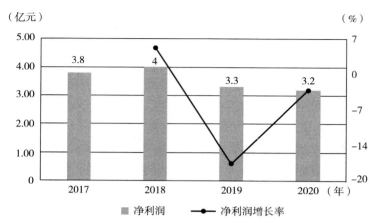

图 3-35 沧州农村商业银行 2017~2020 年净利润变化情况

资料来源：河北省沧州农村商业银行官网。

2. 资产收益率

资产收益率将资产负债表和损益表中的信息结合，是银行运用其全部资本获得利润的集中体现，该指标越高说明资产利用效果越好。如图 3-36 所示，2017~2018 年资产收益率分别为 0.92%、0.85%，与平均资产收益率 0.9%、0.84% 相比高出 0.02%、0.01%，高于同行业平均水平。沧州农村商业银行 2019~2020 年资产收益率分别为 0.63%、0.56%，而农村商业银行平均资产收益率为 0.82%、0.64%。因此，沧州农村商业银行 2019~2020 年资产收益率较同行业有小幅度下降，相对于同业来讲，稍显竞争力不足。

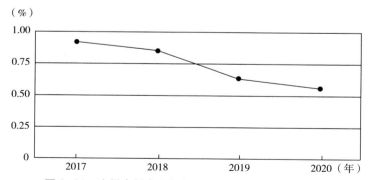

图 3-36 沧州农村商业银行 2017~2020 年资产收益率

资料来源：河北省沧州农村商业银行官网。

3. 资本利润率

资本收益率又称资本利润率，指企业净利润即税后利润与平均资本的比率，用以反映企业运用资本获得收益的能力，也是财政部对企业经济效益的一项评价指标。资本收益率越高，说明企业自有投资的经济效益越好，投资者的风险越少，值得继续投资。从沧州农村商业银行 2018～2020 年财务报表可知，2018～2020 年资本利润率分别为 15.67%、11.06%、12.61%。资本利润率呈现先下降后上升的情况。但 2019 年相较于 2018 年资本利润率下降了 4.61 个百分点，2020 年相较于 2019 年上升 1.55 个百分点，盈利能力有所上升。由此可以看出，2020 年，沧州农村商业银行积极内部改革如加强风险管理、提高组织管理能力、提高产品定价能力等方面取得了较好的效果。从资本利润率看，沧州农村商业银行虽然资产收益率逐年降低，但内部改革后资本收益率有所改善。

（三）安全性分析

从银行经营管理看，坚持安全性原则能增加预期收益的可靠性；能在公众中树立良好形象，吸引更多客户和资金；有利于维护社会、经济和金融的稳定。

1. 资本充足率

资本充足性指银行的资本应保持既能经受还账损失的风险，又能正常运营，达到盈利的水平，衡量银行经营业务是否稳健的一个重要标志。资本充足性包含两方面的含义：一方面，银行资本能够抵御其涉险资产的风险，即当这些涉险资产的风险出现时，银行资本足以弥补因此产生的损失；另一方面，对于银行资本的要求应适度，如果过高会影响金融机构相关业务的开展及其资本的扩张。《巴塞尔协议》规定，银行总的资本比率不得低于 8%。根据沧州农村商业银行 2018～2020 年报表资本充足率分别为 10.66%、11.28% 和 12.1%，呈逐年上升的趋势。河北农村商业银行 2018～2020 年整体资本充足率平均为 13.2%、13.13% 和 12.37%。由此可以看出，虽然沧州农村商业银行完全满足监管不低于 8% 的要求，但在同行业中属于较低水平。

2. 贷款质量

贷款质量可以衡量贷款资产的优劣程度。它包含三重意义：一是反映贷款资产的安全性大小，即商业银行收回贷款资产本金的可能性程度；二是反映贷款资产的合法合规性，及时发现商业银行经营贷款业务活动有无违法违规行为；三是贷款资产的效益性，着重反映商业银行经营贷款资产的增值和盈利能力。贷款可分为五类：正常、关注、次级、可疑、损失。其中，次级、可疑、损失为不良贷款。而不良贷款率可以反映商业银行贷款质量，根据沧州农村商业银行 2018～

2020 年财务报表其不良贷款率分别为 1.92%、1.97% 和 1.98%，虽然有逐年上升的趋势，但相较于河北农村商业银行 2018~2020 年整体不良贷款率分别为 3.96%、3.9% 和 3.88%，保持较好贷款质量，并且远低于监管指标 5%。不过在疫情反复不断的冲击下，企业经营风险上升，对于不良贷款率仍需保持谨慎的态度。

3. 杠杆率

杠杆率指资产负债表中总资产与权益资本的比率，杠杆率是衡量公司负债风险的指标，从侧面反映出公司的还款能力。沧州农村商业银行 2018~2020 年财务报表杠杆率分别为 4.55%、4.93% 和 5.56%。杠杆率逐年升高，并且高于监管指标 4%。说明沧州农村商业银行对于健康运营的重视。

（四）流动性分析

商业银行的流动性被视为商业银行的生命线。分析商业银行的流动性可以了解银行对于流动性风险的抵御能力，反映了银行资产负债管理的能力以及资产负债结构的合理性。

1. 流动性比率

沧州农村商业银行 2017~2020 年流动性比率的变化情况分别为 41.31%、40.99%、40.99% 和 44.83%，其中，2017~2018 年流动性比率稍微下降，2018~2019 年流动性比率持平，2019~2020 年在新冠肺炎疫情的冲击下，沧州农村商业银行流动性比率提高接近 4 个百分点。《商业银行流动性风险管理办法（试行）》要求商业银行流动性比率不低于 25%，沧州农村商业银行完全满足该要求。不过农村商业银行整体流动性比率分别为 53.14%、58.77%、63.15% 和 65.2%，从中可以看出，沧州农村商业银行流动性低于同行业。

2. 拨备覆盖率

拨备覆盖率是实际上银行贷款可能发生的呆、坏账准备金的使用比率，是衡量商业银行流动性的重要指标。沧州农村商业银行 2018~2020 年财务报表拨备覆盖率分别为 151.94%、152.94% 和 152.36%，2018~2019 年拨备覆盖率略微有所上升，上升 0.44 个百分点，2019~2020 年下降 0.58 个百分点。总而言之，沧州农村商业银行拨备覆盖率满足 120%~150% 的监管指标，并且相对于同行业 2018~2020 年拨备覆盖率 132.54%、128.16 和 122.19%，有较高应对贷款损失的能力。

三、创新发展

沧州农村商业银行 2008 年创立至今形成了不仅具有自身特色的业务，还承担起了一定的社会责任。

（一）经营特色与创新

1. 沧州农村商业银行坚持市场定位，做优做强零售业务

坚持"支农支小"战略定位，强化小微企业贷款服务意识。调整贷款投放结构，加大小微贷款投放力度，提升小微企业贷款服务意识。树立"小而再小"的贷款营销意识，常抓小额贷款营销，坚持把500万元以下的业务作为主攻方向，在量上积少成多。通过持续营销，基本形成了以辖内小型个体工商户、小微企业和农户为主的客户群体，行业主要覆盖生产制造、批发零售、种植养殖等。截至2020年末，沧州农村商业银行小微企业贷款余额达到88.84亿元，全年累计投放87.93亿元。

坚定不移地推进"根据地"建设。选取示范村，树立标杆，全面推动"双基"共建提质扩面增效。将双基共建和零售业务有机融合，根据建设和金融服务有机结合，加强业务推广与营销，按日督导分析，实现任务量化、指标细化、人员管理深化，快速应对迭代的金融发展新趋势。截至2020年末，共建立示范村20个，建档评级1918户，授信317户，用信金额4392万元。

助力"六稳""六保"，积极解决小微企业融资难题。①用足用好再贷款再贴现政策，助力实体经济发展。向中国人民银行沧州市中心支行累计申请办理支农支小再贷款3.63亿元、再贴现4.54亿元，有力支撑中小微企业复工复产。②积极落实延期还本付息政策，采取适当延期还款、减免利息费用、提供征信保护、做好续贷服务等措施，帮助客户渡过资金难关。截至2020年末，申请延期还款累计3.16亿元。③积极落实小微企业信用贷款计划，制定出台《法人客户信用贷款管理办法（试行）》，增强对小微企业获得纯信用贷款的支持。截至2020年末，小微企业信用贷款余额1.88亿元，其中普惠小微信用贷款余额1.75亿元。

2. 通过金融市场运作，提高资金营运水平

根据国家政策及资金市场变化，调整资金运作模式，在确保资金安全的基础上实现收益最大化。①健全授权授信管理机制，实行黑白名单制管理，严控同业业务交易对手准入，加强源头风险防控。②关注国内外经济环境变化，紧跟金融市场形势，实行多元化投资，积极调整债券持仓，优化债券配置。同时，在防控信用风险的基础上，抓住市场先机，投资了短期理财、货币基金、ABS资产支证券、同业存单等，拓宽了收益渠道。③加强金融市场资产负债管理能力，优化资金使用效率，降低同业负债成本，实现增收节支。

3. 依托电子银行业务，探索大零售服务模式

探索金融服务模式，串联介绍存款、贷款、手机银行、随 e 盾、农信 e 购、云闪付、信用卡，引导客户全方位体验产品功能。①树立"小指标""大作为"的理念，发展代收社保、非税电子化收入、企业版手机银行、超级网银等业务，吸引优质金融消费者科学选择银行产品。②实施"走出去"战略，积极走进党政机关、事业单位等营销代收社保、非税电子收入等电子银行业务，开展银企对接活动，开展低成本存款营销及企业版手机银行业务，努力提升低成本存款规模。③扩展信用卡业务。截至 2020 年末，沧州农村商业银行信用卡发卡量 7014张，占全省农信系统发卡总量的 42%；信用卡收入 289.12 万元，占全省农信系统信用卡收入额的 64%；授信额度 2.6 亿元，占比达到 37%。

（二）内部管理特色

1. 较为完善的法人治理结构，有效发挥董事会的作用

主要措施包括：①选聘专家型、学者型人员增加到董事会，提升董事会整体决策水平。②将内部审计评价工作提升到董事会层面，发挥董事会审计委员会作用，不断提升内部审计工作水平。③做好股权和关联交易专项整治工作，提高关联交易管理的规范性和风险防范水平。④落实高管履职考核，提升治理主体履职质效。定期对高管人员进行考核，细化考核标准，确保经营层勤勉忠实的履行职责，促进沧州农村商业银行长期健康发展。

2. 员工培养与管理

在员工培养方面，坚持以人为本，关注人才培育。①坚持"德才兼备、公平竞争、择优录取"原则，招录新员工，补充新鲜血液，永葆队伍活力。②采取多样化培训方式激发员工内生动力。针对业务开展"分层分类式培训"，定期考核，将考试成绩纳入个人月度考核，促进学习积极性，增强培训效果。全年共计开展培训 92 场，培训员工 10400 人次，培训费用约 22.66 万元。③抓实抓牢理想信念教育。组织"抗美援朝 70 周年主题展览"参观学习活动、"纪念毛泽东诞辰 127 周年"党性教育活动，引导党员干部坚定共产主义远大理想，增强党性，提振党员干部干事创业精气神。

在员工管理方面，完善绩效考核，激发内生动力。①每年开展员工考核，对于考核不合格不称职的员工，给予降级降档处理。②每半年对员工进行行为排查，及时掌握员工思想和行为动态，确保员工合法合规地开展工作。③对重要岗位、关键岗位人员开展轮岗轮换、强制休假，有效发现和防范操作风险隐患。④加强警示教育。通过外聘律师讲解案例、进入监狱听罪犯现身说法等，使员工

从反面典型中吸取教训，增强遵章守纪、拒腐防变的自觉性。⑤强化操作风险培训。对业务操作中潜藏的风险因素，制订针对性培训方案，提升员工业务能力和风险意识。⑥选拔委派会计，充实后备会计队伍，提高内控管理水平。

（三）社会责任

沧州农村商业银行将绿色发展理念纳入企业文化，同时积极鼓励员工参加环境建设和社会公益活动。一是落实绿色办公管理要求，针对水、电、纸张等费用实行限额管理，减少办公纸张浪费。二是充分利用视频会议系统，移动 OA 办公系统，倡导绿色办公。

在绿色信贷方面按照"突出重点、区别对待"的信贷政策，构建"绿色贷款"通道，强化对节能环保企业的信贷支持，不断强化绿色信贷建设机制。①严控"两高一剩""落后产能"的信贷投放，切实履行信贷闸门对限制企业和行业的抑制作用，促进绿色信贷良好发展。②对属于压缩退出业务范围的存量业务，提前制定处置预案，做好压退管理。③加大对新能源、高科技、节能减排、绿色经济、低碳经济、循环经济的信贷支持力度，切实履行信贷政策的导向作用。④做好绿色信贷全流程管理，强化对客户在环境和社会风险方面的考察，严把贷前准入关，严格环保信息审查，通过贷后检查了解借款人环保依法合规情况，强化全流程管理。截至 2020 年末，全行共投放绿色信贷贷款 1.22 亿元，较年初增长 1.17 亿元。

沧州农村商业银行将绿色发展理念融入企业，推动绿色金融制度、产品和服务创新。①从制度建设入手，研发绿色金融服务产品，创新"绿色"通道，建立有效的激励与约束机制。②通过既有绿色信贷领域客户上下游产业链的延伸，以及对节能环保领域优势企业的重点营销，持续扩大基础客户群。③积极推广电子银行、移动展业、智能终端自助设备等绿色服务方式，积极倡导客户使用手机银行、网上银行、微信银行等电子渠道，减少客户的出行和纸张损耗。

四、发展与建议

当前世界经济形势依然复杂严峻，企业经营风险不容忽视。特别是 2021 年以来疫情反复，河北疫情防控形势异常严峻，给经济社会正常运转以及沧州农村商业银行业务经营带来一定影响；互联网对金融业的渗透程度与日俱增，互联网金融的创新与发展改变了整个金融生态；利率市场化改革持续深化，加剧了金融市场竞争，造成负债成本偏高，而信贷投放利率下降，净息差持续收窄，收益呈下降趋势；各大银行纷纷下沉重心抢滩农村市场，对沧州农村商业银行业务经营发展形成较大冲击。因此，未来沧州农村商业银行发展需要注意以下几点。

（一）提高盈利能力

1. 提高信贷盈利能力

加大信贷投放，同时提高新投放贷款质量。①打通信贷管理系统，加快贷款办理速度和质量。②推动获客渠道线上化。③从优化部门设置、工作流程和人员素质入手，进一步提升贷款报审速度和效能。④加强支行贷款营销力度，贷款营销的末端在支行，支行要以支行行长为核心整合人力资源和营销资源，使之发挥最大的业务营销威力。

2. 优化负债结构

降低负债成本对于沧州农村商业银行而言也是一个主基调。①提升支行自身造血功能，增强自身营销能力。②细分区域市场，对于不同类型的客户要研究不同策略，如财政类、事业单位类、企业类等，实施一类一策，甚至对于大型客户要一户一策，提升营销的针对性和有效性。

3. 提高中间业务盈利能力

根据近年来沧州农村商业银行经营情况看，盈利能力逐年下降，并且从2017~2020 年财务报表中可以看出沧州农村商业银行净利润有相当一部分来自投资子公司的盈利，如图 3-37 所示。

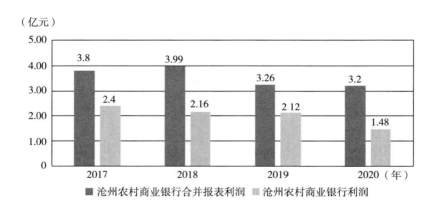

图 3-37　沧州农村商业银行 2017~2020 年利润情况

资料来源：河北省沧州农村商业银行官网。

由图 3-38 可知，除去投资收益，沧州农村商业银行本行盈利点都依靠于传统利息差，而中间业务即中介人或者代理人的角色，在其他两个支柱产业的基础上，通过自身所具有的资金、信誉、技术、信息、机构网络等优势，帮助客户处理收付款以及其他委托事项而收取一定手续费的业务盈利能力较弱。

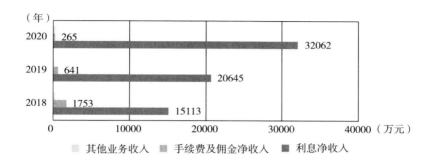

图3-38　沧州农村商业银行本行2018～2020年净利润结构（除投资收益）

资料来源：河北省沧州农村商业银行官网。

目前经济全球化形势，金融市场对外开放，银行的发展环境因此发生了重大变化，国内银行遭受的挑战逐渐加剧，传统盈利模式的利息差会面临较大的冲击，大中小银行为了扩大发展空间、在市场竞争中占有一定的地位，发展中间业务显得尤为重要。因此，沧州农村商业银行需要提高中间业务盈利能力。沧州农村商业银行特色业务非保本理财业务从2019年20100万元到2020年6000万元，有较大幅度的下降。虽然其中有疫情对于整个经济的影响，导致客户风险规避情绪上升，非保本理财盈利下降，但中间业务在沧州农村商业银行利润占比较小，表现并不突出。中间业务不同于传统业务，它触及范围广、针对性强、要求高并且需要专业性的人才，同时又具有批量化的特点。因此，沧州农村商业银行提高中间业务盈利能力需要完善中间业务研发和管理机制，提高产品质量，优化业务流程，从而在保持原有业务优势得到基础上提高中间业务盈利能力。

（二）加强风险管理

主要措施包括：①2020年疫情冲击和宏观经济下行压力影响，企业普遍经营困难，造成不良贷款出现反弹，风险增加。②疫情以来积极落实再贷款再贴现、延期还本付息等普惠金融政策，既造成短期内信贷资产质量下降，影响当期利润，又形成了潜在风险。因此，虽然沧州农村商业银行在安全性方面完全满足监管指标，但仍需加强风险管理，动态调整风险管理措施。

（三）内部管理

优化机关部门设置，提升管理效能，推动业务经营。调整总行部门设置、明确部门职责，理顺管理路径，适应经营环境，最大限度整合总行和支行的人力资源，提高工作效能。

（四）发展金融科技

自 2013 年以来，互联网金融迅速发展，第三方支付机构逐步走向成熟化。互联网科技对各产业渗透促进了效率提高，引发产业融合，但对于传统金融机构有较大的冲击。因此，沧州农村商业银行需要发展金融科技，秉持创新基因，提升创新能力，布局信息化项目载体，为业务发展提供强力支撑。运用科技力量推动网点转型运用科技力量推动网点转型。以发展智慧银行为核心，优化完善自助机具功能，去高柜缓解柜面压力，整合人力资源，解放生产力，促进网点快速实现智能化转型。以信息化手段推进系统数据共享互联。将多个单独系统整合成完整的业务管理体系，减少数据人工重复维护量，保障系统之间数据的一致性和准确性。

第五节　唐山农村商业银行①

一、概况

河北唐山农村商业银行股份有限公司（以下简称唐山农商银行）于 2013 年 9 月 13 日成立，2013 年 10 月 23 日挂牌开业。唐山农商银行下辖 9 家一级支行、83 家二级支行、80 家分理处、1 家储蓄所，网点遍布唐山丰润区、丰南区、古冶区、开平区、路南区、路北区和高新技术开发区、南堡经济开发区、芦台开发区、汉沽管理区以及迁安市、玉田县、乐亭县、滦南县，是河北规模最大的农村商业银行。唐山农商银行坚持"立足'三农'、面向县域（社区）、服务中小微企业"的市场定位，积极在体制机制、公司治理、管理运营、防控风险、支持"三农"和服务中小企业等方面进行探索和创新，努力承担社会责任，体现社会价值，全力服务唐山地方经济发展，取得了明显的经济和社会效益。成立以来，唐山农商银行认真落实省联社和唐山市委、市政府的工作部署，严格执行各项监管要求，不忘初心、牢记使命，奋力推动全行改革经营和管理服务，各项工作实

---

① 作者：张雨萌，河北经贸大学金融学院 20 级专业硕士研究生；王梓芗，河北大学国际学院 21 级本科生；傅诗涵，河北经贸大学金融学院 20 级本科生。

现新跨越。2018 年末资产规模在全国 1300 多家农商行中排名第 46 位，在 2019 年农商行互联网指数全国排名第 74 位。先后被原中国银监会等授予"全国 2015~2016 年度农村商业银行标杆行""中国债券市场优秀发行机构""中国服务县域经济领军银行"，2017 年获"中国服务小微企业十佳农商行""银行卡业务创新最佳中小银行"，2018 年获"中国服务乡村振兴十佳中小银行""全国农村金融十佳科技创新机构"等荣誉称号。

在提供金融服务方面，与时俱进，积极创新，不断满足城乡金融服务需求。几年来，建立了个人类 5 个系列 23 个产品的个贷类产品体系、企业类 5 个系列 30 个产品的公司类信贷产品体系。上线运行客户管理等 20 多个业务管理系统，开通随 e 盾手机银行、网上银行等线上金融服务渠道，有效改善了农村金融服务环境。累计发行金凤卡 269.61 万张，安装自助设备 275 台，布放 POS 机 346 台，手机银行用户突破 44.82 万户，网上银行用户突破 6.84 万户，能够提供 7×24 小时的线上线下金融服务，人性化、智能化服务能力大大提高。

二、公司治理

（一）股东结构

截至 2020 年末，唐山农商行股东总 1865 户，共持有该行股份 279453 万股。企业法人股东 42 户，共持有该行股份 160425 万股，持股比例为 57.41%；自然人股东为 1823 户，共持有该行股份 119028 万股，持股比例为 42.59%。其中：非职工自然人股 92887.9 万股，持股比例为 33.24%；职工自然人股 26140.1 万股，持股比例为 9.35%。

首先分析第一大股东的情况。通常来说，第一大股东应该对企业有重要的控制力以及影响力，但是根据银监会的要求，单个境内非金融机构及其关联方合计投资入股比例不得超过农村商业银行股本总额的 10%。如表 3-7 所示，从具体的持股比例看，唐山农商行的大股东为河北文丰实业集团有限公司，持股比例为 7.16%，符合银监会的管理办法。这样的大股东持股比例决定，唐山农商行单一股东无法控制股东大会与董事会，大股东不可能为了自己的利益而损害其他中小股东的利益。

表 3-7　唐山农商行最大 10 户股东持股情况　　　　　　单位：万股,%

股东名称	持股份数	持股比例
河北文丰实业集团有限公司	20000	7.16

续表

股东名称	持股份数	持股比例
香河县高氏印务有限公司	12600	4.51
唐山奥瀚商贸有限公司	12600	4.51
迁安市思文科德薄板科技有限公司	12500	4.47
赤峰市得丰焦化有限责任公司	12000	4.29
唐山市昌隆房地产开发有限公司	10000	3.58
唐山瑞丰钢铁（集团）有限公司	10000	3.58
唐山市永鑫国际贸易有限公司	9750	3.49
唐山市丰南区鑫丰热力有限公司	8100	2.90
唐山富登商贸有限公司	8000	2.86

此外，前十大股东中均是民营企业，其中持股比例最高的是唐山农商行的二股东：香河县高氏印务有限公司，持股比例达到 4.51%。由于股份分散，唐山农商行单一股东无法控制股东大会与董事会。同时，分散的股权结构能够保障大部分中小股东的权益，使公司真正意义上的最高权力机构为股东大会。

唐山农商行的股东分为两类，分别为法人股东和自然人股东。从整体的股东占比看，法人股占比最高，达到 84.54%，高份额的法人股可以让唐山农信社的管理更加集中化与专业化。第二大比例是非职工自然人股，占比为 8.73%；占比最小的是职工自然人股，为 6.73%，其中高管持股 0.5%。内部员工持股可以将自身利益目标与农信社股份制改革的可持续发展、实现农村金融机构的利润最大化紧密联系在一起，使员工与农商行结成利益共同体，有利于调动"内部人"推动股份制改革的积极性以及未来员工持股计划的推进，追求商业化可持续发展。

（二）内部治理分析

内部治理一直是影响我国农村商业银行发展的重要因素，也是促使我国农村商业银行发展的主要动力。唐山农商行在股东大会下还成立了董事会、监事会，对公司运行和高管进行监管。尽管唐山农商行的法人控股占比达到 84.54% 左右，但法人股东中的持股也呈现一定的分散性，没有实际控股股东，这也是银行内部股东大会、监事会、理事会以及高层管理者能够独立运行的重要前提，董事会共有 15 名董事，其中，独立董事 3 名，都是区域内著名企业的高管或者专业领域的优秀学者，能够有效保证公司内部决策的科学性，对关联交易等重要事项发表意见，促进唐山农商行的持续健康发展。董事会下设发展战略委员会、"三农"

金融服务委员会、风险管理委员会、审计委员会、关联交易控制委员会、薪酬与提名委员会等，以处理各方面事务。监事会方面，共由9名监事组成，包括3名职工监事、3名外部监事和3名股东监事，监事会下设监督委员会和提名委员会，主任委员均由外部监事出任。监事会认真履行监督职责，积极开展专项调研和审计调查，依法对唐山农商行的财务活动、风险管理和内部控制以及董事会、高级管理层履职情况等进行监督，有效保证了农商行内部决策的公平和真实。

同时，唐山农商行实行董事会领导下的行长负责制。行长受聘于董事会，对该行的日常经营管理全面负责，副行长等其他高级管理人员协助行长工作。行长依照法律法规、公司章程以及董事会授权，组织开展经营管理活动，组织实施股东大会、董事会决议，拟订年度经营计划和投资方案、年度财务预算和决算方案、利润分配方案、基本管理制度和制定具体规章等。

此外，唐山农商行严格按照《商业银行信息披露管理办法》、公司章程和《信息披露制度》有关规定，履行信息披露义务，真实、准确、完整、及时地披露银行重大信息，确保所有股东有平等的机会获得信息。

三、经营管理

（一）安全性分析

银行运营的首要原则是资产收益的安全性，由于商业银行的基础业务是吸收存款，发放贷款，因此对储户存款负责，保证储户存款的安全，是商业银行首先要考虑的因素，安全性的保证下，才能考虑资产流动性和盈利性。对安全性的分析，可以从资本充足率、核心资本充足率、不良贷款率、不良贷款拨备覆盖率四个方面考虑，前两个方面是从银行的资本实力出发，以银行自身的资金考察其抵抗风险的能力，根据《巴塞尔协议》，商业银行的资本充足率和核心资本充足率分别应该高于8%和4%。不良贷款率和拨备覆盖率是从银行经营角度，尤其是从银行发放贷款的角度，不良贷款率通过计算不良贷款的比率，判断银行可能的潜在风险，不考虑其他因素，不良贷款率越低，说明银行的信贷资产安全性越高。拨备覆盖率是银行计提的贷款损失准备对其不良贷款的覆盖程度，反映出银行对贷款损失的抵御和消化能力。

如图3-39所示，唐山农商行资本充足率均在13%以上，核心资本充足率均在9%以上，达到了银监会对银行业（核心）资本充足率的最低标准。同时，为了推动股份制改革的顺利进行，唐山农商行进行了增资扩股，引进了优质法人股，使得唐山农商行的资本充足率得到了进一步提升，并且有持续增长的趋势，说明股份制改革增强了该金融机构风险抵御能力。不良贷款方面，近几年来唐山农商行的不良贷款率基本持平，保持在较低水平，资产质量并未出现明显变化。这说明近年来唐山农商行的贷款回收率较为良好，同时资产较为安全，存在的风险较低。拨备覆盖率方面，拨备覆盖率指对银行不良贷款导致资产损失的减值准备，衡量银行贷款损失准备金计提是否充足的一个重要指标。由图3-39可知，唐山农商行近年来的拨备覆盖率有所下降，主要是由于贷款准备缺口有所增加所导致的，但仍高于银监会对银行业拨备覆盖率的最低标准。可见股份制改革使得唐山农商行抵御风检的能力有所提高，财务状况趋于稳健。

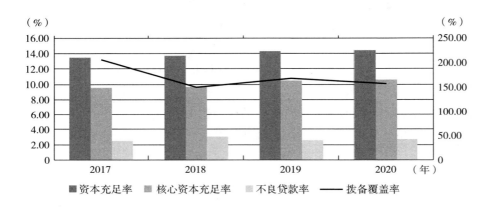

图3-39　唐山农商行的安全性指标

（二）流动性状况分析

流动性指标主要是用来判断银行资产的变现能力，尤其是在特殊的压力情况下，银行资产应该具有较好的变现能力，以满足一定时期银行运营对流动性的需要。流动性指标对银行的运营至关重要，银行的储户随时有提现的需求，一旦流动性和体现需求不被满足，极容易引发市场间的信任危机，出现挤兑行为，从而演变成系统风险，对金融业和国民经济带来巨大的损伤。按照监管要求，唐山农商银行在年度报告中有专门披露流动性指标，具体如图3-40所示。

流动性比率，可以理解为商业银行的流动性资产和流动性负债的比值，流动性负债多由银行的存款构成。因此，该指标主要考察银行应付储户提现的能力。流动性比率越大，说明银行短期偿债能力越强。唐山农商行的流动性指标除2018年出现了较大幅度下滑外，近两年该指标均为增长趋势，说明唐山农商行流动性充裕，但也说明中长期贷款增长不足，这可能与近两年的疫情影响有关。整体来看，股改以后，唐山农商行的流动性管理更加规范，都在政策规定的框架内运行，超额备付金比例大幅提升。

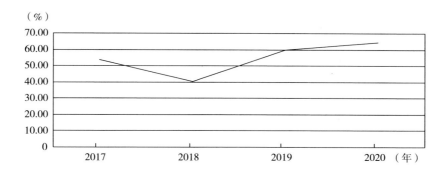

图3-40　唐山农村商业银行流动性指标

（三）盈利性状况

如果说安全性基于存款人的角度考虑，流动性基于社会性的角度考虑，那么盈利性基于股东的角度考虑。盈利是商业银行保持竞争力的一个重要条件，通过对商业银行盈利的考察，可以反映出商业银行运用资产、控制成本、加强运营的能力。在安全性和流动性保障的基础上，商业银行的盈利能力越强，其竞争力也越强，对股东来说也更加有利。

净资产收益率能够反映出银行的股东权益的盈利能力。也就是说，股东的投入能有多大的回报率。通常情况下，净资产收益率比值越高，说明商业银行的盈利能力越强。由表3-8可以看出，唐山农村商业银行净利润出现下滑趋势，2019年有所反弹，但受疫情等因素影响，2020年出现大幅下降，资产收益率随之下滑，出现变动的主要原因是净利润在下降，而经营成本增长较快，表明在经营决策等方面出现了一定的问题。同时，随着目前银行业竞争的加剧，对农商行的发展产生了一定的压力。

表3-8　唐山农村商业银行盈利性指标　　　　　　　单位：万元，%

指标＼年份	2017	2018	2019	2020
资产总额	6629972	6559052	7384333	8152397
权益总额	529377	491120	574791	579906

指标 \ 年份	2017	2018	2019	2020
利润总额	55501	43289	45333	38537
净利润	43852	33819	36484	31358
资产报酬率	0.66	0.52	0.49	0.38
净资产收益率	8.28	6.89	6.35	5.

（四）支农支小效果

强化新型小贷中心建设，针对本区域特色产业，围绕本地农业产业、专业市场、优质商圈，利用市政府"春雨金服"企业综合金融服务平台，加强对接、择优支持，对接成功率100%，融资成功率80%以上，截至2020年11月末，唐山农商行共向"春雨金服"平台推荐企业1456家，受理企业信贷需求53家，发放贷款金额11.77亿元。例如，辖内滦南农商银行采取"公司+农户"方式，对某海产公司和水产养殖户进行信贷支持。在疫情期间全部开通线上申贷平台，推行首办负责制、限时办结制，缩短信贷审批链条，提高审批效率。截至2020年11月末，全辖通过在线平台发放贷款431笔，金额10615万元。

开展双基共建，夯实信用基础。截至2021年7月末，全辖"双基"共建，①当年新增贷款20.74亿元，全辖"双基"共建授信客户24.95万户，授信户数占信用户数比例为70.28%，用信客户12.87万户，用信户数占信用户数比例为36.26%。

聚焦"六稳""六保""国内国际双循环"决策部署和监管要求，落实支农支小再贷款、再贴现等政策，打通资金需求堵点、困点，为中小微企业纾困解难。截至2021年7月末，唐山农商行发放涉农贷款余额633亿元，小微企业贷款余额672.6亿元，其中累计办理支农支小再贴现5.99亿元、支农再贷款4.43亿元、支小再贷款4.85亿元，累计办理普惠型小微企业贷款延期还本付息10.89亿元、无还本续贷18.57亿元。

开展金融扶贫。通过适当延长还款期限、不纳入征信记录等方式，帮助受疫情影响贫困户渡过难关，截至2021年7月末，唐山农信存量扶贫小额信贷189

---

① "双基共建"意思是指村党组织和基层农商银行党支部深入融合结对共建，村党组织协助开展评级授信，农商银行提供优质低息的金融服务。

户、金额 517.64 万元。①

（五）拓展支付消费新场景

积极开拓公交、医院、商超、景区等消费新场景，多角度、立体化助推消费转型升级。例如，迁安农商银行和遵化联社分别与中唐天元谷景区和清东陵景区对接，开发移动支付收单系统，涵盖门票、酒店、餐饮、娱乐、纪念品超市等消费场景，自开通以来已累计发生交易 7.4 万笔，金额达 1780 万元；玉田农商银行为辖内玉滨公路收费站开通微信、支付宝、云闪付聚合扫码缴费功能，日均交易 1500 笔以上，提高了车辆通行效率；乐亭联社与县卫生局合作开发智慧医疗云健康信息平台，将智能 POS 机、"农信 e 购" 等设备融入收费系统，为群众就医提供多种便捷支付方式。2021 年以来，唐山农信各类 "农信 e 购" 活跃商户达到 5.82 万户，交易笔数达 1734.78 万笔、金额为 19.31 亿元。联通银社税企，打造便民惠企新模式。充分借助省联社 "银社联网" "银税联网" 等系统，积极与地方人社、医保等部门对接，代理养老保险、医疗保险、种粮补贴、税款收付和缴纳等工作。依托省联社农信 e 缴费平台，拓展企业党费、社区物业费、教育机构学费、城乡居民医保费等收缴业务范围，全辖通过农信 e 缴费平台代缴各类税费 20.16 万笔、金额 1.32 亿元。其中，迁安农商银行加大宣传力度，助力城乡居民医保线下线上缴费，2021 年累计缴费 17.88 万笔，金额 3230 万元；滦州农商银行积极为滦州海阳私立学校收缴学杂费，累计代收 1.77 万笔、金额 9900 万元。②

四、发展中存在的问题

（一）公司治理尚待完善

在股份制改造后，唐山农商行通过清产核资，增加资本，扩大股份，建立更合理的股权结构和组织架构来消化历史负担。唐山农商银行基本建立了 "三会一层"，不过由于历史包袱的原因使公司治理仍有些不足，具体表现为唐山农商银行在股改后经营管理等方面会受到省联社的影响，背离了农商银行的现代企业制度。唐山农村商业银行在法律地位上属于独立法人，但从其实际经营运作看，由于省联社对农信社的行业管理结合了行政管理权，农村商业银行的高管都是由省联社提名，人事任免实质上都会受到省联社的影响，从而使其法人治理结构呈现

---

① 河北省农村信用社联合社. 唐山农信守初心担使命积极助力乡村振兴［EB/OL］. http：//www.hebnx.com/newsdetail.asp? newsId=2639.

② 唐山农信打通普惠金融 "最后一公里"［N］. 唐山劳动日报，2020-12-18（4）.

"反向治理"特征，所谓股东大会的选举及推举，流于形式。虽然唐山农商银行经过了股权结构的改革后有所改善，但仍未在本质上解决问题。

（二）财务经营状况起伏不定

新冠肺炎疫情背景下，农商行背负着服务"三农"、让利实体经济的使命。尽管近年来随着农商行股改的进行，资产规模不断扩大，经营日益规范，但对一些资产规模有限、资产质量承压、抵御风险能力不足的农商行来说，持续让利会存在一定的挑战和风险。根据对近年来农商行财务经营状况进行分析，在盈利能力方面，唐山农商行的资产负债率处于较高水平，超过了90％。同时，由于受到疫情的影响，唐山农商行的资产利润率在2020年出现了下降。可见，农商行仍需要更加强大的资本才能够更好地发展。

（三）产品创新仍有不足

产品是一个企业的核心，持续的创新能力是企业保持长久核心竞争力的关键，这对唐山农商行的发展有至关重要的作用。唐山农商行虽然在2015年逐步开展了代销业务、部分资金投资业务，但由于起步晚、业务人员配置不足等原因，开展的同业业务、理财业务等主流金融业务进展缓慢，限制了该行拓宽收入渠道，同时限制了其服务不同需求客户的能力。随着利率市场化的持续推行，存贷款净利率差不断缩小，而农商行在其他新的金融业务发展方面尚不成熟，其盈利能力将会受到很大影响。伴随经济环境的不断发展变化和银行客户日益增长的金融服务需求，如果唐山农商行不能进一步提高开发创新产品的能力，不断拓宽金融服务范围和创新金融产品，将限制其未来的发展，严重影响其竞争力。

五、对策建议

（一）健全产权制度，规范管理

1. 通过增资扩股、规范老股金等措施提高投资股的比重

在严格规定投资股只允许转让而不允许退股的同时，提高资格股的退股条件。由于目前农村信用社的股本金中资格股占很大的比重，资格股的特征是数量庞大而单个持股份额少，且容易退股，使持资格股的广大社员只注重取得贷款资格而不关心农村信用社的经营，结果必然会导致农村信用社产权主体缺失，股东监管缺位。因此，需要在增资扩股的过程中严格规范筹款渠道，取消股本金的保息分红，并杜绝存款化股金、贷款化股金等违法行为，优化股权结构，提高社员的民主监督管理意识，逐步建立社员与农村信用社"利益共享、风险共担"的机制"。

2. 提高大股东的持股比例

由于目前农村信用社不存在能够有效约束经营管理层的大股东，而农村信用社经营状况的好坏直接决定了大股东的收益情况，大股东为了使收益达到最大化，必然会对经营管理层的行为实施有效的监督，在必要的时候大股东会利用自己的股东权力决定经营管理人员的去留问题，从而形成了对经营管理层行为的有效制约，"内部人"控制的问题得到了有效的化解。

3. 提高农商行员工的持股比例，并加大高级管理层的持股份额

职工工作的积极性关系到农村信用社经营的好坏。提高农村信用社内部员工的持股比例能够将职工的收益与农村信用社的经营有机结合起来，从而调动职工工作的积极性而增加高级管理层持股份额，能够促使其更加关心农村信用社的业绩。根据高管薪酬激励理论，增加高管的持股份额，是一项正向的激励约束措施，高管人员的寻租成本（股权收益）会随着持股份额的增加而增加，当持股份额达到一定的程度时，"寻租"收益小于"寻租"成本，进而使高管人员更加注重股权收益，也更加关心公司业绩的提升。

（二）科学预警，防控风险

第一，要建立并完善精细化的风险管理体系。银行应该制定风险管理和内部控制的战略决策，建立分工合理、职责明确、报告关系清晰的组织结构；针对各项业务制定系统、全面、规范的管理制度，并按期对执行情况进行检查、评估，及时修订并完善内控制度，梳理并弥补关键漏洞。

第二，要夯实风险文化建设基础。要重视风险理念的树立和合规文化的培育。同时，建立良好的培训、宣传机制，使员工充分认识到内部控制的重要性并参与到控制活动中。

第三，要采取精细化的风险管理方法。采用现代金融企业风险管理的技术和方法，对信用风险、市场风险、流动性风险、操作风险、法律风险、声誉风险等各类风险进行识别、计量、监控和评估，及时做好风险预警和防控。另外，进一步完善产品定价机制，实行前瞻性的定价管理，增强风险定价能力。

第四，要提升信息系统支撑能力。加快互联网系统建设，加强风险量化技术开发运用，使系统能够与业务的种类、流程、特征相适应。定期评估系统有效性，查找系统漏洞，及时补救和解决缺陷和问题，保障其安全运行。

（三）增强产品创新，多元发展

要充分挖掘当地"三农"经济金融特点，探索创新具有当地特色的服务和产品。加强前期市场调研，掌握农村、农村市场和农户等市场主体的需求痛点，

逐点分析客户实际情况，量身定制金融产品。努力探索实践以农村土地承包经营权、林权和农村居民房屋产权"三权"为抵押的融资贷款方式，解决农村信贷抵押物不足的难题。另外，通过设立农贷专柜、绿色通道等，提供特色贴心的三农服务，提高客户的满意度，进而提升对农商行的认同度和依赖度。

第四章　专题研究[①]

第一节　农村信用社治理改革[②]

一、省联社产生历史以及治理结构

自 2003 年开始，农信社体制就进行了深度变革，包括管理体制方面。这是农信社成立以来最具有意义、影响最为深远的一次变革。其初衷是按照市场经济原则，明晰农信社产权关系，推动完善法人治理、转换经营机制，使农信社真正成为自主经营、自我约束、自我发展、自担风险的市场经营主体。此次改革使农信社一改先前连年亏损的局面，转换了经营思路，逐步走向商业化发展道路。

在这一轮的改革过程中，省联社作为地方政府履行管理职责的机构应运而生，在银监会的监督下，代表省政府对辖内农信社行使管理、指导、协调和服务的职能，并对其进行风险控制。由省联社代替地方政府对农信社进行管理，是此次改革中的一大突破，2007 年，海南省农村信用社联合社的成立标志着省联社在全国的全面建立，省联社体制自此形成。自成立以来，省联社在农村信用社的改革过程中具有重要意义，发挥了巨大作用，促使农信社系统在资产规模上得到

① 本文为河北省社科基金项目"利益相关者视角的农村信用社治理绩效提升研究"（HB20YJ030）成果。

② 作者：赵冬暖，河北经贸大学经管学院讲师；王雨杭、张雨萌，河北经贸大学金融学院金融专业硕士研究生；王梓芗，河北大学国际学院本科生。

了较大改善，肯定了省联社体制是缓解农信社"内部人控制"和"外部人干预"问题的重要制度安排①。毫无疑问，省联社是农信社改革的必然选择，也是符合当时我国国情的合理产物，作为当时环境下加强金融体系内部管理合作的过渡性安排发挥了积极作用。

对省联社角色的定位来源于《关于明确对农村信用社监督管理职责分工指导意见的通知》和《农村信用社省（自治区、直辖市）联合社管理暂行规定》两个文件，从两方面规定了省联社的性质与职责。一方面表明省联社是一个市场主体性质的金融机构，由社员（股东）自愿入股组成，具有独立企业法人资格的地方性金融机构，依法自主经营、自负盈亏、自担风险和自我约束。其中，社员（股东）大会是权力机构，理事会是执行和监督机构，主任和副主任是高级管理层。另一方面规定省联社是一个行政机关性质的管理机构，指明是省政府"通过省级联社或其他形式的省级管理机构实现对当地信用社的管理、指导、协调和服务"，因此，省联社并不从事存贷款等金融业务，而是行使省政府赋予的权力，对农信社进行管理服务，但此后的实际运用过程中，省联社更偏向于管理。综上所述，如图 4-1 所示，可以清楚地了解到省联社既是由省内县级联社入股成立的独立法人金融机构，也是省政府授权对农信机构实施管理的平台。

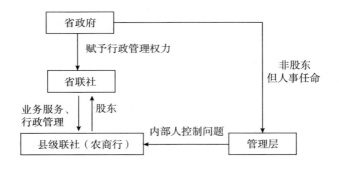

图 4-1 省联社肩负多重职能

省联社成立后，对农信社的不良资产处置以及经营管理等方面发挥了极大的作用，为农信社的业务开展创建了良好的平台，并且风险控制方面也得到了改善。在农信社的管理制度方面，省联社的成立对其进行了很好的约束，为农信社制定了一套合理的管理体系，包括人事安排、薪酬制定、业务流程和规章制度等

---

① 祝晓平. 论省联社行业管理下的农信社法人治理［J］. 金融研究，2005（10）：178-184.

方面，使其能够进行规范经营，从而大大降低风险。在农信社的不良资产处置方面，省联社通过与地方政府的沟通及协调，加快了农信社不良资产的回收速度，使其产生的损失大大减少。在农信社的业务开展方面，各省基本上建立了农信社信贷和财务管理信息化平台，实现了全省统一联网，互通有无，从而提高了农信社的业务处理水平，提高了金融服务效率。总而言之，省联社的建立为农信社的发展提供了更多的可能性，也使其在经营管理方面更具有合规性。

省联社特殊的主体特征，即由县区级农村金融机构出资入股，在省政府的领导下反过来对其进行服务和管理的模式，使基层农信社法人既是出资人，也是行政关系上的被领导者。这种身份的双重性，随着农信社逐渐改组为股份制农商行，建立体制的前提发生了变化，使政企合一的特殊管理体制很难适应农信社改革的市场化趋势。因此，省联社的责任权力扭曲，法人治理倒挂的矛盾日益凸显。

二、省联社治理机制存在的逻辑冲突

（一）省联社与省政府间存在的委托代理问题

从性质上看，省联社并不属于省属国有企业。虽然省政府有对农村信用社风险处置的职责，但省政府对于省联社来说仅仅是一个利益相关者，并不是省联社的股东或者所有者，因此，其在省联社的法人治理结构中并不能发挥决定作用。理论上，省联社任职人员的安排应是社员通过社员大会或者理事会进行选举任命，但实际操作时，通常由省政府直接提名，按照厅级、副厅级干部的选拔程序产生。此外，省级政府不仅能够影响省联社理事长、主任的人事任免，还能够对省联社实施依法管理，通过省联社获得一定的经济效益①。这种做法实质上非常容易形成省政府对省联社的一种"替代"关系，尽管省政府并没有以所有者的身份拥有省联社的实际控制权，但实际上是用行政权力形成了对所有者权力的一种"替代"，对省联社经营管理拥有高度控制权。

（二）省联社与农信社股东之间的委托代理问题

作为具有独立法人地位的金融机构，省联社主要采取自下而上持股与自上管理控制的运作模式，即由辖内各家农信社按照自愿原则出资入股组建成省联社，然后由省联社对各家农信社履行管理与服务职能。从省联社的组成看，辖内农信社是省联社的股东，按照治理原则应是由农信社通过股权参与省联社的治理，但事实上，是由省联社实施对农信社的管理，这使省联社与农信社之间形成了一种

---

① 穆争社. 农村信用社法人治理结构特征的演进方向［J］. 中央财经大学学报，2009（1）：28-34.

"股权与控制权的反向配置"关系，管理模式成为法人管法人，而且基层农信社要将其收入按一定比例交给省联社，这一制度模式与市场经济条件下的股权与控制权的配置状态是对立的。

省联社基于其特殊的职能定位，即经地方政府授权，代表省政府管理、协调和动员社会资源，会对辖内农信机构进行干预，相当于发挥了"政府部门"的作用①，使省联社的管理体制具有浓厚的"行政化色彩"，在一定程度上限制了县域农信社业务的发展。这种干预主要体现在三个方面：①通过提名权实施对农信机构的高管任免②。与省政府对省联社的管理一致，省联社实质上掌握着对农信社主要高管的任命权，并由农信社社员代表大会、理事会、监事会按照等额选举的方式完成法律意义上的选聘程序③。②以备案制和派出机构等方式征调农信机构的金融资源，或者以"社团贷款"和调剂资金的名义直接或间接地干预农信社的资金运用。③利用省级政府赋予的某些权力直接干预农信社的经营④，介入农信社的内部管理。

三、农村信用社股改中的治理冲突与股东风险

农村信用社在进行股份制改革以后，仍存在许多的问题，其中代表性的是治理冲突和股东风险。

（一）治理冲突

农信社股份制改革后，在后续的经营过程中所体现出来的治理冲突分为两个方面：一是大股东与省联社之间的治理冲突；二是各个目标之间存在的治理冲突。

省联社是一家由下属行社出资成立的金融企业，同时兼具着省政府赋予的管理农信社的权利，因此其性质具有双重性。由此看，由于省联社"顶层设计"的问题存在，其功能定位上存在着治理冲突。一方面，由下属行社出资入股，理应为省联社的管理者；另一方面，扮演着行业管理者的角色，对其进行实际控制。这样一来，难免会导致大股东与省联社之间产生利益相悖，造成治理冲突。省联社基于省政府的角度所做出的决策，可能会和大股东基于个人利益做出的决定相违背，从而导致省联社对下属行社的经营管理进行干预，以防止大股东做出

① 巴曙松，王琳琳，华中炜. 中国金融改革回顾与展望［J］. 金融管理与研究，2007（2）：27-33.
② 穆争社. 农村信用社管理体制改革：成效、问题及方向［J］. 中央财经大学学报，2011（4）：33-38.
③ 蓝虹，穆争社. 论省联社淡出行政管理的改革方向［J］. 中央财经大学学报，2016（7）：56-61.
④ 何广文，何婧. 省联社改革：机制重于模式［J］. 银行家，2020（7）：15-18.

干扰农信社各项业务发展的行为。安徽霍山农商行的第一大股东在3月下旬召开的2019年股东大会上对管理层提出质疑，认为该行股东大会的召集程序存在问题，忽略了股东的诉求权利等。同时，安徽霍山农商行在2018年的业绩止步不前，不良率和拨备覆盖率分别为5.7%和100.62%，相比在2018年末根据全国农商行统计的不良贷款率3.96%以及拨备覆盖率132.54%，霍山农商行不良率远高于行业平均水平，而拨备覆盖率远低于行业平均水平，均触及监管红线。霍山农商行可以说是众多县域农商行的代表——董事长由省联社指派，与具有投票权的股东矛盾重重，经营业绩也难以服众。此前，安徽省联社曾基于"防止农商行被商业利益绑架"这样的动机，提出了要构建"坚强的党委会、规范的股东大会、健康的董事会、尽职的经营层、有效的监事会"的理念，导致二者之间不可避免的冲突①。

同时，在人员安排上，大股东与省联社也存在治理冲突，股改后的农信社如果想要对包括董事长在内的高管人员进行调动，应先由省联社完成选拔程序后再向股东大会提出候选名单，这使股东与经营者之间的委托代理关系变成了"股东—省联社—经营者"，因此存在利益冲突。这种在人员安排上的任命问题在江苏常熟农村商业银行中有所体现。2017年4月，常熟银行发生了董事会投票未通过省联社提名的两名副行长候选人的情况，董事会认为，在农商行初上市阶段不宜一次性调入多名外部员工，对管理层影响较大，不利于常熟农商行经营管理的稳定。同时，省联社提名的副行长来源于域外，对常熟经济社会发展情况缺少了解，对常熟银行的战略、经营模式等不熟悉，难以传承常熟银行的文化，不利于保证常熟银行原有经营模式的延续②。从该事件可以看出，由于双方的出发点不同，省联社的人事调整偏好与当地农商行的调整思路可能存在一定的矛盾。

农信社在进行股份制改革以后，对其经营目标的选取会产生一定的影响。由于农信社定位的特殊性，其不仅仅是以营利为目的的金融机构，同时在政策意义上也具有重要地位，因此会出现不同目标之间的治理冲突。首先，作为金融机构，农信社具有商业化的盈利目标，尤其在目前供给侧结构性改革的背景下，外部环境发生的新变化使农信社对管理目标做出了调整。在当前环境下，农信社应

---

① 东方财富网. 农商行改革问题［EB/OL］. http：//caifuhao.eastmoney.com/news/20190415004721472112840.

② 赵士勇. 常熟银行两拟任副行长否决，或团省联社干涉人事［EB/OL］. 草媒公社旗下财经. http：//www.sohu.com/a/136794659_40795.

把握住机遇，关注农村经济的发展点，规划经营方向，不断扩大业务范围，以此不断提高经济效益。但农信社同时具有基于政策性的服务"三农"目标，这是其特殊性质，作为"三农"政策的中流砥柱，其社会责任必定同样重要。因此，政策性目标的非营利性和商业化目标的营利性间存在一定的冲突。但这类冲突通常发生在农信社股改中期，以四川攀枝花农商行为例，在 2012 年改制初期，农商行仍沿袭了农信社的涉农业务占比，涉农贷款占贷款总额的 2/3，然而随着股改的不断推进，其涉农贷款余额以及占比存在下降的情况。这是由于在股改推进过程中，攀枝花农商行开始扩展其他业务类型，试图与商业银行在市场竞争中取得优势，在扩大金融业务的同时忽略了涉农业务，最终导致涉农贷款占比下降[1]。股改后的农信社应顺应市场经济的发展潮流，按照市场规则为"三农"经济提供服务，同时利用好农村经济这一广阔市场，以天然的地域优势抢占市场，使得二者相辅相成。

（二）股东风险

在股份制改造以后，农村信用社基本构建了"三会一层"的管理架构，即以社员代表大会、理事会、监事会和管理层为基本框架，以及在此基础上的议事章程。"三会一层"制度的建立使农村信用社在治理方面初步形成了决策、执行、监督三者间的相互制约，权责得到初步的明确。可见，这一制度的建立所发挥出来的作用是有成效的，为以后农信社的发展奠定了基础。

然而，目前的股东结构在一定程度上制约了"三会一层"法人治理结构制衡作用的发挥。农商行在最初组建时，其大多数股东都是由先前股东转化而来，主要是当地的民营企业等，其经营理念并不健全，缺乏一定的战略性思考，相对于农商行的长远利益，可能更着重于本身的利益。同时，农商行股权结构复杂，关联交易相对比较多，因此其存在的风险隐患也随之较大。2020 年 7 月以来，银保监会共曝光了 66 名重大违法违规股东，其中 26 名股东涉及 12 家银行类金融机构，包括 4 家地方城商行、6 家农商行、1 家农信社、1 家村镇银行。与此同时，银保监会信息显示，2020 年 7 月以来，共有 20 家银行因股权管理问题受到处罚，其中 16 家为地方农村商业银行，占比达到 80%。

此外，在下属行社中，往往还会存在"内部人"的控制问题。"内部人"问题在农信社进行股改的过程中会较为突出，"内部人"往往会占据更大的主动权，拥有相对较多的自主权，成为选择入股股东的最终决策人。在进行股改后，为了保持原有地位，仍会选择从先前的客户资源中进行业务发展。而这些接受贷

---

① 吴妍凝. 攀枝花农商行改革效果评价与分析［D］. 河北金融学院硕士学位论文，2021.

款的股东同样为了保持先前的便利，也会选择增资入股，但其投入的资金远远不及所接受的贷款金额。因此，出于这种目的选择入股的股东，对于治理公司的动机并不强烈，只关心对于信贷政策的变化，意图做出有利于自身的决策，从而造成一定的风险。

四、国内农信社改革经验借鉴

"三农"问题一直是我国关注的重点内容，尤其在目前推进农业供给侧结构性改革的背景下，更是对其格外重视。党的十九大中乡村振兴战略的提出，为"三农"工作的开展规划了目标和方向，再次强调了实现农村现代化的重要性。而农村信用社作为发展"三农"工作的重要支柱，是推动农村金融和农村现代化进程的核心力量。1979 年，随着改革开放逐渐拉开序幕，我国经济体制开始进行变革，农村信用社的发展由此进入到恢复阶段。先后经历了成立农业银行管理以及由人民银行托管的阶段，直到 2003 年《国务院关于印发深化农村信用社改革试点方案的通知》出台，表明农村信用社的改革进入深化阶段，开始从管理体制以及产权制度两方面进行了探索，取得了一定成果。

（一）农村信用社管理体制方面改革

2008 年 2 月，原中国银监会组织召开全国农村中小金融机构监管会议，在此会议中，监管部门针对农信社改革中出现的问题进行了讨论，将重点放在了省联社的改革上。目前，我国各个地区积极探索农村信用社省联社模式的新道路，主要分为金融控股公司模式、单一法人模式、省级联合银行模式和金融服务公司模式，下面分别根据具体实践进行分析并从中吸取经验，为河北省联社的发展提供借鉴。

1. 金融控股公司模式

如图 4-2 所示，金融控股公司模式由省级政府和各类企业协同组织，将吸引到的资金注入省联社，使其成为一个金融控股公司，再通过合并参股等形式对省内农信机构进行协同管理，进而不断扩大资产规模，逐步获得各类金融业务的营业牌照，转型为公司性质，从而有效解决先前省联社模式存在的"政企不分"问题。这种模式通过股权投资的方式处理上下级的管理关系，并以母公司或股东的身份参与辖内农信社的决策制定，保留了其政策性治理功能，对下属行社仍能够起到管理作用，达到统筹发展。此外，该模式并不会动摇辖内农信社的法人地位，符合关于稳定县域农信机构法人数量的要求，使其能够根据实际情况独立运营，省联社在其中可以起到降低风险的作用，保障其平稳发展。

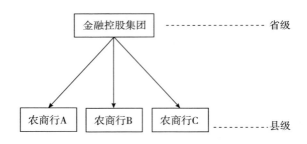

图 4-2 金融控股公司模式

2008 年 12 月，宁夏黄河农村商业银行的成立是我国在金融控股公司模式上的早期探索，是由原宁夏联社和银川联社合并组建而成的。目前，黄河农商行股本总额 16 亿股，其中，国有股占比 28.26%，民营股份占比 42.76%，自然人股占比 28.98%。成立至今，黄河农商行系统拥有法人机构 22 家，员工近 6000 人，营业网点共 385 个，其中，乡镇网点 207 个，在全区各个行政村均设立了众多便民金融服务点，是全区营业网点最多、分布最广、支农力度最大的地方金融机构。改制以来，"金融控股公司"模式适应了宁夏地区的发展情况，激发了当地农信机构的经营活力，促进了黄河农商银行以及辖内农信社的业务发展。黄河农村商业银行成立后，先后向 19 家县市机构投资入股，以资本为纽带对县市机构进行管理。这就保持了法人机构股权总体稳定，并通过不停补充资本来增强辖内农信机构的信贷能力，进而吸引到更多资金。如表 4-1 所示，黄河农村商业银行的资本充足率基本上保持水平，并且均高于监管要求 8% 的标准。不良贷款比率逐年下降，主要原因是改制以后加大了不良贷款的清收力度。拨备覆盖率逐年上涨，可以看出整体抗风险能力显著增强①。

表 4-1 2012~2020 年黄河农村商业银行财务指标　　　　　　单位:%

项目　　　时间	2012 年	2013 年	2014 年	2015 年	2016 年	2017 年	2018 年	2019 年	2020 年 6 月末
资本充足率	19.76	11.24	12.79	11.92	12.73	14.13	14.14	12.89	12.93
流动性比率	104.14	35.98	41.99	50.36	45.14	48.18	77.69	97.28	79.28
流动性覆盖率	—	—	—	—	—	140.26	266.1	380.11	179.99

---

① 支雅博，尹莉，李梦雅. 宁夏黄河农村商业银行经营管理分析 [J]. 农村经济与科技，2018，29（8）：126.

续表

项目 ＼ 时间	2012 年	2013 年	2014 年	2015 年	2016 年	2017 年	2018 年	2019 年	2020 年 6 月末
不良贷款比率	—	—	—	1.79	1.98	2.17	1.9	1.52	1.61
最大单一集团客户授信度	13.96	12.18	11.98	12.37	12.66	12.94	13.24	13.3	12.9

资料来源：根据黄河农村信用社官网发布的年报整理所得。

　　黄河农村商业银行在"金融控股公司模式"的实践与探索过程中，始终坚持"放管结合"，把该管的管好，不该管的便将权力放给责任主体，很好地协调了两级法人之间的关系，厘清了两级法人的权责边界，使县级农信机构的自主经营权、经营灵活性等机制得到了充分的发挥。同时，黄河农村商业银行围绕乡村振兴战略，履行支持"三农"的社会责任，在农村地区开展"整村授信"，对所有农户进行了普惠建档、普惠评级，建立农户授信数据库，极大地提高了农户贷款覆盖面。

　　但金融控股公司模式的问题在于改制成本一般较高，对资金的需要较大，并且牵扯到的利益方较多，很难达到意见的完全统一。并且对股权进行重整这一操作实行起来难度较大，因此，该模式的运行还需进行更进一步的探讨与摸索。

　　2. 单一法人模式

　　早期的统一法人模式指以省为单位作为统一法人构建农村商业银行，取消县级农信社的独立法人，下属农信社均作为其分支机构。这一模式有利于提高决策执行力。在此种情况下，省联社相当于下属农信机构的总行，更有利于政策的实施。同时，该模式可以形成规模效应，先前一些较小的县级联社可能会受到资产规模的限制，很难形成规模效应。通过建立省级统一法人形式的农商行，有利于将资源集中整合起来，避免资源浪费，进而形成规模效应，有效降低经营成本。此外，如果成立省级统一法人，有助于企业凝聚力的形成，能够形成企业品牌效应，从而进一步提升办公效率。

　　2008 年 6 月，重庆农村信用社经过改制，成立了全市统一法人的农村商业银行，2010 年在香港 H 股主板成功上市，成为全国首家上市的农村商业银行。截至 2020 年末，重庆农商行辖内有 6 家分行、35 家支行，共 1765 个营业机构，并发起设立 1 家金融租赁公司、1 家理财公司和 12 家村镇银行。目前，重庆农商行资产规模达到 1.14 万亿元，存款余额为 7250 亿元，各项贷款余额超过 5000 亿元，存贷款增量市场份额均保持在重庆同业首位。

2020 年末，重庆农商行的资本充足率为 14.28%，拨备覆盖率为 314.95%，在受到疫情冲击的背景下，仍保持了良好的风险抵御能力。不良贷款率为 1.31%，可见资产质量保持在了优良水平。近年来，重庆农商行的资产结构持续优化，始终坚持"服务'三农'、服务中小企业、服务县域经济"的宗旨，保证稳健发展①。

但目前，在 2020 年初银保监会启动的新一轮省联社体制改革中，取消了"统一法人"这一模式。自党的十八大以来，"保持县域法人地位和数量总体稳定"在中央一号文件中被反复提及，说明省联社已不再追求将全省的农信机构合并，统一为一家农商行，而是将省联社与农信系统排名内领先的法人合并，改组为单一农商银行②。这一模式的特点是将省联社与重点农商行结合起来，从而形成一家业务全面、规模较大的农商行，同时不影响下属行社的独立法人地位。

3. 省级联合银行模式

联合银行模式指在省级联社、市级联社或者县级联社的基础上，通过各级联社的网络关系，建立区域性的联合商业银行（见图 4-3）。联合银行模式是由辖内农商行自下而上参股，共同出资将省联社组建为以经营、管理、服务三大职能为主的联合银行，达到改善法人治理结构的目的。这一模式有利于保持县域法人地位和数量总体稳定，同时改革后成立的联合银行能够持有有限金融牌照，可以从事批发性存贷款业务，并为基层法人行社提供结算清算、资金批发和公共产品服务等。成立联合银行这一模式对现有体制影响较小，成本较低，实施起来难度相对小，能减少改革震荡。

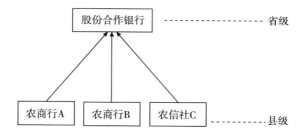

图 4-3　联合银行模式

---

① 来自重庆农村商业银行股份有限公司 2020 年报。
② 左仁静. 省联社改革的可选模式与后续发展［J］. 银行家，2021（3）：127-130.

河南农村信用社联合社于 2005 年成立，履行对全省农村信用社的管理、指导、协调、服务职能。自成立以来，始终坚持服务"三农"的宗旨，为农信社的发展提供平台。从 2015 年开始，河南省联社开始探索改革新模式，2017 年经银保监会审批通过了联合银行这一治理模式。在治理方面采用"三会一层"架构，通过党委的监督实行对股东大会、董事会、监事会以及高管的管理，使其发挥出各自的作用，以此推进民主管理、科学管理、依法管理，实现市场化的经营管理。目前，河南省联合农商银行是河南规模最大的银行业金融机构，截至 2021 年 6 月底，全省农信系统共有 137 家法人机构，5068 个营业网点，员工近 5.5 万名。全省农信系统各项存款 17500 亿元，较年初增加 1698 亿元；各项贷款 11157 亿元，其中涉农贷款余额 9118 亿元，占各项贷款余额的比例达 81.72%。河南省联社在进行联合银行模式改制后，可以被授予有限金融牌照，例如组建联合银行营业部等，可以很好地解决单个法人行社的信贷支持问题，进而统筹安排农村金融资源，更好地为大型农业产业化龙头企业服务，满足涉农工程的资金需求，增强农村金融的供给能力[①]。

但省级联合银行模式并未改变省联社与行社之间的关系，仍是下属行社反参股，自下而上入股组建，联合银行对其的管理仍然属于自上而下管理"出资者"，关系错位的问题依然没有得到有效解决。事实上，联合银行模式更适用于城乡二元结构明显、辖区内农信社发展水平比较高的省份，而对于社会经济发展不均衡的地区，这种多级法人治理模式，难以整合系统资源并形成规模效应，难以实现以城补乡、以丰补歉、以好带差、均衡发展的目的，同时，也不利于制度化、规范化、流程化的风险防控管理体系的建立和有效运行。

4. 金融服务公司模式

金融服务公司模式指省联社继续发挥以往的行业管理优势，向辖内农村信用社等中小金融机构提供咨询营销、产品研发、科技支撑、人员培训等公共金融服务。从基层行社的角度看，省联社改制为行业服务公司对其自身发展是有利的，有利于构建优质平台。此外，这一模式使省联社更专注于服务职能，提供信息系统建设、产品研发、培训与咨询等，转型为非营利性社会组织。从省联社角度看，成为服务型组织意味着放弃行政管理地位，不再对农信机构享有控制权力，在一定程度上会触及部分利益，因此采取这种改革方式的动力较小。

回看四种模式，均遵循着"有利于提升农村金融服务水平、有利于农村中小金融机构发展、有利于调动中央和地方两个方面积极性"的基本原则，保持县域

---

① 河南农信社网站，http://www.hnnx.com。

农商行法人地位的长期总体稳定。各个省市的经济发展情况不同，选取哪一种模式进行改革应结合当地具体情况，因地制宜。

（二）农村信用社产权制度方面改革

在农信社产权制度的改革方面，逐渐从合作制转变为股份制，并在股份制的基础上进行延伸。但股份制模式相对来说更适应于支农任务较轻和经济较发达地区，各省政府应根据自身的实际情况以及经济发展水平选择适合自己的形式，因而发展至今，全国形成了许多独具特色的农信社改革模式，进而可以为河北地区的农信社改革提供新思路。

1. 宁波鄞州股份制商业银行模式

宁波鄞州农村商业银行股份有限公司是一家由辖内自然人、企业法人和其他经济组织发起设立的具有独立企业法人资格的地方性银行机构。2003 年，作为我国第一家农村合作制银行正式成立，总股本金为 2.2 亿元。起初选择股份合作制是根据当地传统农业和现代农业相结合的特点而决定的，这一特性要求金融机构能够同时兼顾两类农业主体的需求。而股份合作制这一制度，将合作制的互助与股份制的现代企业制度相结合，能够更加估计到小股东的意愿。但在这一制度的后续实施中发现，缺少合作与民主的社会基础和环境，并且法人治理结构不完善，在缺乏民主管理的情况下，服务"三农"的意识并不强烈。因此，2016 年股份制改造为农村商业银行股份有限公司。在股份制改革以后，势头发展良好，在完善信用社自身改革的同时，支农力度明显增加，农户、农业贷款实现了超历史的增长，改革取得了显著成效。截至 2021 年 3 月末，资产总额达到 1679.84 亿元，较年初增幅为 9.86%，各项存款余额为 1230.65 亿元，贷款余额为 1020.67 亿元，资产利润率为 0.98%，资本利润率为 10.83%，不良率仅为 1.08%，拨备覆盖率为 232.39%。全行在岗员工 2025 人，内设 26 个管理部门，下辖 38 家支行（营业部），拥有营业网点 160 个，在新疆、广西、四川等地发起设立 24 家村镇银行，战略投资 1 家城商行和 5 家农商行，可见其规模巨大①。

宁波鄞州农村商业银行始终坚守服务区域、服务小微、服务"三农"的市场定位，在进行了股份制改革后，通过选举，严格按照现代企业规格进行经营。目前，鄞州银行提出了三年上市规划，开始向整体化、规范化和商业化标准靠近。

2. 张家港股份制商业银行模式

张家港农信社最初于 1952 年，从 20 世纪 80 年代开始，一直与农行实行

---

① 鄞州银行，http：//www.beeb.com.cn。

"一套班子、两块牌子、合署办公"的经营模式。1996 年，张家港农信社率先进行一级法人、统一核算制度改革，与农行管理相分离，独立展开经营活动。此后，中国人民银行批准了对张家港农信社进行资产核查、股金清退以及资产处置工作，按照金融机构设置的规定和章程进行整改，张家港股份制农村商业银行于 2001 年 11 月 28 日正式挂牌成立，成为全国第一家由农村信用社改制成的股份制农村商业银行。改革后的张家港农村商业银行产权逐渐清晰，法人治理结构进一步完善，经济效益和抗风险能力大幅度提高。在此之前，张家港农信社存在农信社的通病，即产权制度不清晰、结构不合理、管理体制落后等，这些问题的存在严重地限制了农信社的发展，进而使其服务"三农"的效果大打折扣。股份制改革以后，张家港农村商业银行发展迅速，经营效益大大提升，并于 2017 年 1 月 24 日正式挂牌上市，成为全国首批的上市农商行。截至目前，张家港农商行共有本异地 101 家机构网点，已开设南通、无锡、苏州 3 家分行和 17 家异地支行，发起设立 2 家控股村镇银行，投资参股 5 家农商行，实现了由地方性银行向区域性银行的成功转型。据最新发布的 2021 年报告显示，截至 2021 年 3 月末，张家港农商行总资产为 1484 亿元，吸收存款 1160 亿元，资本充足率达到了 13.18%，核心一级资本充足率也达到了 9.92%，均远高于监管标准，不良贷款率为 1.12%，拨备覆盖率为 340.95%[①]。

由此来看，张家港农村商业银行在进行了股份制改革以后，资本状况得到了极大地改善，信用风险也在一定程度上得到了控制，将不良贷款率维持在较低的水平上，对张家港农商行的发展起到关键性作用，使其经营情况发生转变。

3. 四川攀枝花股份制商业银行模式

攀枝花农村商业银行是在攀枝花仁和区、盐边县、米易县 3 家县农村信用联社的基础上，以新设合并方式发起设立的股份制地方性金融机构，于 2010 年统一正式成立。先前联社共有 607 名员工，存款 24.8 亿元，各项贷款 19 亿元，实现利润 2115 万元，但改革初期发生了翻天覆地的变化。2011 年改革之初，其资产规模就扩大了 10 倍，发展至今，更是达到了 50 倍左右。资产规模的迅速增长使攀枝花农商行的发展速度加快，利润水平从先前的 2115 万元增长到如今的 12659 万元，可见改变之大。营业网点也从先前的 65 个增长到 100 个左右，同时完善了一些偏远乡镇的物理营业网点，员工从 607 名扩充到 800 人左右。另外，其资本充足率和不良贷款率的改善是最大的，资本充足率在改革前一直是负值，但改革后增长到了 15% 左右，不良贷款率虽然在 2010 年改革后有逐年攀升的趋

---

① 张家港农商银行，http://www.zrcbank.com。

势，但是目前总体维持在 10% 以内的水平，相较于改革前的 10%～20% 有了较大的改善。可以看出，改革前后为了满足监管和改制的硬性要求，攀枝花农商行在风险管理方面做出了很多调整，相较于农信社时期有了较大的改善。

总的来说，攀枝花农商行的股权结构从合作制变成股份制后，其资本容量进一步扩充，经营管理体制更加先进和现代化，改革让攀枝花农商行的股本有所增大，将股份有限公司的运行机制作为自身的内部运行机制，各方面均朝着现代股份制商业迈进。

股份制相对于其他制度而言，具有一定的先进性，可以更好地促进农信社的发展。从长期来看，农信社改革应围绕市场化进行，其他模式均不是农信社改革的最终模式。通过以上 3 个地方案例，可以看出股份制能够使得产权更加明晰，完善法人治理结构，更好地吸收资本，有效解决不合理行政干预的问题，推动我国农村信用社的发展。

五、河北农村信用社改革的路径及政策建议

（一）统分模式：行业服务+最后贷款人

根据河北省农业厅相关数据，河北地域辽阔，辖内包括石家庄、唐山、邯郸等 11 个地级市，47 个市辖区、20 个县级市、95 个县、6 个自治县，共有 1970 个乡镇，50201 个村。各地发展差异较大，为了更好地为各县域提供金融服务，单一法人模式显然有弊端。因此，借鉴美联储的组织结构特点，本书提出了农信社改革新模式，即"行业服务（技术支持、同业拆借）+最后贷款人"角色的复合统分模式。

按照商业便利与习惯，美国被划分成 12 个联邦储备区，每区设立一家联邦储备银行。联邦储备系统是一个由私人银行组成的系统，其中既有百分之百的政府机构——联邦储备理事会，也有"私人所有"、具有公益目的的 12 家联邦储备银行，它们在各自联邦储备地区的较大城市另设分行，为银行和其他金融机构提供存、贷款服务。储备银行不以营利为目的，与理事会一起承担中央银行的公共职能①。

参考美联储模式，将省联社转设为类似国资委的政府机构或者省政府直属事业单位，其职能包括监督落实中央和省委的决策部署，搭建与开发系统运行平台，履行窗口业务指导、经营合规监管与风险处置，代表财政注资（如果有的

---

① 杨睿. 当代美国联邦储备系统：组织结构、特征与运行机制研究［D］. 河北师范大学硕士学位论文，2018.

话）、承担最后贷款人等类似于中央银行的职能。

同时，把全省农信社按照区域规划、经济水平划分成几个跨市县的区域，由每一区域内县级法人信用社出资设立市级农商行，负责区域内资金调拨统筹。市级农商行通过资本纽带参与县联社决策和管理，这有利于因地制宜，深入当地支农支小。

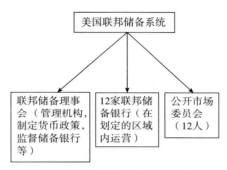

图 4-4　美联储三大重要实体

这一模式使省联社的定位由先前的带有部分政府职能性质的金融机构，转为承担监督、指导和服务功能的政府机构或者政府直属的事业法人单位，进行金融监管、教育、培训、结算、数据处理、信息沟通等，为全省行社的业务发展以及经营管理提供良好的平台，帮助其获得更好的资源，以此提升农信社的竞争水平，在市场中占据更高的地位。在这种模式下，基层行社保持了独立法人地位，拥有自主经营权以及员工管理的权利，使得在管理层面上顺应公司治理的结构。该模式的主要结构如图 4-5 所示。

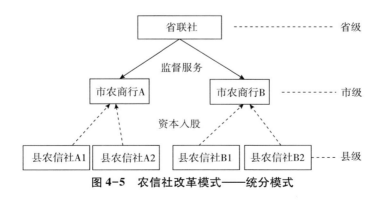

图 4-5　农信社改革模式——统分模式

与金融服务公司模式类似，统分模式下省联社的定位为更专注于监管、服务的角色，与金融服务公司模式的区别在于，统分模式改变了逆向治理结构，缩短了决策链条，切断了省联社与市县联社的资本联系，省联社成为管理与服务机构，通过法律赋予其对市县联社的管理职能；同时，县级联社出资入股设立市级农商行，通过董事会参与市级农商行经营决策。在统分模式中，市级农商行的角色相当于美联储中的 12 家联邦储备银行，省联社相当于美联储中的联邦储备理事会。在这种模式下，管理重心下移至市级农商行，市级农商行负责区域内农信社系统资金余缺调剂、合规监管、资金清算等，县级行社具体负责存贷款业务。如此一来，既更好地符合了各地的情况，调动了县级行社服务地方经济的积极性，又消弭了省联社与县级农信社之间的治理冲突。

（二）对策建议

1. 省联社退股转设

省联社聘请有相应资质的会计师事务所、律师事务所等中介机构对其进行清产核资，并进行资产评估，以确定相应的净资产；然后，省联社按照资产评估后的每股净资产退还辖内各设区市县农商银行的股金，并考虑到历经多年各行社所投入的股本金已经实现了较大增值，应按照其持有的省联社股份比例对股金进行增值。[①] 与此同时，省联社转设为政府机构或者行业组织，通过立法，专司监督落实金融与产业政策、风险监管与处置、业务窗口指导、协调资金余缺调剂等职能。

2. 设立市级农商行

将省内按照经济发展情况等条件划分为几个区域，每个区域内县级行社出资入股建立市级农商行，形成二级法人体制，市级农商行负责区域内资金余缺调剂和信贷指导与监管。设立市级农商行可以进一步增强抗风险能力，更好地促进全市的经济高质量发展，更加有利于做好服务"三农"以及小微企业的工作，充分发挥农村金融主力军的作用。

3. 加强金融服务创新

应当提高金融服务水平，建立健全农村信用社支付和结算网络，提高农信社业务处理效率，扩大业务发展，增强竞争力。同时，不断创新金融服务管理理念，促进农信社实现可持续发展，主动地为农信社提供金融服务，在信贷管理人员的培养上实现综合技能的完善。最后，要不断进行金融产品的创新，农村信用

---

① 吴刘杰、张金清. 农村信用社省联社改革方向和实现路径研究［J］. 内蒙古社会科学（汉文版），2016, 37（5）：118-124.

社要实现可持续发展，必定离不开金融产品的支持，必须加快金融产品创新，重视对金融产品创新人才的培养，要发挥出"转移风险、规避管制、实现资源优化配置、增强综合竞争力"的作用。

4. 大力培养适合农商行发展的人才

在农信社股改的基础上，如果要实现真正的转型，专业性的人才是关键。农信社的发展离不开高素质的员工，必须立足长远，认识到发展的根本在于人才的竞争，应加大人事改革力度，制定合理的人才发展战略，储备优秀人才，做到不断优化人力资源配置，为农信社的发展奠定良好的人才基础。

第二节 河北城商行内部治理与风险控制[①]

一、河北城商行内部治理

虽然我国银行业的公司治理经过多年的改革已经有所进步，但仍然存在一些问题，如股东行为违规、股权关系混乱等，在重视城商行发展的同时，也应该重视公司治理问题，探索改进方式。

目前，多数城商行设立了股东大会、董事会、监事会和高级管理人员，即"三会一层"，各部门各司其职、有效制衡银行内部治理结构。股东大会是银行的权力机构，基本由国家、自然人、企业法人、境外机构持股，有选举和更换董事和监事的权力；董事会包括独立董事、职工董事等，结构较为多元，在风险控制、战略决策方面发挥了重要作用；监事会的监事不能担任董事和经理，以保证其独立性；高级管理人员围绕业务发展、风险管理等责任，执行股东大会和董事会的决议，定期向董事会报告经营情况。此外，专门委员会也是内部治理的重要一环，如设立提名委员会、审计委员会等，有利于银行的专业化分工。

（一）河北城商行内部治理现状

1. 股权结构

股权结构不合理制约着城市商业银行的内部治理建设，其不合理主要表现为三种类型：一是地方政府持股比例较高，出现地方政府对城商行的过度干预；二

---

① 作者：郭江山，河北经贸大学金融学院副教授；秦蓉、马甜，河北经贸大学金融学院硕士研究生。

是第一大股东持股比例较高，可能会出现大股东过度控制城商行的情形；三是股权过于分散，可能出现内部人控制，损害股东利益（张吉光，2010）。

通过收集河北11家城市商业银行2020年的数据可以看出，各城商行的股权结构差别较大。衡水银行未披露年度报告，除衡水银行外，其余城市商业银行的第一大股东持股比例均值为20.47%，但由于张家口银行的第一大股东持股比例远高于其他银行，此数值偏差较大。具体来说，5家城市商业银行的第一大股东持股比例在6%~10%，4家城市商业银行在10%~20%，而张家口银行的第一大股东持股比例为90.90%。因此，河北部分城商行的第一大股东持股较高，既不利于形成相对分散且稳定的股权结构，也不利于股东之间的相互制衡。

河北城商行的股东持股中，已披露信息的9家城商行国家股均值为11.57%，自然人股均值为3.08%，超过一半的城商行国家企业持股比例不小于第一大股东持股比例，存在地方政府干预的可能性。值得注意的是，城商行作为地方性金融机构，即使地方政府持股比例较小，地方政府仍能以其他形式影响银行的信贷决策，尤其体现在对高级管理人员的影响上。如果城商行的董事会、行长等为地方政府左右，那么董事长无法制衡行长，且在进行重大决策、重要经营行动时会受地方政府的影响，削弱了董事会的决策权力。换句话说，地方政府对城商行的过度干预，影响了城商行内部治理的独立性。

表4-2　河北城商行股权结构　　　　　　　　单位:%

银行	第一大股东持股比例	国家股	自然人股
河北银行	19.02	4.98	2.19
张家口银行	90.90	6.46	2.64
邯郸银行	9.31	23.19	5.47
沧州银行	9.54	16.11	9.30
廊坊银行	15.94	—	2.01
唐山银行	6.52	0.43	0.12
承德银行	8.84	8.84	—
保定银行	6.13	6.13	0.83
秦皇岛银行	19.99	16.68	5.01
邢台银行	18.51	21.29	0.14
衡水银行	未披露	未披露	未披露

资料来源：各银行年报。

2. 董事会、监事会、高级管理人员

董事会在公司治理中处于核心地位，担任做出决策的角色。我国城商行的人员配置仍有不合理地方，一部分城商行设立的独立董事只有 1 名或 2 名，人数较少，有些城商行甚至没有独立董事，使董事会决策时缺乏独立性。有些城商行即使引入独立董事，但由于人数较少，无法起到制衡作用。此外，城商行对独立董事缺乏激励机制，对于尽职的董事与不尽职的董事报酬差别不大，不利于独立董事发表意见的积极性（刘录平，2017）。

监事会是银行内部监督管理机构，连接着董事会和高级管理人员，在实现各主体运行、加强制衡方面有重要作用（谭哲勤，2020）。一般来说，规模较大的监事会更能发挥职责，且与银行的风险承担负相关，制约银行的高风险活动，但如果监事会规模太大，也会影响银行的经营效益，面对诉讼时受证监会的惩罚也更大。有些城商行建立了外部监事制度以保障监事会的独立性，制衡高级管理人员和大股东。

如表 4-3 所示，河北 2020 年有 9 家城市商业银行披露董事会、监事会和高级管理人员信息，差别较小。董事会均值为 12 人，沧州银行虽未披露独立董事人数，但设有独立董事，4 家银行的独立董事超过 2 人，说明河北城商行都已引入独立董事，但人数仍然较少，可能无法起到显著的制衡作用。监事会均值 6 人，高级管理人员均值 8 人，且各城商行都设有外部监事，说明河北城商行重视外部监事的监督作用。

表 4-3　河北城商行董事会、监事会和高级管理人员情况　　　单位：人

银行	董事会规模	独立董事	监事会规模	外部监事	高级管理人员
河北银行	14	4	5	2	8
邯郸银行	14	3	7	1	8
沧州银行	13		10	3	10
廊坊银行	9	3	5	2	13
唐山银行	10	2	7	2	7
承德银行	12	1	5		10
保定银行	15	2	4	1	2
秦皇岛银行	13	3	7	1	11
邢台银行	9	2	7	2	6
衡水银行	未披露	未披露	未披露	未披露	未披露

银行	董事会规模	独立董事	监事会规模	外部监事	高级管理人员
张家口银行	未披露	未披露	未披露	未披露	未披露

资料来源：各银行年报。

3. 公司治理架构

一部分城商行的公司治理架构已经完善，另一部分城商行的治理架构不健全，体现在董事会和监事会是否设专业委员会上，如设立提名委员会、审计委员会、战略发展委员会等（李伟，2021）。还有些城商行没有设立日常办事机构，只由行政办公室代为行使董事会和监事会的职权，影响董事会和监事会工作的正常开展。在已公开的信息中，河北城商行都设立了专业委员会，充分发挥董事会和监事会的各项职权，有利于专业化分工。

（二）河北城商行内部治理的主要问题

第一，河北部分城商行的股权结构不合理，第一大股东的持股比例较高，不利于股东之间的相互制衡，增加了银行的潜在风险。

第二，部分城商行中存在地方政府持股比例较高的现象，这可能会影响城商行内部治理的独立性。

第三，河北城商行设立了独立董事，但独立董事的占比较小，难以起到有效制衡作用。

二、内部治理对风险控制的影响

商业银行从本质上讲是经营风险的特殊企业，因此风险管理水平体现了商业银行的核心竞争能力。影响商业银行风险控制水平的因素很多，公司治理是其中一个极为重要的因素，这也是后文接下来讨论的内容。

在商业银行的风险管控过程中，不仅涉及相应的风险管理部门，整个银行的各个层级、各个环节和所有人员全都参与其中。商业银行风险控制想要取得实效，应从最基本的公司战略和体制等方面入手，归根结底是保证商业银行公司治理的有效性（潘佐郑，2013）。后文重点讨论商业银行内部治理与风险控制的关系。

（一）股权结构与风险控制

合理的股权结构是商业银行风险控制的重要环节，主要包括股权集中度和股东性质。

从股权集中度的方面讲，大股东有监督和影响管理者的激励和实力，有利于防止管理人员做出损害股东利益的行为。普遍认为，股权过度集中，往往便利了大股东通过关联交易损害中小股东利益的行为，而股权过度分散会降低股东的监督激励，从而可能发生内部人控制。简言之，无论是股权过度集中抑或是过度分散，均是不利于银行风险控制的。

在股东性质方面，有研究指出，从短期看，适当国有资本的介入可能对银行风险控制带来正面效果（李艳虹等，2009）。然而，一旦国家控股占有相当的比例，可能会对银行治理进行行政干预，使得商业银行高层管理人员对银行的管理监管和考核职能受到限制，容易给商业银行带来潜在风险，有悖于市场自由配置资源。

（二）董事会、监事会与风险控制

董事会主要从董事会规模和独立性两方面影响商业银行的风险控制。从董事会规模来说，一种观点认为，董事会规模越小，越有利于有效管理；董事会规模越大，针对问题越难达成协调统一，可能促使管理者追逐个人利益，导致董事会难以实施有效控制。另一种观点认为，董事会规模太小时，股东的权力和控制力便凸显出来，容易给银行带来风险；较大规模的董事会往往更为专业、有经验，反而能够将风险控制在可控范围内。

在董事会的独立性方面，独立董事往往具有专业知识和丰富经验，他们的存在能够更好地对银行管理层实施监督、控制与协助。保持董事会的独立性有利于防止管理层过度追逐个人利益损害股东利益，有助于银行的风险控制。

此外，商业银行的风险控制离不开监事会的监督。合理的监事会规模和结构能够更好地规范董事会和管理层的行为，进而降低银行风险。因此，确保监事会在商业银行监督方面的核心作用十分重要。

（三）高级管理人员与风险控制

高级管理人员在商业银行公司治理中发挥着关键作用，他们直接执行银行决策，对银行风险控制水平和风险控制能力有着极大的影响。充分调动高级管理人员的工作积极性和专业性，使其在"委托—代理"关系中更好地履行自身的职责，对于降低银行风险承担，提升企业价值具有重要意义。其中，激励机制便是一种有效的手段。

根据激励相容机制，给予高级管理人员以薪酬激励可以防范高管人员追求个人利益的动机，进而协调好所有者与管理者之间的利益冲突。也就是说，对高级管理人员给予激励机制，有利于提高商业银行的风险控制水平和能力。

（四）公司治理架构与风险控制

合理、完善的公司治理架构对于商业银行防范及控制风险至关重要。健全的组织架构能够支撑银行做出合理的风险管理战略，形成分工明确、职责清晰、有机联系的全面风险管理系统，加之各部门的有机结合，能够保证风险管理战略、决策和程序能够得到全面的贯彻和执行。

相反，若银行各层级、各部门之间没有形成有效联结，联系存在漏洞；抑或是各部门之间分工不明、业务交叉等，都可能导致银行战略施行过程中出现断层，给银行治理造成混乱与不明确，带来潜在的风险。

三、河北城商行内部治理建议

商业银行的风险控制与内部治理密不可分。上文提到，河北部分城商行的内部治理存在一些问题，为有效提高河北城商行的风险控制水平与风险控制能力，本书提出以下几点建议。

（一）优化股权结构

前面提到，河北部分城商行的股权过于集中，甚至存在"一股独大"的现象，这不利于银行股东结构的优化，不利于保护中小股民的利益，阻碍了银行价值的提高。此外，有些城商行的国家持股比例较高，可能存在地方政府的干预。这会影响城商行的风险控制能力。

对于中小银行而言，多股制衡有利于完善公司治理结构和提高风险控制能力（廖继胜，2014）。因此，河北城商行应将第一大股东的持股比例控制在合理范围内，平衡好第一大股东与其他股东的关系，适当降低国家股，尽量避免"一股独大"、国有控股的股权结构。

（二）完善董事会治理机制，确保监事会发挥核心监督作用

由前文已知，河北城商行在董事会的基础上，大多设立了独立董事，但部分银行独立董事规模较小，这相应地制约了董事会的独立性。基于此，河北城商行应适当扩大董事会规模以提高运作效率，适当增加独立董事人数，并完善独立董事制度，确保其能切实履行独立董事的职责，从而实现股东大会、董事会等监督制衡，协调各方利益。

此外，应确保监事会在监督方面的核心地位。监事会在履行监督职能时，应确保自身的独立性，只有保持独立性，监事会才能在对银行董事会和管理层进行监督时做到公正、客观，切实起到监管作用。

（三）建立合理的激励约束机制

鉴于公司所有者与管理者之间存在信息不对称，当管理者的利益与所有者的利益存在冲突时，往往难以避免道德风险的发生，而有效的激励约束机制能够防

范道德风险。

商业银行可通过建立一套合理的业绩考核标准，加之一定的激励政策（如高级管理人员持股等），充分调动银行高级管理人员的工作积极性、提高工作效率，促使其管理行为与银行长期利益保持一致，防范、化解银行风险。

（四）健全公司治理架构

前文提到，河北部分城商行的公司治理架构还不够完善，如没有设立日常办事机构等，可能会导致城商行内部各层级职责不明、混乱的现象发生，不利于各个部门工作的开展。对于这些商业银行来说，应建立健全公司治理架构，实现风险管理的决策部门、执行部门和监督部门的有效联结。

鉴于各银行的规模、发展战略等存在差异，其具体组织架构的设计也会有所不同。但背后的原则不变，就是要通过合理的公司治理结构，形成各部门各司其职、既协作又制衡的内部控制体系。

第三节　雄安新区绿色金融发展问题研究①②

一、引言及文献综述

在京津冀一体化的背景下，雄安新区对履行好承接北京非首都功能具有十分现实和深远的历史意义，这将推进人口密集地区发展规划的改善，助力京津冀空间结构的调整优化，是京津冀协同发展路程的重要里程碑事件之一。党的十九大报告明确提出"以疏解北京非首都功能为牛鼻子推动京津冀协同发展，高起点规划、高标准建设雄安新区"。河北作为京津冀协同发展中的重要一环，被赋予了新区承接北京、天津转移产业的使命任务。然而，当前雄安新区的生态与产业结构现状不符合京津冀生态与经济协同发展的基本要求，因此，产业转型升级迫在眉睫。在这样的现实背景下，对推进雄安新区绿色金融体系建设以支持新区产业升级的路径进行研究具有重要的意义。

① 本文为河北省社会科学基金项目"金融资源配置视角下环境规制驱动企业绿色创新的机理与政策研究"（HB21YJ018）（2020ZD01）的阶段性成果。
② 作者：郭江山，河北经贸大学金融学院副教授；郑晓慧、马娇阳，河北经贸大学金融学院硕士研究生。

2015年9月，中共中央、国务院发布《生态文明体制改革总体方案》，首次明确建立中国绿色金融体系的战略。国家"十三五"规划纲要中明确提出了"构建绿色金融体系"的宏伟目标。2016年8月，《关于构建绿色金融体系的指导意见》出台，将绿色金融定义为"为支持环境改善、应对气候变化和资源节约高效利用的经济活动，即对环保、节能、清洁能源、绿色交通、绿色建筑等领域的项目投融资、项目运营、风险管理等所提供的金融服务"。党的十九大报告中重点提到要大力发展绿色金融，《中共中央　国务院关于支持河北雄安新区全面深化改革和扩大开放的指导意见》（以下简称《指导意见》）中，提出要积极创新绿色金融产品和服务，支持设立雄安绿色金融产品交易中心，支持符合条件的在京金融机构在雄安新区设立绿色金融管理总部，研究推行环境污染责任保险等绿色金融制度，发展生态环境类金融衍生品。

绿色金融对促进雄安新区绿色生态宜居新城区和绿色智慧新城建设至关重要。雄安新区被定位为"绿色生态宜居新城区、创新驱动引领区、协调发展示范区、开放发展先行区"，其绿色建筑、绿色交通建设、绿色发展都需要绿色金融的支持。杨蕾（2018）提出，要从绿色金融格局、绿色金融主体、绿色金融工具、绿色金融环境和绿色金融服务五个方面探索绿色金融体系建设新路径，逐步形成以绿色信贷、绿色债券、绿色保险、绿色基金等多种金融产品创新为主导，以证券市场等多层次资本市场为支撑，以绿色建筑、绿色产业为支持重点，逐步建立多元化、广覆盖的绿色金融创新体系和绿色金融市场体系。常纪文（2017）认为，雄安新区要打造绿色、生态、宜居的新城，必须要走尊重生态和绿色发展的总路线，坚持"多规合一"的原则。李喜梅等（2018）提议，雄安新区应创建具有地方特色的绿色金融体系，并采取广泛的灵活性融资计划。融资渠道可以包括商业贷款、政策性贷款、信托基金、债券、融资租赁，股权融资（包括基金投资、IPO等）购买力平价更新投融资方式、绿色信贷、绿色债券、产业发展基金等引导资金支持绿色产业绿色发展，吸引金融机构进入，发展金融产业集聚，促进集约化发展。胡恒松等（2021）认为，雄安新区的金融支持力度仍显不足，金融机构参与城市建设与发展不够深入，仅银行开始深入布局，证券、保险业初步落户雄安，期货行业仍在规划参与阶段，因此，应从拓宽融资渠道、鼓励市场参与、发展绿色金融以及推行科技金融创新等多角度入手，以政策引领和金融机构的市场化参与为基础，提升雄安新区城市建设与发展中的金融支持水平，建成创新、协调、绿色、开放、共享的高质量发展新区。

未来雄安新区的绿色投资需求可能达到近万亿元，需求带动下的发展将产生巨大的内生动力。分析雄安新区的发展目标可以得到未来其绿色投资需求的主要有三个方面：一是对受污染环境的治理（主要包括大气污染治理和水污染治理）、对生态系统进行修复以及对环境有保护性地开发；二是基于雄安新区"绿色智慧城市"的建设目标，新区的基础设施，尤其是绿色建筑会有很大的投资需求；三是大力开展对新能源的开发与利用以及提高对资源的利用效率。由此可知，在如此巨大的投资需求的推动下，雄安新区绿色金融将存在巨大的发展机遇，走出一条具有中国特色的"绿色金融发展道路"。

二、发展现状

（一）雄安新区金融发展现状

自雄安新区设立以来，银行业、保险业、券商业等多家金融机构已在雄安新区设立分支机构，雄县、安新县、容城县三地金融体系得到了一定发展，但雄安新区现有金融机构规模小，业务能力弱，共有金融机构网点 133 个，从业人员 2072 人，平均每万人拥有金融机构 1.2 个、自动提款机 2.2 个，平均每万人中金融从业人员 2.2 人，均低于全省县域平均水平。新区成立后，金融机构积极响应，纷纷筹备设立分支机构。截至目前，中国工商银行、中国农业银行、中国银行、中国建设银行四大国有商业银行在雄安新区设立的分行正式获准开业；交通银行、河北银行营业网点筹备组已进驻雄安新区，部分基层营业网点已经开业。这些都将为新区各项规划及时提供规划贷款。此外，银行业金融机构在雄安新区布局较为积极，多家银行在年报中重点提及雄安新区城市建设相关服务；保险机构拟落地并已开始通过险资投入雄安新区建设；证券行业金融机构跃跃欲试，积极探索雄安新区投融资渠道；期货业也有意向在雄安新区设立基地及网点。

截至 2020 年 9 月，共有 14 家银行获银保监局批准，在雄安新区建立分行。分别是中国工商银行、中国银行、中国农业银行、中国建设银行、中国邮政储蓄银行、交通银行、光大银行、国家开发银行、招商银行、中信银行、承德银行、华夏银行、张家口银行、保定银行。银行机构为雄安发展提供"融资"和"融智"双轨道服务，新区以信贷业务为主的各项金融服务能力正在显著增强。多家银行在 2019 年报中提及主动服务雄安新区建设，实行差异化信贷政策、推动资金跨境流入支持，包括中国银行、中国工商银行、中信银行、中国邮政储蓄银行、光大银行等。其中，银行业助力绿色智慧雄安新区建设；工银科技融入数字新区建设；光大银行与雄安集团共建数字金融科技实验室，助力雄安新区打造智慧城市、智慧政务；中信环境中标容城县萍河生态治理 EPC 项目，正式参与雄安新区的环境治理工程。

截至 2020 年 9 月，保险、券商和期货行业已经开始布局雄安新区服务规划。对于保险业金融机构，中国人寿保险股份有限公司安新支公司已获批迁至雄安新区，阳光保险、中华保险、太平洋保险、太平保险纷纷表态将参与新区建设；此外，中国人寿通过投资京能电力支持雄安新区能源供给。在证券行业，安信证券、长江证券、国开证券在雄安新区设立了分支机构，财达证券也获批设立雄安分公司。对于期货行业，方正中期期货意向布局雄安新区，计划设立分支机构及人才基地。

（二）雄安新区绿色金融发展现状

1. 绿色金融产品和业务匮乏

一是新区现有金融机构以农村信用社和国有四大行的县级支行为主，几乎不存在其他商业银行分支机构。目前，新区金融机构仅开展了绿色信贷业务，缺乏绿色债券、绿色保险等其他专业的绿色金融产品。

二是非正规融资不利于新区绿色金融持续发展。新区污染型企业主要为小微企业或家庭作坊，多依赖民间融资获取资金，影响新区通过绿色金融引导进行产业升级的发展方向，同时给地区金融稳定带来不利因素。

三是贷款存量主要集中于污染型企业。

2. 绿色信贷业务开展不规范

一是认定原则不统一、执行标准不严格、数据统计不精确。由于绿色金融、绿色信贷的概念界定还存在操作层面的模糊性，基层金融机构在执行上还处于初级阶段，大部分银行确定绿色信贷的标准还停留在企业或项目具备环评达标证这一入门级要求上，各银行贷前审查也存在宽严尺度掌握不一的现象。例如，容城县部分银行认为服装类企业属于无污染企业，甚至不需要企业提供环保许可手续，可视企业经营情况直接发放贷款。

二是配套政策不足、信息沟通不畅。新区环保局的绿色信贷系统已实现与人民银行企业信用信息基础数据库的联网，但数据更新慢，缺乏及时、动态、专业的环保信息，银行授信缺乏准确有效的参考标准。

三、绿色金融案例指引

（一）青海省绿色金融改革

2016 月 8 月，领导人考察青海时指出"青海最大的价值在生态、最大的责任在生态、最大的潜力也在生态，必须把生态文明建设放在突出位置来抓，尊重自然、顺应自然、保护自然，筑牢国家生态安全屏障，实现经济效益、社会效益、生态效益相统一"。青海省委、省政府、人民银行西宁支行始终坚持绿色发展战略，逐步形成了适应自身特点的绿色发展青海模式，构建起青海绿色金融发展体系，积极探索建立一系列绿色金融监督和评价机制，有效对省内金融资源进行了绿色引导。全省金融机构在省政府的领导下，充分利用青海省自然资源总量大、分布广、类型多的特点，合理利用水能、光能、风能、油气资源、矿产资源等珍贵资源，实施绿色开采、绿色利用，全力支持省内金融业的绿色发展和绿色转型。截至 2016 年 6 月底，青海银行业绿色信贷余额 1813.03 亿元，较 1 月增长 239.5 亿元，同比增长 34.59%，绿色信贷覆盖率达到 33%，高出全国平均水平 15 个百分点以上，绿色信贷成效初显。2016 年 8 月，国开行青海支行承销了全国首单非金融企业绿色债券，实现了绿色债券的"零突破"。

截至 2021 年，青海发展绿色金融优势明显，不仅为我国实现碳达峰、碳中和目标贡献了青海力量，也为我国大力发展绿色金融提供了青海的发展空间和时间。发展绿色金融基础良好，创新探索了一批发展绿色金融的制度安排、管理机制、业务流程和服务产品，绿色信贷覆盖率居全国前列。发展绿色金融大有可为，在落实"四地"建设重大要求，奋力谱写全面建设社会主义现代化国家的青海篇章新征程中，迫切需要绿色金融发挥配套支持作用。发展绿色金融正当其时，不仅是贯彻落实领导人在青海考察时的重要讲话精神的具体举措，也是构建生态友好、绿色低碳、具有高原特色金融支持实体经济发展模式的生动实践，青海绿色金融必将走出一条符合青海实际、具有青海特色的金融支持实体经济发展之路。

（二）浙江绿色金融发展之路

作为"绿水青山就是金山银山"重要思想的诞生地，浙江自觉践行"两山理念"、承担建设样本区的历史使命，认真贯彻落实《浙江省湖州市、衢州市建设绿色金融改革创新试验区总体方案》，以金融创新推动"湖州市新兴绿色产业发展"和"衢州市传统产业绿色化改造"为主线，立足区域实际，大胆探索实践，着力破解绿色金融发展中的重点和难点问题，努力探索走出一条实现环境效益和经济效益"双赢"的绿色金融发展之路，全面推进绿色金融改革创新工作取得初步成效。推动地方"绿色发展"，实现环境效益、经济效益"双赢"。

一是推动农业农村现代化绿色化发展。湖州安吉县是美丽乡村建设的发源地，为支持安吉县"美丽乡村"建设，湖州当地金融机构开发出"美丽乡村精品示范建设贷款""两山乡居贷""丰收微·信贷"等特色产品，仅湖州银行就累计发放贷款 37.7 亿元，支持安吉县 40 多个传统村落、景区的保护性再开发。作为浙江的传统农业大市，衢州借助绿色金融与传统农业养殖融合互动、共益互进，先后创新推出生猪保险统保与无害化处理的"集美模式"、生态循环农业种养的"开启模式"，并以试验区建设为契机，在全市推广应用，有效地解决了农业养殖废弃物污染问题，极大地促进了传统农业养殖走上规模化集约化的发展道路。

二是促进传统产业绿色化转型。试验区不断优化金融资源配置，进一步加大绿色化改造、资源循环利用和绿色制造技术创新等领域的金融支持力度，有力促进了传统产业转型提质增效。湖州以"创新升级、整合优化、集聚入园、有序退出"为路径，积极推动传统行业绿色化、高新化发展。2017 年，湖州工业技改投资增速达到 12.4%，居浙江第二位，"两高一剩"行业贷款余额同比下降 8.9%，已连续三年实现下降；完成"低小散"块状行业整治淘汰企业和作坊 3058 家，腾出 16.08 万吨标准煤的用能空间，实现单位工业增加值能耗同比下降 8.5%。

三是支持绿色产业创新升级。试验区坚持强化绿色导向，推动金融资源和绿色产业高效对接，有力促进了绿色新型产业高质量发展。湖州着力推动金融资源全方位融入绿色制造、智能制造行业，挖掘"两高六新"（高成长、高科技、新经济、新服务、新能源、新材料、新农业、新模式）绿色企业予以重点扶持。2017 年末，湖州绿色制造贷款同比增长 23.78%，增速快于全部制造业贷款增速 26.37 个百分点；全年实现规模以上工业新产品产值增长 25.6%，产值率达 37.38%，新增省级工业新产品备案 1418 项，备案数居全省第一。试验区银行机构在加大绿色信贷投放力度、推动经济绿色发展的同时，保持了信贷资产质量优良，截至 2018 年第一季度末，湖州、衢州绿色信贷余额占该市全部信贷余额的比重分别达到 22.5% 和 16.4%，同比分别提高了 4.9 个和 1.68 个百分点；绿色信贷不良率分别仅为 0.08% 和 0.31%，明显低于整体不良率水平（分别为 0.83% 和 1.27%）。

（三）京津冀绿色金融发展思考

《京津冀协同发展规划纲要》指出，要在京津冀交通一体化、生态环境保护、产业升级转移等重点领域率先取得突破。产业升级转移是绿色转移、绿色升级，根据绿色化的要求升级转移或就地升级，或按照新的环保标准就地升级，包括转变落后生产技术、提高能效、降低污染等在内的项目，进行资金支持，促进环境改善，提升经济发展质量和效益。

1. 京津冀发展绿色金融制约因素

一是缺乏绿色项目的经济外部激励约束机制。现有的绿色金融政策中，相对容易实施的限制污染的金融政策较多，但须付出成本的节能减排或治理污染等项目的激励性措施力度较小。

二是项目绿色信息不对称。项目绿色信息披露、金融机构技术识别能力的不足，合法机构绿色认证和评级的缺失，利益相关方绿色信息沟通机制的不完善，共同导致绿色金融业务风险较高、收益偏低，影响金融资源向绿色项目的流入。

三是绿色金融产品不足。一方面，支持绿色企业和绿色项目的资本市场融资工具较少，一些前景好的绿色企业或项目暂时无法达到监管部门和市场融资所需条件（如某些财务指标），导致绿色企业或项目融资难、融资贵。另一方面，缺乏能用一种低风险的方式把资金投到"绿色"项目上，既能以较低风险获得一定收益，又履行了社会责任的具有流动性的标准化产品，难以满足保险公司、养老基金、公益基金等大型机构投资者长期的可持续的绿色可投资需求。

2. 京津冀绿色金融发展思考

京津冀地区是产能过剩、资源过度消耗和环境污染的重灾区，面临更大的"去产能、去库存、去杠杆、降成本、补短板"压力，在经济下行期实现生态文明与环境发展、结构优化与稳增长的多重目标十分艰难。京津冀协同发展的本质是治理污染、改善环境、发展生态的绿色发展。首要的是以绿色金融支持去过剩产能、治理污染、改善生态、发展绿色经济，推动京津冀生态文明建设。

四、拓展绿色金融产品与服务

在实际操作中，金融机构陆续提供了一系列绿色金融产品和服务。目前可将这些产品大致分为三类：第一类是直接支持绿色产业的金融产品，如绿色信贷、绿色债券、绿色基金等；第二类是针对个人节约能源和环境保护相关的金融产品，如环保汽车贷款、绿色信用卡等；第三类是碳排放交易项目。

1. 创新绿色信贷产品

绿色信贷是促进绿色经济发展的重要金融手段。在我国以间接融资为主的金融体系下，商业银行发挥着重要的资金配置作用。通过实施绿色信贷政策，引导资金从高能耗、高污染企业退出，更多流入绿色产业，有助于加快经济绿色化转型和培育节能环保领域的新经济增长点，对提升我国经济发展质量和增长潜力均具有重要意义。

近年来，我国对于绿色信贷的创新发展十分重视，出台了关于发展"绿色信贷"的意见。各级政府积极响应此意见，相继出台相关文件，制定符合地区客观实际的绿色发展规划，意图从战略高度推进绿色发展。除此之外，以银行为代表的金融机构大力支持绿色信贷的发展，各大银行积极探索各类交易平台、国际合作机会以及产品及服务创新，例如，2006年，兴业银行与国际金融公司合作，推出了能效融资产品；2010年，光大银行推出低碳主题信用卡；2012年，中国农业银行创新合同能源管理收益权保理业务，成功办理国有商业银行首个"合同能源管理（EMC）融资业务"。由此可见，各大商业银行对绿色信贷发展抱有极大的兴致，不断推出各类创新的产品和服务，对国内的绿色金融发展具有极大的促进作用。

雄安各金融机构应单独设立雄安绿色金融事业部，制定中长期和短期绿色信贷发展战略和目标，将绿色信贷发展战略和目标嵌入信贷管理和信贷业务的全流程，结合雄安新区与周边发展特点，探索结构化节能抵押品贷款、生态家庭贷款、绿色车贷、光伏能源融资等绿色信贷产品的应用。在借鉴国内绿色信贷成功经验的基础上，雄安新区创新绿色信贷产品可从四个方面开展：

一是研究不同领域的融资需求，制定专门的产品标准，针对领域里客户的需求提供完善的产品方案。例如，兴业银行针对客户对节能环保领域的融资需求，开发了绿色金融"8+1"融资服务和排放权金融两大产品序列。

二是可尝试从企业融资到个人零售领域的跨越。例如，兴业银行在国内率先发行低碳主题信用卡，大力推介个人绿色消费贷款。

三是同国际接轨，利用国际上成熟的模式开展国际合作。例如，浦发银行开发了国际金融公司能效贷款、法国开发署绿色中间信贷、亚洲开发银行建筑节能贷款等绿色信贷产品。

四是通过对各个领域的探索、逐步形成当地银行业的一整套绿色信贷产品及服务体系。

2. 发展绿色保险

绿色保险的定义可分为三个层次：第一个层次，是在企业发生污染事故后维护受害人权益的一种有效的风险分散和经济补偿机制。第二个层次，是一个资源配置高效的现代服务业。第三个层次，绿色保险是保险业的一种发展理念。绿色保险不仅是一种高效的资源配置方式，更可以为投资者提供一个安心、稳定的投资环境，并且有效改善企业与投资者对绿色投资的偏好。

在绿色保险发展的探索上，雄安新区应该注重借鉴国内外一些成熟的经验措施，着眼点在创新绿色保险产品和服务以及鼓励保险公司进行绿色保险业务拓展。在 2016 年出台的《环境污染强制责任保险制度的实施方案》指导下，雄安新区积极推进环境污染强制责任保险落地，将涉重金属等高环境污染风险企业纳入环境污染强制责任保险范围，并把环境污染责任保险设置为高耗能、高污染企业进行投资、融资的必要条件，设立雄安新区白洋淀水质污染治理保险，探索绿色保险保单作为反担保方式为企业增信的可行性操作。在建立巨灾保险制度的同时，运用互联网等先进技术建立环境风险监控和预警机制，推动企业开展事故预防管理，提高企业环境事故预防能力。同时，建立绿色保险风险防范基金，以财政资金分散大灾风险。此外，借鉴国际经验探索绿色能源汽车优惠性保险、汽车零件回收、绿色建筑保险等绿色保险产品，积极实践基于绿色发展的差异化保费收入模式。

3. 发展绿色债券

"绿色债券"是指将所得资金专门用于资助符合规定条件的绿色项目或为这些项目进行再融资的债券工具。尤其在 2016 年《指导意见》的驱动下，绿色债券的发展开始驶入"快车道"，绿色债券市场开始在中国蓬勃发展。2017 年和 2018 年，中国境内外总计发行贴标签绿色债券分别为 2477.14 亿元和 2675.93 亿元，占全球绿色债券发行总额的 24.59% 和 23.27%[①]，2019 年上半年，我国绿色债券的发行规模再创新高，达到 1432.91 亿元[②]，并于 4 月 16 日在境外发行了首单绿色债券——"一带一路"银行间常态化合作绿色债券。我国已成为全球最大的绿色债券市场之一（王康仕等，2019）。随着我国绿色债券市场规模持续扩大，其与一般债券最大的不同之处在于绿色债券是将所筹集的资金用于具有环境效益的项目。绿色债券作为兼顾"绿色"与"债券"特点的新型融资工具，是构建中国绿色金融体系的重要内容（詹小颖，2016），给经济社会带来正外部效应，对于推进生态文明建设具有重要意义。

现在绿色债券已成为绿色金融产品的新宠，雄安新区应该从以下几个方面推进绿色债券发展：一是完善基本定义，创新审核标准。要统一对绿色债券的界定和项目分类，引入政府许可的第三方独立机构对项目进行监督审核。二是严格发行制度，出台激励措施。要建立完善一套科学严格的绿色债券发行制度以防范各种金融风险，鼓励地方政府通过投资补助、担保贴息等多种方式支持绿色债券的发行和项目实施。三是推动雄安新区金融机构发行绿色资产支持证券（绿色ABS）、绿色资产担保债券和绿色收益支持证券。四是加强信息披露，鼓励绿色

---

① 资料来源于中央财经大学绿色金融国际研究院。
② 2019 年绿色债券市场运行报告［R］. 全网能源信息平台 2019.

认证。监管部门要制定相应的指引，督促绿色债券发债人对募集资金的使用方向、使用项目等情况及时充分地披露，鼓励对项目所产生的绿色效益进行评估认定，以增强绿色债券信息披露的透明性，吸引更多的投资者参与。通过以上措施能够有效地解决期限错配问题，在降低融资成本的同时也提升了中长期信贷投放能力，能够发挥作为新的绿色融资渠道的优势。

4. 设立雄安新区绿色发展基金

设立雄安新区绿色发展基金，推广运用政府和社会资本合作（PPP）模式，设立雄安新区绿色发展基金，推动证券经营机构、私募基金管理机构对接雄安绿色发展基金，支持雄安绿色生态建设、绿色产业发展。对于绿色发展基金，目前，很多省市已经设立了区域性绿色发展基金。截至 2016 年底，在中国基金业协会备案的金融环保绿色基金达 265 只，其中绿色产业基金 215 只。以国务院发文要求推动的绿色产业基金为主要方向，寻求适合区域现阶段发展特点的基金组织形式，通过政府财政参与构建 PPP 模式绿色产业基金以支持低利润、高风险的初期环保产业发展。对绿色股票指数和相关产品，要认识到其在降低投资风险、增加企业可持续性、推进经济转型方面的重要意义，积极推进区域绿色股票指数的发展创新，探索绿色股票指数的相关金融衍生品设计。

5. 支持绿色产业拓宽融资渠道

雄安新区需要探索通过支持政府、金融机构以及企业发行绿色债券；支持发展环境权益抵质押融资；支持企业在多层次市场上市融资或并购重组等措施，拓宽绿色产业融资渠道，提升直接融资能力。可借鉴的拓宽融资渠道途径包括：发展环境权益抵质押融资；金融机构和大中型、中长期绿色产业项目投资运行企业发行绿色债券或项目支持票据；发行中小企业绿色集合债、发行地方政府债；推动符合条件的绿色企业在主板、中小板、创业板、新三板等多层次资本市场上市（挂牌）；鼓励优质企业利用资本市场融资、开展并购重组。

例如，江西开展"天使投资"，引导更多的社会资本以创业投资和私募股权投资的形式投资以绿色项目为核心的企业，促进绿色发展；围绕支持保护生态资源和绿色产业发展，建设赣江新区企业总部基地、基金小镇，为市场各参与方搭建绿色金融的综合服务平台。

五、防范和化解绿色金融风险

（一）金融机构存在经营风险隐患

首先，企业债务违约风险增大。一方面，企业互保现象突出。目前，新区企业以小微企业为主，在企业自身抵押物不足的情况下，企业多采用互保联保方式获得银行贷款。如容城县有 29 户涉贷企业存在互保联保现象，担保贷款余额 3.7 亿元，占全部企业贷款的 9.15%。如因房地产市场管控发生个别企业债务违约，风险则会向上下游扩散，形成区域性金融风险事件。另一方面，一企多贷较为普遍。如安新县德谊食品有限公司除在当地农发行有贷款外，还在邮储银行及 3 家城商行申请了抵押贷款，企业债务违约风险易在不同金融机构间传递，引发连锁效应。

其次，新区银行贷款存量主要集中于污染性企业。截至 2016 年末，有超过 50% 的银行贷款投放于制造业和采矿业企业。截至 2017 年 4 月末，雄县"小散乱污"企业贷款余额占比 17%，环评未达标企业贷款占比 9%。新区各县政府对环评不达标的企业采取了强制性断水、断电、清原料、清设备、清产品的"两断三清"措施。截至 2016 年末，9400 多家"散乱污"企业被关停，近 200 名涉污人员被拘留，部分银行的资产质量已受到一定影响。

综合以上分析，可以看出当前雄安新区金融机构面临着较大环境风险，有必要构建及时有效的绿色金融防范化解机制。

（二）构建绿色金融防范化解机制

建立健全绿色金融风险预警机制，加强金融风险防范意识，是绿色金融改革发展的重点目标之一。雄安新区在探索绿色金融改革发展的道路上，应该强化风险意识，提高对绿色金融领域风险识别能力，做好风险预警、防范、化解和处置工作，确保不发生系统性金融风险。

广东在建立绿色金融风险防范化解机制方面进行了积极的探索，主要表现在明确信贷准入的环境标准和要求、强化绿色信贷和债券的风险分析能力、鼓励金融机构开展环境风险压力测试、支持金融机构建立健全绿色金融风险预警机制、完善绿色项目投融资风险补偿制度、强化金融风险防范化解和处置工作。雄安新区应该借鉴广东的总体方案，建立健全绿色金融风险预警机制，强化金融风险防范。健全客户重大环境风险内部报告制度、公开披露制度、与利益相关者沟通互动制度和责任追究制度，明确信贷准入的环境标准和要求，提高绿色信贷可操作性。

六、政策建议

（一）完善顶层设计，加强配套措施建设

一是统筹协调雄安新区发改委、财政部门、环保部门、金融办以及"一行两会"分支机构，根据国务院批复的《河北雄安新区规划纲要》的总体规划以及产业布局，参考七部委联合下发的《关于构建绿色金融体系的指导意见》（以下简称《意见》）的相关要求，制定符合新区绿色发展的金融体系总体建设方案和实施意见。在政策范围内给予绿色金融最大的支持力度。

二是加强环境信息披露机制。优化信息共享模式，制定信息发布机制，一方面，强化各级政府有关信息的公开发布，例如产业结构优化升级方案、绿色环保最新标准、节能减排重点项目等，使金融机构在及时获取信息的情况下，提前做好进入或者退出某一企业的准备。另一方面，完善企业环保信息的公开披露制度，完善相关法律法规，同时加大企业环保违规信息录入中国人民银行征信系统的频率，以便银行对企业行为进行监督和规范。

三是完善激励机制建设。在正向激励方面，根据现有《意见》，细化各部门职责和操作内容，在政府预算范围内给予绿色金融适当支持，引导资源流入绿色领域。对绿色信贷给予财政贴息，提高金融机构参与绿色发展的积极性和主动性；鼓励符合条件的企业发行绿色债券。

（二）完善金融基础设施

1. 建设绿色金融交易市场服务平台

雄安新区可以借鉴江西绿色金融改革试验区拓宽融资渠道的具体做法，以政府作为主导，择址建设一个绿色金融综合服务中心，要达到：第一，引导社会资本创立各类绿色产业发展基金，以支持传统产业转型发展；第二，支持绿色企业上市和发行债券进行融资；第三，鼓励优势绿色龙头企业利用资本市场开展并购重组；第四，开展环境权益抵质押融资探索等目的。最终要通过政府引导市场的各参与方一起积极参与雄安新区绿色金融的发展。

筹建能与国际标准接轨的雄安新区全国碳排放权交易市场平台。碳金融既是碳交易活动的发展方向，也是碳市场的最高阶段。2011年，国家发展和改革委员会批准了北京、天津、上海、重庆、湖北、广东及深圳7省市开展碳排放权交易试点工作。截至2015年8月，7个碳排放权交易试点累计交易地方配额约4024万吨，成交额约12亿元；累计拍卖配额约1664万吨，成交额约8亿元。鉴于碳市场可能呈现出的全国统一、期限一体、金融化和国际化特点，雄安新区应积极争取筹建能与国际标准接轨的全国碳交易中心和全国碳市场能力建设（雄安）中心，开展碳排放权配额、新能源汽车碳配额和国家核证自愿减排量交易，将雄安新区打造成中国环境资源权益交易的核心市场和首选平台。

2. 建立雄安绿色信贷大数据管理系统

建立和完善绿色信贷管理制度，实行差异化绿色信贷政策。开发适合雄安的绿色信贷新产品，加大对绿色建筑项目、节能环保项目、绿色交通项目等绿色信贷支持力度，制定雄安绿色信贷行业、企业和项目的准入标准，严格执行"环保一票否决"制度。基于大数据建立绿色信贷标识，将绿色信贷标识嵌入绿色信贷管理系统，对绿色信贷行业、企业和项目清单进行动态管理。强化银行业金融机构绿色信贷战略和信贷政策的信息披露，使其接受市场和利益相关方的监督。

3. 打造雄安新区"绿色支付工程"

打造"绿色支付工程"，以绿色金融为引导，推广应用电子商业汇票、手机支付等支付工具。绿色支付体系的建设对于互联网金融的发展具有重要影响。例如，农行湖州分行坚持绿色金融发展理念，制定了《"绿色支付+"工程2017年度实施方案》。在绿色支付体系在全国大范围推广的趋势下，雄安新区应该更好地运用现代信息技术，搭建安全、高效、快捷的绿色支付结算体系，为绿色金融和互联网金融在新区扎根落地提供保障。

（三）以绿色产业为抓手，推动绿色金融发展

要以绿色产业为抓手，实现绿色金融与绿色产业的有机结合。一方面，积极寻找传统产业向绿色产业转型升级的突破口，注重绿色产业规划，降低绿色金融风险；另一方面，政府应为绿色金融支持产业发展创造良好的市场氛围，制定有利于绿色产业发展的产业政策，积极吸引银行、证券、保险公司开展绿色金融服务项目，推动绿色金融业务增长。

切实降低雄安新区绿色项目的融资成本。绿色金融的健康运行依托于绿色产业项目的蓬勃发展，为拉动企业发展绿色项目的积极性，需要综合运用财政政策和货币政策降低绿色项目的融资成本。首先，为商业银行等金融机构的绿色融资业务设定更低的风险权重，通过出台差别化再贷款利率政策对重点实施绿色金融的金融机构进行优惠，降低银行融资成本，间接降低企业融资成本；其次，通过对开展绿色项目的企业融资进行财政贴息，直接降低其融资成本；最后，通过政府购买的绿色倾向性为开展绿色项目的企业提供稳定的资金收入，或通过税收优惠政策提高企业利润，以此吸引社会资本进入绿色产业并形成竞争，最终降低融资成本。

（四）强化绿色金融内生机制，鼓励绿色产品创新

一是强化金融机构发展绿色金融的内在动力。进一步完善宏观审慎政策评估体系（MPA），加强对存款类金融机构绿色信贷业务的考核，增加绿色产品和服务的权重比例。

二是吸引社会资本参与新区绿色金融发展。可以成立政府绿色产业基金或重

点项目专项基金，发挥财政资金杠杆作用，或者使用 PPP 模式开发雄安新区重点生态环保项目。

三是鼓励绿色金融产品和服务创新，拓宽新区绿色金融融资渠道。探索特许经营权、项目收益权、排污权等环境权益抵押和质押融资等。

第四节　数字金融发展①

一、数字金融文献综述

数字金融指传统金融机构与互联网公司利用数字技术实现融资、支付、投资以及其他新型金融业务模式，中国数字金融始于 2004 年支付宝账户上线算起，而实际上 2013 年成功推行余额宝才标志着中国数字金融的正式发展（黄卓，2018）。中国数字金融行业的发展最主要因素是传统金融供给的不足、监管环境的相对宽松以及包括人工智能、大数据和云计算在内的信息技术的快速发展（黄益平，2019）。当前，中国在数字金融发展方面已经成为全球的领导者，其中在移动支付、网络贷款、数字保险等方面较为领先。从已有文献来看，数字金融在推动经济发展、促进创业创新、缩小城乡收入差距以及改善社会公平等方面起到了重要的作用。具体表现为以下几个方面：

第一，数字金融影响经济发展的效应及其传导机制。数字金融在极大程度上助推了普惠金融的发展，数字金融以数字化技术为基础，充分发挥成本低、覆盖广和速度快等特点，为社会各阶层尤其为低收入人群、偏远地区人口等特殊人群和小微企业提供平等、全面、有效、便捷的金融产品及服务，有效助推实体经济实现高质量发展。已有文献研究表明，数字金融不仅改善了中小微企业的融资环境，还促进了经济发展水平和发展质量。何宏庆（2019）认为，数字金融充分依托大数据、人工智能等手段，通过扩大金融服务范围，较大程度降低金融服务成本，跨越了时空限制，极大增强金融服务便利，促进传统金融的创新发展，在很大程度上促进了经济高质量发展的效率和水平。王馨（2015）根据"长尾理论"分析了数字金融主要通过外部经济、规模经济等方面作用于需求市场，弥补了适量的供给缺口，减轻了信贷配给程度，促进金融资源合理配置，对于解决小微企

---

① 作者：孟维福，河北经贸大学金融学院讲师。

业融资具有重要作用。钱海章（2020）等基于我国省级面板数据，研究发现，中国数字金融发展显著促进了经济增长，异质性检验表明，在城镇化率低和物质资本高的省份，数字金融在促进经济增长方面的作用更强烈；此外，发现数字金融发展是通过技术创新与地区创业的传导机制促进经济增长。张勋等（2019）基于中国家庭追踪调查数据，研究发现，在落后地区，数字金融显著提升了农村低收入人群收入，促进了我国包容性增长，同时研究发现，数字金融促使农村居民创业机会均等化渠道实现我国包容性增长。汪亚楠等（2020）考察了我国数字金融对实体经济影响，研究表明，数字金融对提升我国实体经济起到了显著的作用，而创新研发是其中重要的传导机制，且数字金融对东部地区实体经济的促进效应强于中西部地区。此外，已有文献表明，数字金融主要通过促进创新创业、缓解融资约束和提高居民消费等传导机制，不断促进微观个体发展活力，进而提升整个宏观经济发展质量和水平。

第二，数字金融影响创业创新和城乡收入差距的效应。谢绚丽（2018）研究发现，数字金融的发展对创业有显著的提升作用，并且发展数字金融对于城镇化率较低的省份、注册资本较少企业的效应更大。杜传忠等（2020）研究发现，数字金融能够显著提升区域创新水平，并且创新效应主要通过改善银行信贷和提高居民消费的渠道实现。宋晓玲（2017）考察分析数字金融对城乡收入差距的影响，研究表明，数字金融对缩小城乡居民收入差距具有显著的效应，这与学者梁双陆等（2019）研究结论基本一致。

第三，数字金融对金融市场的影响。一是考察数字金融对商业银行效率的影响。封思贤（2019）认为，数字金融的快速发展给银行效率带来了较大挑战，研究发现，数字金融发展通过促进银行竞争改善了银行的成本效率。杨望等（2020）基于商业银行的数据，发现金融科技能够显著提升商业银行的效率，其效应的传导机制主要通过金融创新、市场竞争和技术溢出提升银行效率。二是考察数字金融对商业银行风险影响。郭品等（2015）发现，数字金融发展会加剧银行风险，且系统性重要银行比非系统性重要银行反应更为审慎。三是考察数字金融对货币政策传导机制影响。战明华等（2020）等利用拓展的IS-LM-CC模型，研究数字金融如何通过利率与信贷两个传导渠道机制影响货币政策整体效果，研究结论表明，数字金融发展提高了货币政策有效性，其主要原因是数字金融对利率渠道的放大效应要强于对信贷渠道的弱化效应。

第四，数字金融对风险管理的影响。封思贤等（2020）考察了定价偏差对网贷市场的违约问题，由于借款人存在定价偏差，即使借款人还款意愿强烈，随着欠款比例不断增加，最终引发被动违约风险。Wang（2020）等发现，银行业风险水平的上升是由于承担了更多风险，对于规模较大、效率较低的银行，金融科技的发展会带来更突出的资产质量恶化。宇超逸等（2020）研究发现，在短期内数字金融会加大金融脆弱性，而长期来看数字金融能够降低金融风险，促进经济高质量发展。

二、数字金融发展现状

近年来，数字经济已成为中国经济增长的新引擎，数字经济的蓬勃发展为优化就业结构、促进经济增长、实现稳就业目标有重要的作用。如果说数字经济是肌体，那么数字金融则是血脉，两者共生共荣，尤其在疫情期间，数字金融为实体经济发展注入强大活力和提供保险保障。在坚持金融服务实体经济发展、防范金融分线为底线的主基调下，我国数字金融发展呈现出健康的发展方向。

（一）数字支付技术不断成熟

数字支付指借助计算机、智能设备等硬件设施和通信技术、人工智能和信息安全等数字技术实现的数字化支付方式。① 近年来，我国数字支付呈现出用户规模和使用率持续增长的趋势。2017~2019年，我国网络支付用户规模分别为5.31亿人、6亿人和7.6亿人，使用率分别为68.8%、72.5%和85%，截至2020年6月，我国网络支付用户规模达8.05亿元，较2020年3月增长3702万元，占网民整体的85.7%。2017~2019年，我国手机网络支付用户规模分别为5.27亿人、5.83亿人和7.65亿人，使用率分别为70%、721.4%和85.3%，截至2020年6月，我国手机网络支付用户规模达8.02亿元，较2020年3月增长3664万元，占网民整体的86.0%。② 此外，我国第三方移动支付呈现出寡头竞争局面，从流量优势和场景覆盖完善度看，支付宝和微信成为用户的主要选择；从支付规模视角看，2020年第二季度，支付宝和腾讯财付通分别以55.39%和38.47%的市场份额居第一位和第二位。③ 此外，刷脸支付模式的应用场景不断扩大，该模式能够进一步提高用户支付效率和安全保障，2019年，中国刷脸支付用户达1.18亿人，其中，分别有40.2%和36.8%的受访用户在超市便利店和商超购物使用，而紧随其后的是自动贩卖机、娱乐消费和餐饮消费占比分别为27.6%、25.4%

---

① 京东数字科技. 数字支付："小支付"成就"大时代" [EB/OL]. http://www.csdn.net.
② 中国互联网络信息中心. 第46次《中国互联网络发展状况统计报告》[R]. 2020.
③ 易观、艾瑞. 中国第三方移动支付市场季度检测报告（2020年第二季度）[R]. 2020.

和 21.2%。①

（二）消费金融发展空间较大

当前我国正处于消费蓬勃发展时代，超前消费观念的逐渐转变和个人征信体系的不断完善，消费金融极大地迎合了年轻群体的快节奏消费需求，消费金融存在巨大的市场空间和发展潜力。自 2015 年以来，消费金融渗透率迅速上升，规模迅速扩张。2015~2019 年，中国消费贷款余额（不含房贷、经营贷）分别为 5.92 亿元、7 亿元、9.67 亿元、12 亿元和 13.91 亿元，增长率分别为 23.85%、18.24%、38.13%、24.12% 和 15.92%，可以看出，近 3 年来，行业发展明显放缓，增速持续下滑，但整体来讲，截至 2019 年末，全国消费贷款余额较 2015 年提升了约 135%。

消费金融公司整体资产规模和贷款余额持续增加。2016~2019 年，中国消费金融公司资产规模分别为 1401.84 亿元、2826.33 亿元、3876.68 亿元，截至 2019 年末，消费金融公司资产规模达 4988.07 亿元，较上年增长 28.67%。2018~2019 年，中国消费金融公司贷款余额分别为 3619 亿元和 4722.93 亿元，增长率为 30.5%。②

消费金融公司的数量不断增加，场景覆盖范围不断细化。截至 2020 年 6 月末，我国消费金融公司已发展到 26 家，资产规模 4861.5 亿元，贷款余额 4686.1 亿元，服务客户数 1.4 亿人。消费金融公司的场景拓展覆盖范围较广，且呈现继续扩张态势，据统计，2019 年，中国消费金融公司已将场景金融拓展至 3C、家电、家装、旅游、教育/培训、医美等诸多各类细分场景，有效拉动了内需。

消费金融公司发放的贷款主要是中短期贷款，一般不超过 5 年，在实际执行过程中往往更低。根据统计，2019 年，平均贷款期限为 4~6 个月以内的有 3 家金融消费公司，平均贷款期限超过 12 个月的有 4 家金融消费机构，平均贷款期限介于 7~12 个月的则达 17 家金融消费公司。可以看出，消费金融公司的平均贷款期限分布较为平均，以 7~12 个月贷款期限为主，其他期限则相对较少。③

（三）网络贷款整治力度加大

为加快网贷行业风险出清，2019 年 1 月，互联网金融风险专项整治工作领导小组办公室和 P2P 网贷借贷风险专项整治工作领导小组办公室联合印发的《关

①　艾媒网. 2019~2020 年中国移动支付行业现状及发展趋势分析［EB/OL］. http：//www. iime-dia. cn，2020.

②　中国人民银行，http：//www. pbc. gov. cn。

③　中国银行业协会. 中国消费金融公司发展报告（2020）［R］. 2020.

于做好网贷机构分类处置和风险防范工作的意见》指出，坚持以机构退出为主要工作方向，除部分严格合规的在营机构外，其余机构能退尽退，应关尽关，加大整治工作的力度和速度。同时，稳妥有序推进风险处置，分类施策、突出重点、精准拆弹，确保行业风险出清过程有序可控，守住不发生系统性风险和大规模群体性事件的底线。① 2019 年全年网贷行业成交量达到了 9649.11 亿元，相比 2018 年全年网贷成交量（17948.01 亿元）减少了 46.24%，随着成交量逐步下降，网贷行业贷款余额也同步走低。截至 2019 年底，网贷行业总体贷款余额下降至 4915.91 亿元，同比 2018 年下降了 37.69%。成交量逐步走低与部分大平台逐步转型、监管"三降"、出借人对行业谨慎的态度密不可分。② 截至 2019 年 12 月底，网贷行业正常运营平台数量下降至 343 家，相比 2018 年底减少了 732 家。经过持续清退，到 2020 年 11 月，全国在运营的 P2P 平台完全归零。

（四）数字保险迅速崛起

数字经济已经成为经济发展新引擎，大力发展数字保险可以为数字经济发展提供风险管理和保障服务，因此数字保险是服务数字经济高质量发展的内生需求。2020 年突如其来的新冠肺炎疫情加速了保险行业的数字化变革，数字保险为保险业务提供了强大的技术支持，在渠道、产品、服务、风控、生态等方面加速迭代，重塑竞争优势，在建立数字化平台的同时，进一步细分市场和需求场景，创新保险产品和服务模式，努力实现高质量发展。

互联网保险业务是保险机构依托互联网订立保险合同、提供保险服务的保险经营活动，是我国数字保险的初级形态。保险行业数字化转型的业务能力主要包括数字化客户洞察、数字化营销、数字化生态、数字化产品创新、数字化资管、数字化运营、数字化风控、数字化合规、数字化财务、数字化职场员工。2011~2019 年，互联网保险保费收入总计 12201.2 亿元。2019 年，互联网保险保费收入 2696.3 亿元，同比增长 42.8%。其中，互联网人身保险保费收入 1857.7 亿元，同比增长 55.7%；互联网财产保险保费收入 838.62 亿元，同比增长 20.60%，高出财产保险市场同期增长率近 10 个百分点。③ 2020 年上半年，互联网人身险保费收入同比增长 12.2%，互联网财产保险保费收入同比增长 44.2%。新兴的保险科技公司作为行业数字化转型的赋能者，在行业数字技术升级中发挥

---

① 互联网金融风险专项整治工程领导小组办公室.关于做好网贷机构分类处置和风险防范的意见 [Z].2019.

② 和信贷.中国网络信贷行业发展报告（2019）[R].2020.

③ 华经情报网.2019 年中国互联网保险行业发展现状，行业迎来新一轮高速发展期 [EB/OL].ht-tp：//www.huaon.cn.2020.7.

着越来越重要的作用。

为规范互联网保险业务，有效防范风险，保护消费者合法权益，提升保险业服务实体经济和社会民生的水平，2020年12月，中国银行保险监督管理委员会发布《互联网保险业务监管办法》，要求保险机构开展互联网保险业务，应符合新发展理念，依法合规，防范风险，以人为本，满足人民群众多层次风险保障需求，不得损害消费者合法权益和社会公共利益，推动互联网保险持续健康发展。

（五）数字人民币试点城市和场景不断扩大

数字人民币是由中国人民银行发行的数字形式的法定货币，是人民币的电子版。数字人民币采取了双层运营体系，即中国人民银行不直接对公众发行和兑换央行数字货币，而先把数字人民币兑换给指定的运营机构，比如商业银行或者其他商业机构，再由这些机构兑换给公众。微信支付和支付宝等第三方支付平台是金融基础设施，是"钱包"；数字人民币是支付工具，是"钱包"的内容。法定数字货币的应用，有利于高效地满足公众在数字经济条件下对法定货币的需求，提高零售支付的便捷性、安全性和防伪水平，助推中国数字经济加快发展。

一方面，数字人民币试点不断扩大。2019年7月8日，国务院正式批准中国人民银行数字货币的研发，中国人民银行加快推进法定数字货币的研发步伐。2020年8月，商务部印发《全面深化服务贸易创新发展试点总体方案》，明确在京津冀、长三角、粤港澳大湾区及中西部等地区开展数字人民币试点。人民银行制定政策保障措施，先由深圳、成都、苏州、"雄安新区"等地及未来冬奥场景相关部门协助推进，后续视情扩大到其他地区。2020年10月，增加了上海、海南、长沙、西安、青岛、大连6个试点测试地区。随后，在深圳、苏州、北京和雄安新区分别向公众发放数字人民币红包。

另一方面，数字人民币的消费场景更丰富。伴随着数字人民币测试工作不断推进，数字人民币消费场景扩展为"线上+线下"，不仅覆盖商超、餐厅、加油站等，也增加了京东线上平台。

（六）河北雄安新区数字金融发展迅速

2020年，为加快发展数字经济，河北省人民政府印发《河北省数字经济发展规划（2020—2025年）》（以下简称《规划》），《规划》提出，要大力发展数字金融，建设雄安金融科技中心，集聚大数据、区块链和人工智能等一批金融科技企业，推动先进支付工具的先行先试。《规划》显示，到2022年，雄安新区将完成数字经济创新发展试验区建设任务，成为全国数字经济发展新标杆；到2025年，雄安新区将成为我国信息智能产业创新中心和数字经济创新发展引领区。近年来，河北雄安新区在发展数字金融方面取得了较大的突破。

2019 年底，光大集团与雄安集团共同成立了"数字金融科技实验室"，以雄安新区战略需求及信息化建设为导引，逐步打造区块链商业化应用研究、技术创新和人才培养高地，已先后实现了"区块链+支付""区块链+托管""区块链+代发"等数字化实践。并基于雄安区块链资金管理平台先进的穿透式管理理念，创新金融融资产品，创设了包括以链上中小企业为主体的"区块链+应收账款质押贷款"等内容在内的金融综合服务方案。未来，双方将共同搭建数字金融科技创新平台，聚焦"区块链支付、区块链托管、区块链融资"三大重点业务，在区块链+智慧城市和数字货币等领域探索多元创新应用场景，持续开展创新技术和创新产品研究孵化、泛金融服务模式优化。

2021 年初，中国雄安集团数字城市科技有限公司与中企云链（北京）金融信息服务有限公司联手打造的雄安新区供应链金融信息服务平台——雄信平台正式上线开通。雄信平台是雄安集团从雄安新区建设战略角度出发，发挥金融科技创新优势，在满足集团及新区内企业供应链金融服务需求的同时，着力培养雄安集团及各子公司的科技创新能力，增强企业自身核心竞争力，为雄安新区建设、发展提供有力的保证。数字城市公司自成立以来，目前已相继落实区块链技术在资金管理、工程监理管理、慈善物资溯源、农村土地流转和金融科技等方面的创新应用，为雄安新区"建设高标准、高技术含量的雄安金融科技中心"提供支撑。雄信平台利用区块链、物联网、大数据等创新技术，打造了全球领先的全线上化、数据化、平台化、全面性的区块链供应链数字金融服务平台，通过资金成本竞争和市场选择的方式，一方面，为集团及新区内企业提供高效、便捷的供应链金融服务；另一方面，为解决中小企业融资难、融资贵的问题，提供了有力保障。该平台共有三大优势：一是作为服务雄安新区的供应链金融信息服务平台，雄信平台不局限于单一银行机构，可支持多银行资金方。目前，雄信平台已对接中国邮政储蓄银行、中国工商银行，后续将逐渐接入中国农业银行、中国银行等，丰富资金渠道来源。二是雄信平台支持数字信用凭证多级流转，可多次拆分，相比银票，让供应链企业有更多选择。三是银行融资利率在核心企业一次锁定，不存在层层加价，为供应商节省了融资成本。

2021 年上半年，河北雄安新区依托"金融科技监管沙盒"试点，率先将"金融科技+区块链"和数字货币，运用于工程项目款支付、拆迁安置款拨付、员工工资发放等场景，减少中间留存环节，全程可穿透可溯源，并在工商登记、民政服务、征信管理、供应链融资等社会经济、民生服务领域大量运用金融科技技术。雄安新区在很多方面尝试探索"区块链+数字人民币"的应用场景,已经部署涵盖了食、住、行、游、购、娱等全场景进行线上线下消费,将有力推动雄安新区数字城市建设和数字经济发展。此外,结合雄安数字交易中心建设,推动构建基于数字身份识别体系的数字资产、数字交易等数字金融服务体系。

三、数字金融发展面临的挑战

(一) 数字金融参与主体金融素养有待提升

数字金融参与主体既包括金融机构从业者,也包括金融消费者。一方面,金融机构从业人员的金融素养有待提升,作为银行、保险公司、证券公司和信托投资公司等数字金融的提供者,由于在职业道德教育和金融知识方面培训和学习不足,导致金融从业者对风险认识不到位以及不能更好地服务客户。另一方面,金融消费者缺乏一定的金融知识和金融素养,利用数字技术的能力不足,难以适应发展较快的数字金融业,同时加上一些金融领域的信息披露不充分,风险悉知不到位,导致近几年网贷平台爆雷和跑路现象时有发生,造成消费者权益受损。

(二) 数字金融数据体系等基础设施有待完善

尽管全国信用信息共享平台的建设在逐步推进,但与数字金融发展所需要的全覆盖、互联互通信用信息体系仍存在差距。究其原因,一是一些小微企业和低收入群体缺乏信用记录。二是我国征信领域存在征信系统相互割裂,未形成数据共享征信系统。三是我国的政府数据具有较大的商业价值,但目前我国政府政务信息系统建设的标准不统一、开放规范不健全,数据还未被利用起来。此外,数字金融发展存在标准供给不足、标准化专业机构建设滞后等问题。

(三) 数字金融风险防范和监管体系有待健全

数字技术是一把"双刃剑",数字金融提升了金融服务效率,但也增加了金融监管的难度。当前数字金融监管存在如下问题:一是数字金融企业的业务范围较广,包括蚂蚁集团、腾讯在内的大型科技企业发展较快,已经形成了混业经营,监管主体之间缺乏必要的信息共享机制,这就要求多部门综合监管。二是数字金融监管技术水平落后、监管效果不强,远滞后于数字金融发展水平。三是数字金融企业能够掌握大量的数据,拥有数据的控制权,易形成寡头垄断,导致不公平竞争。

(四) 数字金融技术水平有待加强

数字技术与金融的结合提升金融服务效率的同时,也加大了网络和信息安全防控的难度，主要体现在：一是金融机构尚未建立健全有效的数字金融风险防范体系，由于金融监管部门对科技的投入不足，导致运用大数据、云计算等现代技术提高防范风险的能力较弱。二是金融机构亟待加强合规科技建设，由于技术发展水平的滞后，导致难以有效识别和防范金融业务开展过程中的一些金融风险，如信用风险、操作风险、数据安全风险等，从而不利于降低合规成本和提高金融机构运行效率。

四、未来数字金融发展的思路

2021年7月，河北雄安新区印发《全面深化服务贸易创新发展试点实施方案》（以下简称《实施方案》），指出要深入推动雄安新区"数字+金融"创新融合发展。《实施方案》提出，结合雄安新区数字城市建设，搭建科技创新和金融服务产融创新合作平台。参与法定数字人民币研究和试点工作，推进数字货币研发与智能城市建设、数字身份体系构建有机融合，拓宽数字货币应用场景，探索数字货币应用新模式。推进5G、区块链等技术在金融领域深度应用，支持金融机构采取移动互联网方式，提升服务质量和金融网络安全保障水平。引进并培育一批在云计算、物联网、大数据、区块链、人工智能等领域具有领先优势的金融科技企业，推动一批在区块链、大数据、人工智能等方面具有引领性的金融科技项目在新区试点运行。除以上做法，还应重点做好以下工作。

（一）重视数字金融教育和消费者权益保护

一是加强金融从业人员的职业道德教育，提升对金融风险认知水平，规范自身行为准则，提升责任心。同时，提升金融从业人员的专业技术培训，更好掌握数字金融的基础理论知识，并提升数字金融的业务能力，服务社会经济发展。

二是不断提升消费者的风险防范意识，更加重视消费者权益保护。通过媒体、讲座等各种形式加强对消费者数字技术知识和金融基础知识的普及，提升消费者的金融素养和风险防范意识；逐渐健全消费者权益保护制度，畅通消费者投诉渠道建设，维护消费者的合法权益。此外，注重消费者个人信息和隐私的保护。

（二）不断健全数字金融数据体系等基础设施

一是加快推进信用体系和信用信息平台建设。政府和行业协会构建全社会统一的个人和企业征信平台，通过制定科学的信用数据标准，不断扩大小微企业和低收入群体的数据收集范围，将更多数据纳入征信系统。

二是重视数据共享，充分利用大数据、区块链和人工智能等现代技术，努力消除数据孤岛，实现相互割裂的征信系统数据的互通共享。

三是积极推进数字金融标准体系建设，不断完善数据确权、定价和交易制度，健全数据安全和隐私保护等制度。

（三）健全数字金融的监管体系

一是强化金融机构风险防范主体责任，确保依法依规经营、业务拓展与风险管理能力相适应，同时严厉打击金融领域的非法行为，依法治理金融乱象。

二是进一步完善数字金融的监管体系，尤其对一些大型金融科技公司，既要参考传统金融机构的监管方式，在资本充足率和信息披露等方面提出更高的要求，也要根据数字金融发展的具体情况，完善数字金融监管工具箱，提升监管科技水平，实施数字金融创新的差异化监管，平衡好数字金融创新与监管之间的关系。

三是加强中央与地方之间、各监管部门之间金融监管协调机制建设，完善中央与地方的金融监管信息平台建设，运用监管科技实现它们之间的信息沟通与共享，提升跨区域、跨部门的风险识别、预警和处置能力。

（四）提升数字金融技术水平

数字金融是技术驱动的金融创新，大数据、区块链、人工智能等现代技术能够为防控数字金融风险提供有力的技术支撑，因此要打造智能风险防范体系，不断创新数字金融产品和服务。具体而言，在智能信用风险防范方面，运用现代技术整合金融机构内部信息与外部数据，实现风险的监控、预警等。在智能操作风险防范方面，运用现代技术打造风险数据集和审计数据分析系统，实现自动化监控。在智能数据风险防范方面，加快数据保护前沿技术研发，以技术赋能数据安全管理，提升数据安全治理能力。

（五）加强数字金融国际交流合作

开放合作是推进数字金融发展的必由之路，我国数字金融发展取得了较大成就，但与数字金融发达国家相比，在金融科技布局、基础设施建设、技术投入和人才储备等方面还存在较大差距。因此，一方面，我国需要主动学习、借鉴国外数字金融在技术创新、风险防范等方面的先进经验，例如，在人才方面，应培养具备理论知识和国际视野的复合型金融科技人才。另一方面，我国应积极加强国际合作，同世界银行、国际货币基金组织、金融稳定理事会等国际组织共同参与并制定数字金融发展的国际政策框架，不断提高我国的数字金融国际话语权和国际竞争力，推动国际数字金融健康发展。

第五节　数字金融、实体经济与就业[①]

一、文献研究

随着"十四五"规划与"中国制造 2025"的稳步推进，我国逐步由"制造大国"向"制造强国"转变，在此期间对制造业高质量发展的研究增多，但从宏观层面探讨数字金融与以制造业为代表的实体经济发展相结合的文献并不多见。本节从三个方面梳理现有文献，一是区分"数字金融""互联网金融""金融科技"的概念；二是汇总传统金融对实体经济发展的影响及传统金融发展存在的问题；三是具体指出数字金融在促进实体经济发展过程中出现的风险及实体经济对于就业的影响。

数字金融是近年来快速发展兴起的一种新兴金融业务模式，政府工作报告多次提及数字金融与互联网金融等新兴模式。目前，对于数字金融的研究虽然显著增多，但没有统一的定义，且"数字金融""互联网金融""金融科技"等概念也没有明确的区分。随着时间的推移以及信息技术的持续发展，数字金融在不同时间的侧重点也存在差异。数字金融最早起始于美国，当时提出的概念是电子金融，强调利用电子通信技术和计算机技术来提供金融服务（杨继梅等，2020）。Peter Gomber 等（2017）区分了数字金融、金融科技和电子金融这三个术语，认为"金融科技"侧重于技术创新和技术发展，"数字金融"用来描述金融部门的广泛数字化并涵盖金融部门的所有产品和服务。Ozili（2018）将数字金融定义为通过移动终端、个人电脑、互联网等数字技术提供的一系列金融服务，认为数字金融可以为发展中国家带来更大的金融包容性。黄益平和黄卓（2018）认为，数字金融泛指金融机构与互联网平台通过数字技术实现支付、结算、融资与投资等金融业务的新兴模式。

现有文献大多围绕传统金融和实体经济的关系展开研究，国外学者早期主要从理论上研究金融发展对经济增长的作用。Shaw（1973）认为，一个国家的金融与当地的经济是相互影响的，并在此思想基础上提出金融深化理论和金融抑制理论。随后，众多学者开始对金融与实体经济的关系进行理论与实证的研究，认

---

① 作者：吴琦，河北经贸大学金融学院讲师；李思凝、谢宇，河北经贸大学金融学院本科生。

为金融可有效推动实体经济的发展。刘军（2017）通过实体经济机制研究，得出金融发展可以形成金融的聚集效应的结论，同时金融可提高资金配置效率，从而推动实体经济的增长（林毅夫和孙希芳，2008）。2008 年国际金融危机爆发，学术界对金融发展与经济增长的关系展开了新的研究思路，将关注点放在金融与实体经济的协调发展上。许桂华等（2017）认为，金融发展过度，使原本应流入实体经济的资金转而流向房地产等领域，对实体经济产生了挤出效应，从而阻碍实体经济的进一步发展。金融"脱实向虚"现象的出现是由于非实体金融发展速度大于实体经济发展速度，因而对全要素生产率产生负面影响（黎伟和许桂华，2021）。因此，金融发展速度影响着实体经济的发展，金融的发展要与实体经济发展相一致（刘超等，2019）。

虽然我国数字金融的整体规模扩张速度较快，但由于我国数字金融信用风险监管机制尚未健全，数字金融相关的产品与服务的信用违约情况时有发生，数字金融的潜在风险不断增加。李继尊（2015）从多维角度探索互联网金融快速发展的成因，提出互联网金融的核心竞争力在于缓解信息不对称的功能，同时提出了监管不到位的风险问题。王作功等（2019）认为，数字金融的发展引起了严重的数据不对称，分析了数据不对称所具有的特征以及对市场产生的不良效果，并提出解决建议。姜志旺等（2017）从 P2P 网贷的运作模式入手，解释贷款中借款者信用风险的主要来源，预测评估网贷借款者的信用水平，降低 P2P 网贷潜在风险。马亚明等（2021）构建金融实体极端风险网络进行动态演化分析，最后研究实体与数字金融行业间风险溢出水平的影响因素，证明数字金融风险对于实体经济冲击强。

关于就业方面文献的研究，现有文献大多围绕数字金融与就业、创业的关系展开研究。从企业信贷角度来看，企业信贷错配对劳动就业规模具有显著的缩小作用，数字金融通过降低企业信贷错配程度，进而扩大了劳动就业规模（徐章星、张兵、刘丹，2020）。从包容性角度看，张勋（2019）从微观层面考察数字金融对居民收入和居民创业的影响，挖掘数字金融如何通过物质资本、人力资本和社会资本的异质性影响居民的创业行为，丰富关于创业的理论。尹志超等（2019）通过研究发现，数字普惠金融能促进家庭创业行为，从而促进社会就业。李晓华（2019）认为，数字经济的"蒲公英效应"将为中小企业发展提供"温床"，从而带动就业。实体经济是最大的就业容纳器和创新驱动器，是国民经济的根基，对一国实现高质量就业具有重要意义（徐静，2018）。黄益平等（2018）总结了中国数字金融近年来的发展，指出了包括数字金融风险问题的若干个中国数字金融发展中有待研究的问题。数字金融影响着实体经济的发展，实体经济的发展又牵涉着就业等民生问题。同时数字金融也产生了一系列问题，如何降低风险，促使数字金融对实体经济的促进作用，推动实体经济带动高质量就业是本部分研究的重要问题。

二、数字金融与实体经济发展的理论逻辑与现实问题

（一）数字金融影响实体经济发展的理论逻辑

数字金融作为新兴金融模式，国内学者对其在实体经济中发挥的作用多保持乐观态度。续继、唐琦（2019）认为，数字金融发展对实体经济的积极作用体现在诸多方面，尤其对于优化全要素生产率、释放经济活力而言至关重要。焦勇（2020）提出，数字金融对制造业的影响逐步由价值重塑转向价值创造，表现为由要素驱动转向创新驱动，由产品导向转型为用户体验导向，由产业关联发展转向企业群落发展，由竞争合作的模式转型为互利共生模式。李春发等（2020）从产业链的视角切入，发现数字金融与实体经济的深度融合将构成制造业转型升级的新动力。

在数字金融的文献中，学者们从理论与实证层面对数字金融与实体经济进行了考察，主要通过数字金融对经济增长的影响得出结论。从理论上看，数字金融可以通过增加要素投入、改善配置效率和提高生产效率来促进经济增长（丁志帆，2020）。数字金融借助于信息技术在空间上的穿透力和在搜寻匹配上的便捷性，扩大了金融的覆盖面，改变了传统金融模式，创造出中国经济增长的新路径，释放出更大的增长潜能，成为中国经济增长的新引擎（贝多广，2017）。

实体经济的产业结构升级离不开特定的外部环境，尤其是金融体系的大力支持。已有研究表明，金融是现代经济的核心，是推动产业结构升级的重要动力（钱水土和周永涛，2011）。近年来，随着科技革命和产业变革的不断推进，以大数据、云计算以及人工智能等作为技术支撑的数字金融获得快速发展，作为新兴金融模式，数字金融发展能够通过降低服务门槛以及实现服务便捷化，推动特定产业（尤其是新兴产业和高技术产业）的发展，进而影响产业结构升级，从而促进实体经济的发展（李晓龙等，2021）。

（二）金融与实体经济发展之间存在的问题

金融影响实体经济有着诸多问题，本质表现在"三个失衡"上（宋龙杰，2019）。一是实体经济的供需失衡，主要表现在结构性失衡方面，随着我国社会主要矛盾的变化，人们对美好生活的向往不再是简单的物质有没有满足的问题，

而是物质能否满足精神文化的需求，消费需求升级加快，实体经济却还是小规模粗放式发展，难以满足人民需求的变化。二是金融行业的内部失衡，主要表现在金融体系结构上失衡，尤其是直接融资和间接融资不协调，间接融资规模远远超过直接融资，且间接融资中银行业占比 90%以上，直接融资中的债券发展远滞后于股票市场的发展。自 20 世纪 80 年代以来，西方发达国家就存在实体经济和虚拟经济发展失衡的问题，导致社会经济增长日益依赖金融发展。社会经济出现"金融依赖"问题，使实体经济失去活力和创新力，削弱了实体经济的综合竞争力。虚拟经济的发展需要实体经济的支持，并与实体经济之间保持平衡。实体经济是社会财富创造的基本形态，也是保持经济持续发展的基础（陈春雷，2013）。三是金融和实体经济的循环不畅，金融源于实体，实体振兴金融，近年来，金融与实体经济循环不畅主要表现在民间资本投资增速过快下滑，产能过剩严重，导致多数中小企业面临生存问题，中小企业为维持生存而选择裁员，从而失业率上升，加剧社会不稳定性，极易引发金融风险。

我国的金融业虽已得到快速发展，并且在过去的实体经济发展中功不可没，但信用机制完善性也稍显不足，且本身环境的秩序性仍须进行优化和提升。当今金融环境已经逐渐认识到信用机制的重要性，构建了基本的信用机制，但信用体系存在漏洞易引发金融环境混乱，数字金融风险问题依旧存在，信用机制的制约作用并未得到全面体现，惩治机制未能起到应有的震慑作用（黄健聪，2020）。

三、数字金融影响就业的理论逻辑与现实问题

（一）数字金融影响就业的理论逻辑

数字金融依靠大数据、云计算：首先，可以较快地捕捉到金融资源与客户群体需求信息，实现金融供给与需求的有效对接；其次，数字金融通过降低金融服务成本，改善中小微企业融资问题、赋能商业银行，提升金融体系支持高质量经济增长的能力等渠道，一并促进经济高质量发展（黄卓，2019），从而创造更多的就业机会；再次，数字金融发展能够显著提升区域的经济发展水平，从而提升区域的创业水平（周家倩，2018）；最后，从中观角度看，数字金融能够使各行业实现数字化、平台化转型，平台经济将大数据、算法技术应用于平台，使劳动力供需双方精准快速匹配（李敏、吴丽兰、吴晓霜，2021）。创业、就业模式转向"平台+个人"，实现个性化、智能化创业、柔性化的就业服务，为全方位就业提供稳定的经济环境。数字金融降低了金融服务成本、提高了区域经济发展水平、创新了就业模式，进一步带动了经济增长，从而为实现高质量就业迎来了契机。

数字金融运用数字化特征，加快数字产业化。数字金融催生新就业形态、新兴行业模式。自2011年起，我国第三产业就业占比首超第一产业，第三产业吸纳就业从2011年的35.7%到2019年的47.4%，近10年间增加了10多个百分点①。国家统计局数据显示，2020年，全国实物商品网上零售额97590亿元，增长14.8%，占社会消费品零售总额的比重为24.9%，比上年同期提升4.2个百分点②。O2O模式利用数字技术，将服务模式简化为：商品→下单→支付三个环节，大大加快了交易的节奏。"直播带货""滴滴打车""美团外卖"等行业层出不穷，为社会就业提供了新的岗位，为创业提供新的机遇。

数字金融提升了本区域的绿色创新效率，其对区域绿色创新效率具有显著的正向直接效应和正向空间溢出效应（尹飞霄，2020）。数字化技术应用于金融机构，有助于其结构优化、效率提升，从而促进绿色金融发展（Vives，2017）。金融数字化提高绿色项目收益、企业环境信息披露程度来赋能于绿色金融（刘涛，2019）。然而，推动我国绿色发展、低碳就业必须依靠绿色金融和绿色技术的"双轮驱动"，绿色金融不仅能够提供资金支持，而且可以分散风险、有利于资源的合理配置，从而引导绿色就业（辜胜阻，2018）。目前，绿色金融作为一个新生的领域，主要有绿色信贷、绿色基金、绿色保险、碳金融等，新型行业有绿色租赁、绿色App等。以绿色债券为例，2016~2019年，中国累计发行绿色债券1.1万亿元，2019年3500多亿元、较2018年增长近30%③。绿色金融增加了绿色创业、就业的机会，我国绿色金融的发展水平在国际国内市场均有待进一步拓展。绿色金融为传统商业银行拓展业务，增加岗位支持；同时，为清洁技术行业迎来发展黄金时期，为就业创业提供机会。

数字金融、实体经济与就业三者存在一定联系。实体经济实现健康持续发展，从而吸引更多优秀劳动者进入实体经济中就业（李飚和孟大虎，2019）。根据中小企业划型标准和国家统计局第二次经济普查数据测算，我国中小企业提供了80%以上的城镇就业岗位，工信部公布的2019年数据，中小企业创造了中国80%的城镇就业。数字金融主要通过缓解企业融资约束，增加资金的可得性，推进持续稳健经营等方法促进实体经济的发展。通过长尾性分析，数字金融对缓解企业融资约束具有重大作用、能够显著改善企业的资金可得性（王馨，2015）。

① 经济日报：《2015年度人力资源和社会保障事业发展统计公报》发布——第三产业成吸纳就业新增长点［EB/OL］. http：www. ce. co.

② 国家统计局. 中国2020年国民经济和社会发展统计公报［R］. 2020.

③ 中债研发中心. 中国绿色债券市场2019研究报告（简称绿色报告）［R］. 2019.

通过多融资渠道的相互关联，在一定程度上缓解融资约束。数字金融优化了直接融资与间接融资体系，降低了融资成本，显著缓解了企业的融资约束（黄锐，2020）。数字金融缓解了实体经济融资约束，推动了实体经济的高质量发展，从而在一定程度上带动了就业、创业。

（二）金融与就业之间存在的问题

截至 2021 年上半年，我国新增就业人数呈现下滑情况，近些年来新增就业率持续走低，就业饱和态势明显。2021 年 6 月，16~24 岁城镇青年调查失业率为 15.4%，环比上升了 1.6 个百分点。[①] 由此可见，我国就业形势在总体稳定情况下，就业结构矛盾突出，就业形势严峻。金融影响就业有诸多问题。

首先，金融改革总体上不适应促进就业，具体表现为：①提高实体经济融资总量和降低利率的货币政策均可以拉动总体就业规模的增长，不及时、错误的利率调整不能有效促进就业（孙坤鑫，2021）。②固定资产投资对就业的提高未能体现，固定资产投资能够刺激生产需求，提供更多的就业岗位，从而缓解国内日益严峻的就业形势（杨宇辰，2021）。我国固定资产投资存在重复建设与盲目投资的现象，投资效率低下，投资效果未能达到预期，自然不能创造就业岗位，提高就业水平。

其次，深化金融发展未能有效促进就业。资本市场的发展能够提高就业水平，然而我国股票市场不够成熟、发展程度有待于进一步提高，居民持有资金偏好储蓄，导致了我国资本市场与就业呈现负向关系，未能有效促进就业。

最后，金融业发展，包含数字金融发展呈现出地区差异性，从东西部地区看，东部地区数字基础设施建设较为完善，经济发展水平高，而其他地区的数字金融仍处于发展初期阶段，数字金融对于高质量就业的红利未能有效释放（张喜玲、唐莎，2021）。从城乡地区看，农村地区因受教育程度较低而难以获得数字金融服务的支持，冷晨昕等通过数据调查发现，仅有 8.5% 的被调查农户使用第三方支付（冷晨昕，2018）。因此与农村居民相比，数字金融发展对城镇居民的就业促进作用更强。

四、数字金融促进实体经济、就业发展的政策建议

（一）打破数据壁垒，推动数字金融发展

第一，要加速各行业的数据融合，建设数据中心库、数字博物馆，促进数字

---

① 国家统计局新闻发言人、国民经济综合统计司司长刘爱华介绍上半年国民经济运行情况指出：2021 年 6 月，16~24 岁城镇青年调查失业率为 15.4%，环比上升了 1.6 个百分点。

金融发展。短中期看，金融行业与政务、电信、购物消费的数据融合范围扩大；长期来看，不断拓展于交通、教育、医疗等领域。无论从长期还是短期，数字金融都将带动多数行业发展，增加就业岗位。打破"数据孤岛"的特征，将各行各业通过数字技术联系起来，形成一个整体。依据河北文化旅游区，发展数字文旅产业；面对老龄化问题，培养智慧养老产业，改善民生。同时，政府可以通过各种渠道建立有效的数据共享机制，建立省内数据中心库，形成数据开放、共享的平台，打破数据信息的制度性障碍，为各行各业之间的联系架起桥梁，从而破除劳动力流动壁垒，加快就业效率。攻关关键技术，推广数字应用也尤为重要。我国企业发展仍有许多技术难题，政府以及相关机构根据实际情况出台一系列促进企业数字化转型的政策文件，刺激相关企业或单位对技术难题攻关。企业之间，第三方机构之间，企业与第三方机构之间可以加强联系与交流，借鉴国内外先进企业与机构的成功经验，提高技术的支持与研发。

以安徽为例，安徽建立江淮大数据中心，依托云平台体系，实现省市县三级网状分布，形成层次清晰的总体框架体系，实现数据全周期管理，完善基础和主题数据库，建设高水平数据大厅。强化数据整合、共享、应用。尤其在数据共享层面，推动各地区各部门间数据共享交换，加快数据开放利用，培育数字金融新产业、新业态和新模式，支持构建农业、工业、交通、教育、医疗、公共资源交易等领域规范化数据开发利用，为提高就业迎来契机。①安徽大力推广智慧养老，建设智慧社区居家养老服务中心，培养智慧养老产业，增加就业岗位；②发展数字文旅产业，完善公共数字文化服务体系，以徽州文化生态保护区为龙头，实施非遗数据库建设工程，推进数字博物馆建设。建设文化旅游产业集聚发展基地，全面发展旅游信息服务、商贸物流服务，提高就业容纳度。

第二，建设数字金融协同治理中心，增强对数字金融风险控制和监管。首先，建立相匹配的数据治理措施，在"鼓励创新、适度监管"思路下设立专门监管机构、完善相关立法等措施，以雄安新区的金融科技监管应用试点为例，该区监管应用试点在普惠金融、支付服务、风险评价等领域搭建数字化模型，满足金融业数字化转型过程中的网络安全需求，并保障了金融科技健康有序发展。

第三，兼顾金融开放与金融安全，建立与开放水平相适应的金融监管机制。在河北大力提倡数字金融发展的背景下，数字金融监管成为待解决问题，应制定并持续优化金融监管体系，加强数字金融交易安全、数据安全、个人隐私保护和投资者和借款人的权益保护，完善相应的法律和管理条例①。建立安全审查机

---

① 中国滨海金融协同创新中心．金融多维发力支持实体经济高质量发展对策研究［R］．2021．

制，及时防范和化解跨境资本流动带来的风险。强化金融服务监管系统队伍建设，增强公职人员的履职能力，大力提升河北监管效率和水平，以"稳金融"的实际成效促进全省高质量发展。以广州为例，广州地方金融监督管理局与广州互联网法院、越秀区政府合作设立了"数字金融协同治理中心"，通过全国首个在线纠纷"类案批量智审系统"，对互联网小额借款合同纠纷等进行全流程在线批量审理，真正打通涉网审判"最后一公里"。广州通过升级改造非现场监管系统，规范数据的报送内容、报送流程、加工过程和展示结果，进一步加强了监管能力；通过搭建数字普惠金融综合服务平台，广泛对接政府部门、企业、金融机构、征信机构及数据提供方，提供融资撮合登记、不良资产处置、数据共享等服务内容，实现监管与服务职能的统一，促进金融生态协同。另外，广州通过探索开展互联网司法诉讼，民间金融街获批建设"数字金融协同治理中心"，与广州互联网法院开展合作，推荐头部互联网小贷公司率先接入广州互联网法院电子证据系统、立案批量智审系统，实现网络金融诉讼案件的批量审理。

（二）立足我国的基本国情，加强数字金融的基础"硬件"建设

首先，应加强针对数字金融发展的新型基础设施建设，重点建设工业互联网、省级新型大数据中心，科学规划重点推进，引导数字技术在实体经济中的规模化应用，以数字金融与实体经济的融合发展助推制造业转型升级。针对农村落后地区的数字金融数字基础设施建设，发展"宽带农村"，缩小与较发达地区的硬件设施差距，缓解当地劳动力严重外流的状况，提升落后地区的就业容纳度。

以安徽为例，安徽加快"数字江淮"强化新型基础设施建设，构建高速、安全、移动的新一代信息基础设施。安徽积极推动"宽带农村"建设，引导电信运营企业投资农村网络，扩大光纤宽带农村覆盖面积，实施农村通信网络提速降费政策，持续推动宽带服务试点工作，提高农村网络化程度，带来就业机会。同时，加快实现全光网城市。全面推进新建住宅建筑光纤到户，分批次、成片区推进现有住宅建筑光纤改造。在5G网络方面打造5G网络标杆示范工程，加快省内其他城市5G网络规模部署，实现开发园区、热点区域、重点企业的覆盖，并采取经济有效的方式推进5G网络向农村地区发展、延伸。通过新基建的发展，增强就业信息透明度，缩小硬件设施差距，提升地区就业容纳度。

其次，改善企业的融资环境。良好的融资环境是解决中小企业融资难不可或缺的条件。而良好的融资环境需要政府的大力支持以及配合（黄志豪，2006），政府应进一步推动数字金融的发展，使数字金融与传统金融相互补充，优化数字金融发展环境，拉动创业活动开展，为高质量就业、降低失业率营造良好的金融

条件。河北省政府要有针对性地进行中小企业减税降费政策的推进，在鼓励民间投资、保护合法权益、解决融资困难等方面加大工作力度，落实河北省财政厅出台的减征"六税两附加"政策，在疫情防控背景下推动小微企业复工复产。

以邯郸武安为例，为帮助中小企业解决融资难，武安税务局在与金融机构签署"银税互动合作框架协议"基础上，完善与13家银行和金融机构合作机制，以纯信用、无抵押无担保，为纳税信用等级M级以上的纳税人设计开发出"云税贷、税贷通、e税通"等系列金融扶持产品，税务部门主动向金融机构推送企业信用评价结果，银行以"信"换"贷"，对接有信贷需求的企业，经资格审查后予以授信，助力中小企业获批贷款。

最后，要持续加大科技创新投入。充分利用科技手段提高数字普惠金融基础设施覆盖率，增强网络覆盖面，合理分配网络资源，缓解农村就业不足问题与城市就业竞争大问题。《河北省数字经济发展规划（2020—2025年）》指出，要提升数据资源存储和交易能力、提升数据汇聚计算能力以及提升数据创新应用能力，三大提升离不开基础技术原创动力的提升。同时，积极参与国际竞争，为不同群体提供更多的可能性，降低数字技术使用门槛，扎根于多元广阔的市场需求来创新金融科技，解决金融服务"最后一公里"问题。

（三）激发不同主体创造力，培养"数字+金融"新型人才

首先，以京津冀区域为例，破除京津冀区域的行政壁垒，提高金融资源配置效率，通过金融开放破除阻碍金融要素自由流动的体制和机制障碍，激活社会各方面创造力。在金融领域进行创新，增加金融供给和竞争；各制造业企业完善产品创新机制，加强精细化管理；科技公司利用新型技术和手段，为客户提供个性化金融服务。同时，根据河北各地区地理位置、经济发展水平、突出产业发展等因素制定不同的发展策略，着手打造一批特色鲜明、示范性强的重点园区，使省内经济错位发展，特别是钢铁工业。不同地区钢铁企业要因地制宜，制定适合本企业发展的发展目标，减少因同质化而产生的省内不良竞争。另外，强化新兴数字化技术的人才培养，优化人才供给。

以江苏为例，江苏率先启动"数字赋能，人才先行——江苏省数字化人才培育"的专项行动。邀请省内外知名专家、高校著名学者和数字化知名企业家组成"江苏省数字化人才培育专家团"。联合南京大学等高校以及科研机构开设"苏商数字化转型领军人物高级研修班""数字工匠复合人才教练营"等。此外，江苏设立"万众金融学院"，构建三大支撑。一是立制度，激励人才培养。江苏制定《内部培训师管理制度》《教育培训管理办法》两项制度，通过奖励机制鼓励

青年员工参与活动，增强思想创新。二是建体制，健全体系框架。"万众金融学院"下设"一中心五部门"，即教务中心、学习计划管理部、课程讲师管理部、培训运营管理部、系统平台管理部和综合行政管理部。为数字金融的发展提供高质量数字型人才支撑。三是强科技，实现云端学习。江苏测试上线"万众云课堂"微信小程序，通过图文、视频等形式，将业务知识、数字知识、实时上传云端，增强群众的数字知识与安全保护意识。

因地制宜发展经济，培养"数字+金融"新型人才，河北可从两方面着手，①在各级院校设置数字金融发展急需的新兴工科专业，建设一批注重对数字金融发展相关的师资力量的培养，扩大数字技术领域的学术型和技能型人才储备，如河北经贸大学自 2019 年实行新财经人才培养改革实验班计划，增加金融科技、智慧物流等新兴学科，为河北新兴产业发展储备高素质人才；②由省市各级政府和数字型领先企业牵头，根据数字金融人才需求特征，组织开展实体企业的员工在职培训，政府部门制订相关人才评价体系和人才培养激励机制，并对数字金融人才进行财政补贴或提供优惠政策。同时，通过宣传省内如以岭药业、晨光生物科技集团等知名企业的企业代表先进案例，弘扬优秀企业家精神和工匠精神，积极营造有利于企业家创新、创业、创造的良好社会氛围，调动企业家干事的积极性，确保高质量就业，促进创业多元化、大众化。

参考文献

［1］巴曙松，王琳琳，华中炜．中国金融改革回顾与展望［J］．金融管理与研究，2007（2）：27-33.

［2］贝多广．数字化是推动普惠金融发展的引擎［J］．现代商业银行，2017（11）：59-61.

［3］财经网．自贷自批套取资金入股　颍东农商银行多名高管勾结谋私利［EB/OL］．http：//www．caijing．com.

［4］蔡红．当前农信社信贷主要风险点分析和防范［J］．金融与经济，2004，4（S1）：69.

［5］沧州银行股份有限公司．沧州银行年报［R］．沧州：2015-2020.

［6］沧州银行股份有限公司．沧州银行社会责任报告［R］．沧州：2020.

［7］常纪文．雄安新区的科学定位与绿色发展路径［J］．党政研究，2017（3）：22-24.

［8］常立衡．农信社信贷风险形成原因及对策［J］．金融经济，2013，4（2）：150-151.

［9］陈春雷．我国实体经济发展存在的问题及应对策略［J］．学术交流，2013（8）：111-114.

［10］程毅然，李永建．金融科技对小额贷款公司杠杆率的影响机制研究［J］．证券市场导报，2021（7）：21-29.

［11］丁志帆．数字经济驱动经济高质量发展的机制研究：一个理论分析框架［J］．现代经济探讨，2020（1）：85-92.

［12］杜传忠，张远．数字经济发展对企业生产率增长的影响机制研究［J］．证券市场导报，2021（2）：41-51.

［13］方国斌，马天驰．基于 KMV 模型的互联网金融行业信用风险分析

［J］．当代金融研究，2020（4）：84-95.

［14］封思贤，郭仁静．数字金融、银行竞争与银行效率［J］．改革，2019（11）：75-89.

［15］封思贤，那晋领．P2P借款人的定价偏差与被动违约风险——基于"人人贷"数据的分析［J］．金融研究，2020（3）：134-151.

［16］郭品，沈悦．互联网金融加重了商业银行的风险承担吗？——来自中国银行业的经验证据［J］．南开经济研究，2015（4）：80-97.

［17］何广文，何婧．省联社改革：机制重于模式［J］．银行家，2020（7）：15-18.

［18］何宏庆．数字金融：经济高质量发展的重要驱动［J］．西安财经学院学报，2019，32（2）：45-51.

［19］何文彬．数字化推动中国制造业价值链高端化效应解析——基于全球价值链视角［J］．华东经济管理，2020，34（12）：29-38.

［20］河北农信社官网．服务三农 信达八方——河北省农村信用社联合创立15周年改革发展谱新篇［EB/OL］．http：//www.hebnx.com.

［21］河南农信社网站，http：//www.hnnx.com.

［22］胡恒松，王皓，韩瑞姣．雄安新区城市高质量发展的金融支持路径［J］．区域经济评论，2021（2）：33-41.

［23］胡晓宁．流动性风险管理的新题与新解——江苏省联社积极探索流动性风险管理新思路［J］．中国农村金融，2015，4（7）：19-21.

［24］黄健聪．金融服务实体经济存在的问题及应对策略探析［J］．商场现代化，2020（12）：142-144.

［25］黄孝杰，苏剑，张建平．农信社流动性风险管理的策略和路径［J］．中国农村金融，2015，4（7）：28-30.

［26］黄益平，黄卓．中国的数字金融发展：现在与未来［J］．经济学（季刊），2018，17（4）：1489-1502.

［27］黄益平，陶坤玉．中国的数字金融革命：发展、影响与监管启示［J］．国际经济评论，2019（6）：24-35+5.

［28］姜志旺，张红霞，郑艳娟．基于BP神经网络模型的互联网金融信用风险评估研究［J］．黑龙江科技信息，2017（16）：338.

［29］焦兴旺．推动传统制造业高质量发展（新论）［N］．人民日报，2020-03-03（5）.

［30］焦勇．数字经济赋能制造业转型：从价值重塑到价值创造［J］．经济学家，2020（6）：87-94.

［31］蓝虹，穆争社．论省联社淡出行政管理的改革方向［J］．中央财经大学学报，2016（7）：56-61.

［32］李春发，李冬冬，周驰．数字经济驱动制造业转型升级的作用机理——基于产业链视角的分析［J］．商业研究，2020（2）：73-82.

［33］李继尊．关于互联网金融的思考［J］．管理世界，2015（7）：1-7+16.

［34］李伟．城商行公司治理对风险防控的作用［J］．银行家，2021（4）：51-53.

［35］李喜梅，周宏春．雄安新区绿色发展呼唤金融支持［J］．开发研究，2018（3）：110-117.

［36］李晓龙，冉光和．数字金融发展、资本配置效率与产业结构升级［J］．西南民族大学学报（人文社会科学版），2021，42（7）：152-162.

［37］李艳虹，贺赣华．商业银行公司治理与风险控制——传导机制与数据检验［J］．南方金融，2009（5）：20-25.

［38］梁双陆，刘培培．数字普惠金融、教育约束与城乡收入收敛效应［J］．产经评论，2018，9（2）：128-138.

［39］梁鹬，李孟刚．基于规模、效率及风险的城市商业银行发展影响研究［J］．新疆大学学报（哲学·人文社会科学版），2021，49（4）：8-15.

［40］廖继胜，刘志虹．我国中小银行风险控制能力的主成分分析——基于公司治理视角［J］．金融教育研究，2014，27（1）：6-11.

［41］林爱杰，梁琦，傅国华．数字金融发展与企业去杠杆［J］．管理科学，2021，34（1）：142-158.

［42］林毅夫，孙希芳．银行业结构与经济增长［J］．经济研究，2008，43（9）：31-45.

［43］刘宏海，魏红刚．绿色金融：问题和建议——以京津冀协同发展为案例［J］．银行家，2016（12）：44-46.

［44］刘江宁．大力发展实体经济，筑牢现代化经济体系的坚实基础［J］．红旗文稿，2019（20）：27-28.

［45］刘军，黄解宇，曹利军．金融集聚影响实体经济机制研究［J］．管理世界，2007（4）：152-153.

［46］刘开宇，李晓宇，周立．农信社县级联社的多元目标和选择性执行——河北调研报告［J］．中国金融，2018（1）：3-4．

［47］刘录平．我国城市商业银行公司治理对经营绩效的影响研究［D］．华南理工大学博士学位论文，2017．

［48］马九杰，崔恒瑜，王雪，董翀．设立村镇银行能否在农村金融市场产生"鲶鱼效应"？——基于农信机构贷款数据的检验［J］．中国农村经济，2021（9）：57-79．

［49］马九杰，亓浩，吴本健．农村金融机构市场化对金融支农的影响：抑制还是促进？——来自农信社改制农商行的证据［J］．中国农村经济，2020（11）：79-96．

［50］马骏．论构建中国绿色金融体系［J］．金融论坛，2015，20（5）：18-27．

［51］马理，何云．金融业开放、金融创新与宏观金融风险防范——基于银行、证券和保险业发展的视角［J］．武汉金融，2020（11）：29-34．

［52］穆争社．农村信用社法人治理结构特征的演进方向［J］．中央财经大学学报，2009（1）：28-34．

［53］穆争社．农村信用社管理体制改革：成效、问题及方向［J］．中央财经大学学报，2011（4）：33-38．

［54］潘佐郑．商业银行公司治理结构与风险控制的实证研究［J］．新金融，2013（10）：22-26．

［55］钱海章，陶云清，曹松威，曹雨阳．中国数字金融发展与经济增长的理论与实证［J］．数量经济技术经济研究，2020，37（6）：26-46．

［56］钱水土，周永涛．金融发展、技术进步与产业升级［J］．统计研究，2011，28（1）：68-74．

［57］冉芳．金融"脱实向虚"、金融结构与全要素生产率［J］．现代经济探讨，2019（11）：61-69．

［58］人民银行石家庄中心支行货币政策分析小组．河北省金融运行报告（2019、2020、2021）［R］．http：//www．pbc．gov．cn．

［59］盛松成，孙丹．利率汇率改革与资本账户双向开放［J］．中国金融，2020（Z1）：124-126．

［60］宋龙杰．浅析新形势下金融服务实体经济存在的问题及对策［J］．数字化用户，2019，25（52）：285．

［61］宋晓玲．数字普惠金融缩小城乡收入差距的实证检验［J］．财经科学，2017（6）：14-25.

［62］孙久文．雄安新区在京津冀协同发展中的定位［J］．甘肃社会科学，2019（2）：59-64.

［63］谭哲勤．城市商业银行公司治理因素对风险承担的影响研究［D］．苏州大学博士学位论文，2020.

［64］田杰．新型农村金融机构、资金外流与乡村振兴［J］．财经科学，2020（1）：29-41.

［65］汪亚楠，叶欣，许林．数字金融能提振实体经济吗［J］．财经科学，2020（3）：1-13.

［66］王钢，蔡荣，金强，石奇．互助资金对贫困户脱贫的支持：可得性和匹配性——基于贫困户与资金互助社双向选择的分析［J］．江西财经大学学报，2019（6）：99-109.

［67］王文，曹明弟．标准化绿色债券推进"一带一路"建设［J］．中国金融家，2017（5）：134-135

［68］王馨．互联网金融助解"长尾"小微企业融资难问题研究［J］．金融研究，2015（9）：128-139.

［69］王遥，徐楠．中国绿色债券发展及中外标准比较研究［J］金融论坛，2016（2）：29-38.

［70］王作功，李慧洋，孙璐璐．数字金融的发展与治理：从信息不对称到数据不对称［J］．金融理论与实践，2019（12）：25-30.

［71］吴刘杰，张金清．农村信用社省联社改革方向和实现路径研究［J］．内蒙古社会科学（汉文版），2016，37（5）：118-124.

［72］西南财经大学发展研究院，环保部环境与经济政策研究中心课题组．绿色金融与可持续发展［J］．金融论坛，2015（10）：30-40.

［73］谢绚丽，沈艳，张皓星，郭峰．数字金融能促进创业吗？——来自中国的证据［J］．经济学（季刊），2018，17（4）：1557-1580.

［74］徐新．农信社信贷风险防控策略［J］．中国金融，2013，4（8）：66-68.

［75］许桂华，彭俊华，戴伟．房价波动、挤出效应与金融支持实体经济效率——基于省际空间面板的分析［J］．财经科学，2017（8）：23-37.

［76］续继，唐琦．数字经济与国民经济核算文献评述［J］．经济学动态，

2019（10）：117-131.

［77］杨晨玥．双重目标下农信社的选择——基于三省农信社调研的分析，农村经济，2017（1）：4-5.

［78］杨继梅，马洁，吕婕．金融开放背景下金融发展对跨境资本流动的影响研究［J］．国际金融研究，2020（4）：33-42.

［79］杨蕾，寇家豪．雄安新区绿色金融发展路径探索——基于五省（区）绿色金融改革创新试验区经验借鉴［J］．会计之友，2019（21）：145-151.

［80］杨蕾，唐飞．构筑"雄安质量"的绿色金融11223创新路径［J］．中国科技论坛，2020（3）：110-117.

［81］杨蕾．雄安新区绿色金融体系构建路径［J］．河北大学学报（哲学社会科学版），2018，43（1）：64-68.

［82］杨睿．当代美国联邦储备系统：组织结构、特征与运行机制研究［D］．河北师范大学硕士学位论文，2018.

［83］杨望，徐慧琳，谭小芬，薛翔宇．金融科技与商业银行效率——基于DEA-Malmquist模型的实证研究［J］．国际金融研究，2020（7）：56-65.

［84］殷兴山．绿色金融改革创新的浙江案例［J］．中国金融，2018（13）：17-19.

［85］鄞州银行，http：//beeb.com.cn.

［86］余东华，水冰．信息技术驱动下的价值链嵌入与制造业转型升级研究［J］．财贸研究，2017，28（8）：53-62.

［87］宇超逸，王雪标，孙光林．数字金融与中国经济增长质量：内在机制与经验证据［J］．经济问题探索，2020（7）：1-14.

［88］詹小颖．绿色债券发展的国际经验及我国的对策［J］．经济纵横，2016（8）：4-5.

［89］战明华，汤颜菲，李帅．数字金融发展、渠道效应差异和货币政策传导效果［J］．经济研究，2020，55（6）：22-38.

［90］张珩，罗剑朝，郝一帆．农村信用社发展制度性困境与深化改革的对策——以陕西省为例［J］．农业经济问题，2019（5）：45-57.

［91］张吉光．城商行公司治理现状、问题及对策建议［J］．内蒙古金融研究，2010（10）：7-11.

［92］张家港农商银行，http：//zrcbank.com.

［93］张晶，邓惠．地方中小银行流动性互助机制［J］．中国金融，2017，

4（2）：76-77.

［94］张勋，万广华，张佳佳，何宗樾．数字经济、普惠金融与包容性增长［J］．经济研究，2019，54（8）：71-86.

［95］郑向阳，甄士龙，吴凡．探索建立雄安新区绿色金融标准体系［J］．河北金融，2021（4）：7-10.

［96］中国裁判文书网，https：//wenshu. court. gov. cn/.

［97］中国农村信用合作报，htttp：//www. chinanshw. cn.

［98］重庆农村商业银行股份有限公司2020年报［R］.

［99］周京，郭泽，杨海芬，范倩倩．农村信用社改制现状及改革路径［J］．河北金融，2020（2）：56-62.

［100］祝晓平．论省联社行业管理下的农信社法人治理［J］．金融研究，2005（10）：178-184.

［101］左仁静．省联社改革的可选模式与后续发展［J］．银行家，2021（3）：127-130.

［102］http：//caifuhao. eastmoney. com/news/201904150047214472112840财富中国．

［103］Peter Gomber，Jascha-Alexander Koch，Michael Siering. Digital Finance and FinTech：Current Research and Future Research Directions［J］. Journal of Business Economics，2017，87（5）．

［104］Peterson K. Ozili. Impact of Digital Finance on Financial Inclusion and Stability［J］. Borsa Istanbul Review，2017：

［105］Shaw ES. Financial Development in Economic Growth［M］. New York：Oxford University Press，1973.

［106］Wang R，Liu J.，Luo H. R.，Fintech Development and Bank Risk Taking in China［J］. European Journal of Finance，2020（1）：7-14.